무서운 그림들

기묘하고 아름다운 명화 속 이야기

무서운 그림들

이원율 지음

빅피시
BIG FISH

낯선 명화 속, 경이로운 이야기로 초대합니다

이것은 죽은 여성의 시신을 그린 그림입니다. 이 설명만 읽으면 섬뜩한 느낌에 몸서리를 칠 수도 있겠습니다. 그러나 이 작품에는 눈물겨운 반전이 있는데요.

클로드 모네의 화폭 속 여인은 사실 다른 이도 아닌 그의 아내, 카미유 동시외였습니다. 모네의 무명 시절부터 모델과 조수 역할, 나아가 갖은 집안일과 육아까지 도맡은 조강지처였습니다. 만나고 10년쯤 후부터 사이가 틀어지긴 했지만, 이 또한 모네의 변심 탓이었습니다. 동시외의 건강은 둘째 아들 미셸을 낳은 후 급격히 나빠지기 시작해, 끝내 출산 1년여 만에 영영 눈을 감고 말았습니다. 겨우 삼십 대 초반, 사인은 자궁암이었습니다.

모네는 동시외가 하루가 다르게 수척해지는 그 무렵 뒤늦게 정신을 차렸습니다. 하지만…… 이는 너무 늦은 깨달음이었지요. 그가 할 수 있는 일은, 침대에서 일어서지 못하고 끝내 생을 마친 동시외를 화폭에 옮

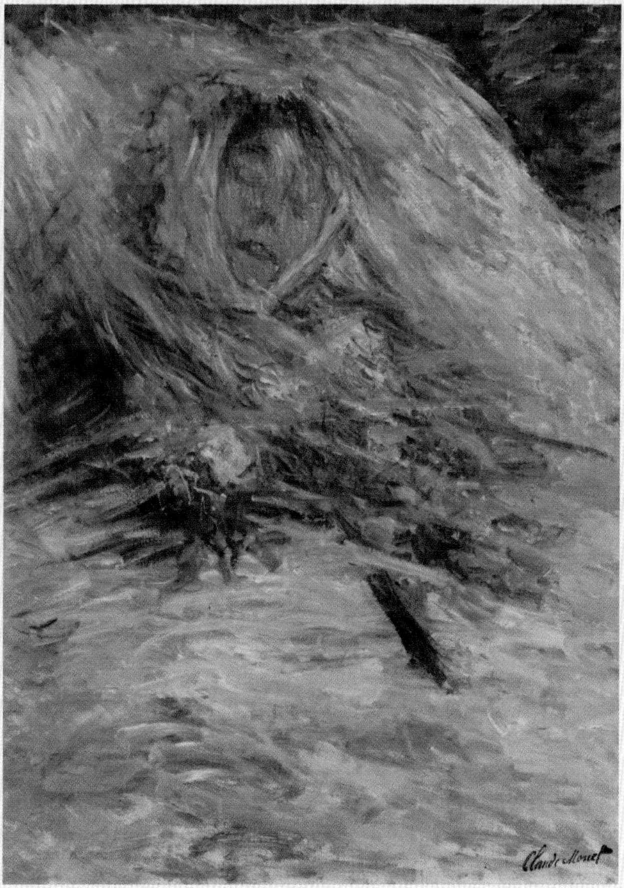

클로드 모네, 〈임종을 맞은 카미유〉,
1879년, 캔버스에 유채, 90×68㎝, 오르세 미술관

기는 일밖에 없었습니다. 모네는 그녀를 그리고, 죽은 그녀를 감싼 빛을 그리고, 숨을 거둔 그녀를 향한 사랑과 후회를 정성껏 그렸습니다. 그림 우측 아래에는 검은색 하트도 덧발랐습니다.

"내가 여태 그녀에게 해준 건 이것밖에 없었어. 마지막으로 딱 한 번만 더 그녀를 그려주고 싶었어."

모네가 친구에게 남긴 말이었다고 합니다.

이 사연을 알면 이제 〈임종을 맞은 카미유〉는 여성 시신을 그린 '무서운 그림'에서 끝나지 않지요. 슬픈 그림, 절절한 그림, 그리고 한 인물의 역사가 담긴 그림으로…… 이렇듯 입체적으로 새롭게 보입니다.

⁑ 신화, 문화, 종교, 스캔들까지 전율이 느껴지는 그림 속 교양 ⁑

사실, 대가들이 남긴 어딘가 섬뜩하게 느껴지는 그림 대부분이 그렇습니다. 그림들을 한 꺼풀 벗겨보면, 그 안에선 뜻밖의 세상이 열리곤 합니다.

절박한 사랑의 순간과 삶에 대한 자세, 한 번 알면 잊을 수 없는 충격적인 신화와 역사, 이런 생각을 어떻게 했을까 싶은 기상천외한 상상과 환상의 이야기가 숨어 있습니다. 알고 보면 당장 우리 삶에 포갤 수 있는 철학, 인문과 역사 등 교양을 가장 '강렬한 경험'으로 다질 수 있는 교과서가 '무서운 그림'입니다.

그래서, 가장 밀도 높은 명화들을 소개하기 위해 한곳에 모았습니다.

1장 '삶과 죽음 사이'에선 생의 소중함과 죽음의 처연함을 절감할 수 있는 그림을 건넵니다. 2장 '환상과 현실 사이'에선 인간의 세상 속에서 벌어졌던 극적이고도 흥미로운 순간을 품은 명화를 소개합니다.

3장 '잔혹과 슬픔 사이' 속 그림은 역사와 창작물의 세계를 오고 갑니다. 여러 감정을 자극하는 그림들을 살피면서, 일종의 해소감을 느낄 수 있게끔 했습니다. 4장 '신비와 비밀 사이'의 경우 우리가 그간 마주하지 못했던 가장 기묘한 이야기가 담긴 작품들로 꾸렸습니다. 영혼을 울리는 화가들이 그린 영혼의 그림들이 실렸다고 자부합니다.

고대부터 근현대사까지의 결정적 역사, 기원전부터 최근까지 같은 하늘 아래에서 살아온 인물들의 철학과 문학 등 교양도 함께 눌러 담았습니다. 이 그림들을 향해 한걸음만 다가와 주신다면 여태 본 적 없는 새로운 세계가 펼쳐질 것으로 확신합니다.

개성 있는 책을 기획하고, 고민하고, 함께 작업해 주신 빅피시 출판사에 고마움을 표합니다. 제 원고를 가장 정성껏 읽고, 가장 따끔하게 지적하는 아내 박혜민에게도 감사함을 전합니다.

이제, 저와 함께 떠나보시지요. 기묘하고 섬뜩하지만, 아름답고 매혹적인 명화의 세계로.

이원율

차례

3장 잔혹과 슬픔 사이

4장 신비와 비밀 사이

1장

삶과 죽음 사이

슬픔, 불멸의 명작으로 다시 태어나다

아르놀트 뵈클린, 〈페스트〉

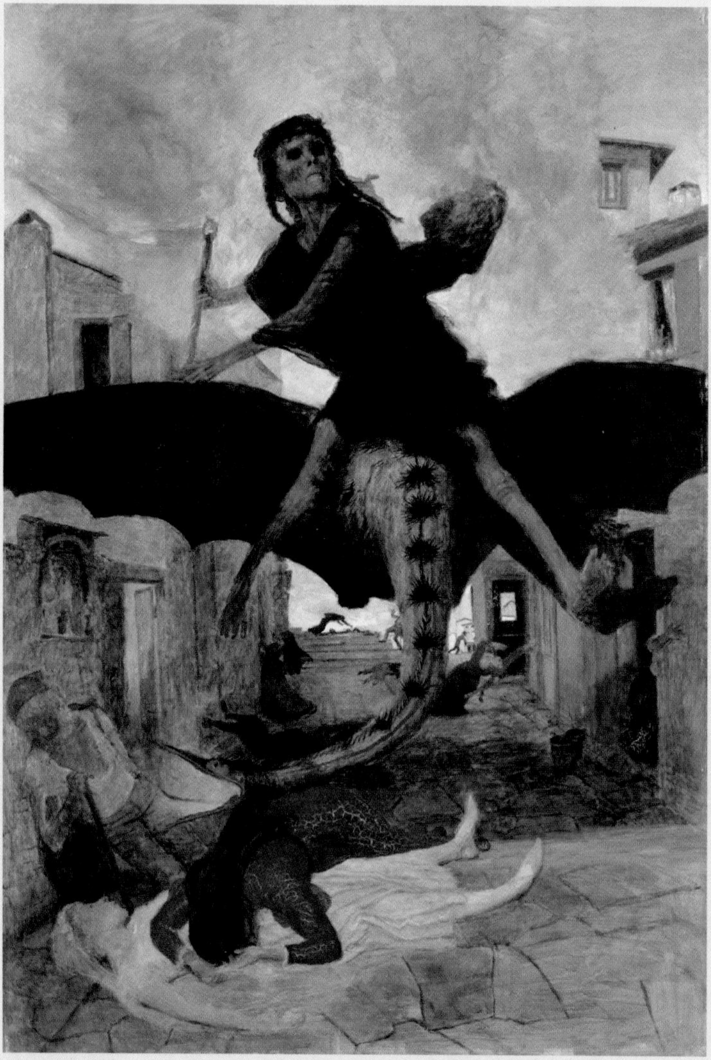

1898년, 나무에 템페라, 149.5×105.1㎝, 바젤 시립 미술관

⁂ 죽음이 휩쓸고 간 골목 ⁂

푹. 사신은 무심하게 낫을 휘둘렀다. 시퍼런 날이 여인의 가슴팍을 꿰뚫었다. 그녀는 저항할 틈도 없이 뒤로 넘어가고 말았다. 비쩍 마른 사신이 앞장섰다. 괴물 박쥐에 올라탄 그는 낫을 들고 골목길을 휘저었다. 모든 이를 베고, 찌르고, 짓밟았다. 그러고는 유유히 다음 희생자를 찾아 떠날 참이었다.

사신들은 술래잡기하듯 시시덕거리며 사람을 뒤쫓았다. 도둑질하듯 문을 슬쩍 열곤 온 집안을 엉망으로 만들었다. 예고 없이 온 이들의 습격에 모두가 속절없이 당할 뿐이었다. 짙게 깔린 뿌연 연기가 참담함을 더하고 있었다.

제발 살려달라고, 왜 하필 여기로 온 거냐고 사신에게 싹싹 빌며 애원해도, 울면서 원망해도 소용없었다.

"그렇다면 왜 당신은, 왜 이곳은 예외여야 하는가."

사신의 답이었다. 이들은 삽시간에 마을을 초토화했다. 자, 이제 또 어디로 가볼까. 낫을 든 사신이 고개를 쳐들었다.

스위스 화가 아르놀트 뵈클린은 죽기 3년 전에 이 그림을 그렸다. 제목은 〈페스트〉다. 유럽 대륙을 습격한 페스트(흑사병)는 이르면 몇 시간 내 숨질 만큼 치명적인 전염병이었다. 증상도 고약한 이 병은 사람 피부를 괴사하게 해 썩어가는 듯 검게 만들었다. 말 그대로 '검은 죽음의 병黑死病'이었다.

그러고 보면 그림 속 사신과 괴물 박쥐 모두 칠흑처럼 검다. 사신이 휩쓸고 간 골목길은 잿빛으로 물들었다. 길 한쪽에 쓰러진 희생자는 석탄 더미에서 건져 올린 듯 새까맣다. 일흔한 살의 노화가는 왜 이토록 끔찍한 그림을 그렸을까. 처음부터 이런 그림을 그린 건 아니었다.

⁜ 풍경화가의 마음을 사로잡은 환상의 세계 ⁜

1827년 스위스 바젤에서 출생한 뵈클린은 어릴 적부터 미술에 재능을 보였다. 독일 뒤셀도르프 아카데미에 입학한 그는 풍경화가 요한 빌헬름 쉬르머에게 그림을 배웠다. 쉬르머도 곧 뵈클린의 남다름을 알아봤다. 여기서 이러지 말고 더 큰 세상으로 떠날 것을 권했다.

등 떠밀린 뵈클린은 벨기에의 대도시 브뤼셀과 안트베르펜에서 유학 생활을 했다. 그는 이곳에서 작품 활동을 한 불세출의 천재 화가 페테르 파울 루벤스, 안토니 반 다이크 등의 그림을 베끼며 실력을 다듬었다. 1848년, 갓 스무 살을 넘겼을 땐 문화 예술의 중심지 프랑스 파리 땅

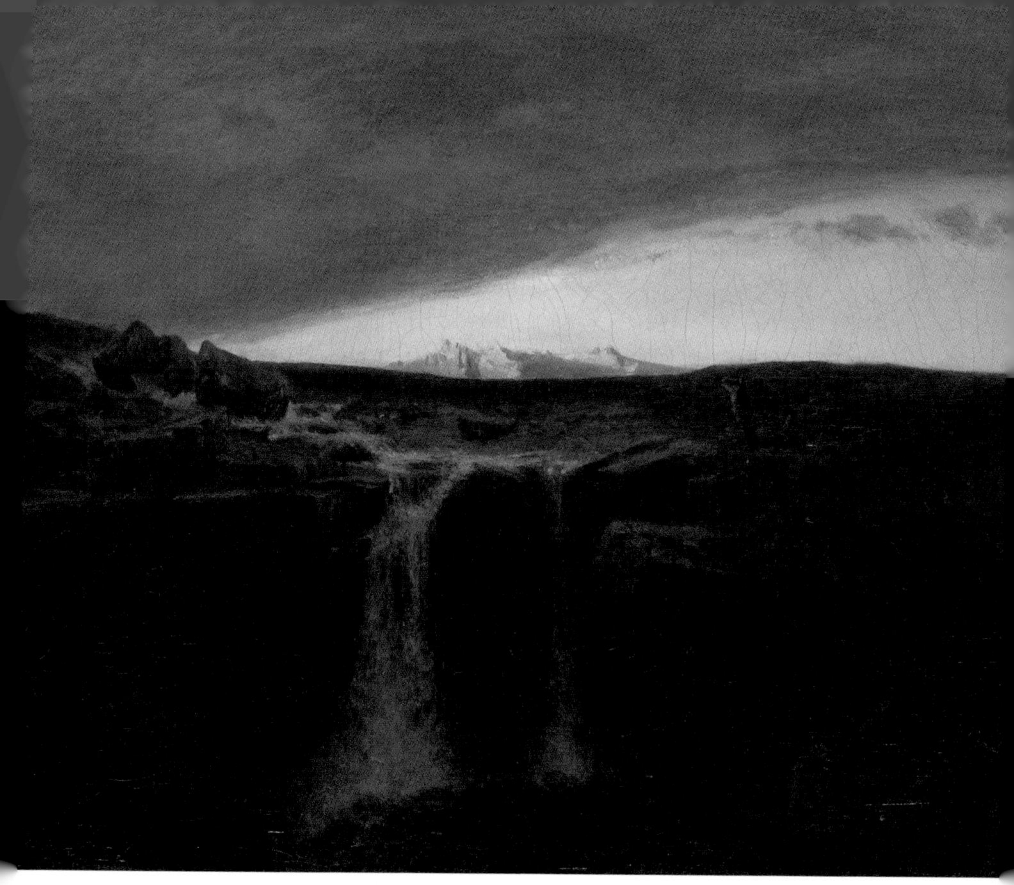

아르놀트 뵈클린, 〈폭포수가 있는 산 풍경〉,
1849년경, 캔버스에 유채, 32.8×40.8㎝, 바젤 시립 미술관

을 밟았다. 뵈클린이 가장 즐겨 찾은 곳은 루브르 박물관이었다. 뵈클린은 그 안에서도 여러 풍경화를 모작했다.

뵈클린이 이때쯤 그린 그림은 그의 말년작과는 비교할 수 없을 만큼 고요하다. 가령 〈폭포수가 있는 산 풍경〉에서는 웅장한 자연의 경이를 느낄 수 있다. 보다 보면 산 특유의 서늘한 공기, 부지런히 쏟아지는 물소리, 은은하게 흔들리는 풀과 동물 털의 감촉이 와닿는 듯도 하다.

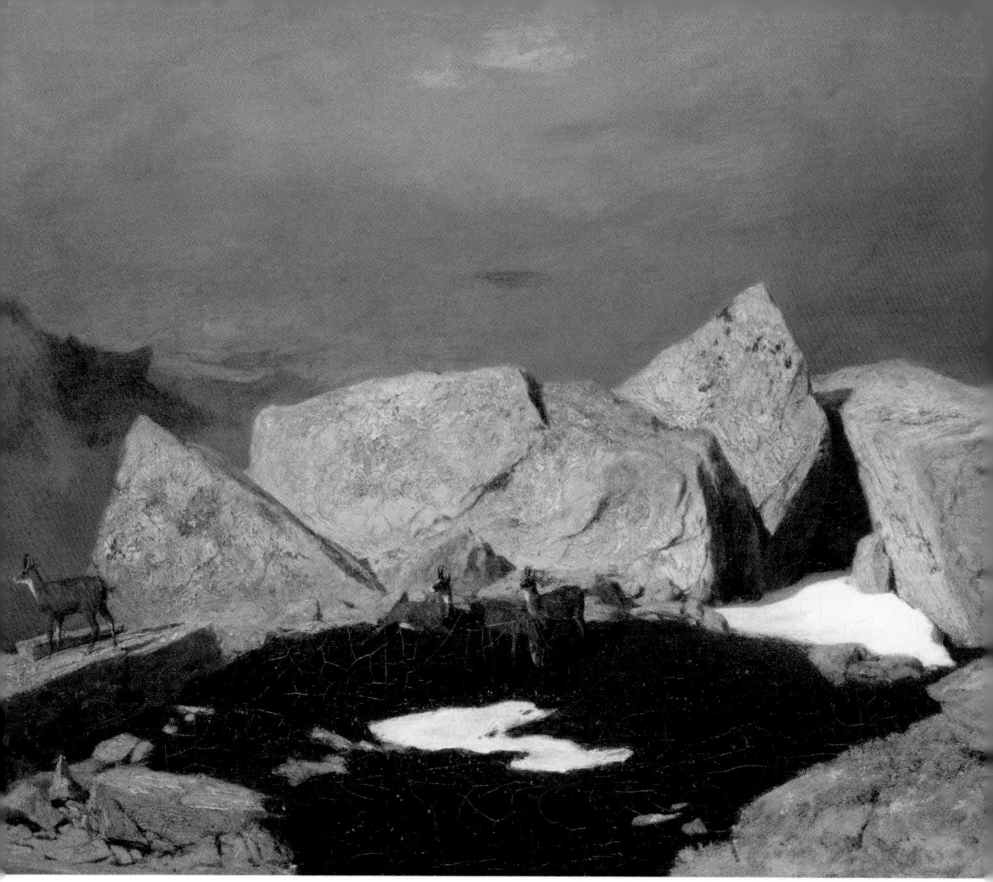

아르놀트 뵈클린, 〈알프스산양이 있는 산 풍경〉,
1849년경, 캔버스에 유채, 32.5×41㎝, 바젤 시립 미술관

비슷한 시기 내놓은 〈알프스산양이 있는 산 풍경〉도 잔잔한 분위기를 품는다. 녹지 않은 눈, 아무렇게나 포개진 바위, 제 마음대로 모이고 떨어진 알프스산양들 모두 튀지 않고 조화를 이룬다. 뵈클린은 이대로 풍경화가의 삶을 살 수 있었다. 개성은 강하지 않지만, 실력만은 꽤 괜찮은 예술가로 무난히 생활할 수 있었다. 하지만 뵈클린은 그러지 못했다. 그의 화혼이 곧 새로운 세상에 휩쓸린 탓이었다.

뵈클린은 1850년, 다시 유학길에 올랐다. 이번에는 이탈리아 로마였다. 이곳에서 그간 못 본 그림의 영역을 접했다. 그것은 눈 뜨면 보이는 풍경화의 세계가 아닌, 눈 감아야 볼 수 있는 전설과 미신 등 상상화의 세계였다. 특히 영웅과 괴물, 요정이 등장하는 그리스 로마 신화를 다룬 옛 작품은 보고만 있어도 황홀했다. 뵈클린은 서서히 환상의 세계로 발 디뎠다. 이쯤 뵈클린은 풍경화와 상상화를 합친 그림을 그렸다. 대표작은 〈켄타우로스와 님프〉다.

사실주의 화풍에 가까웠던 젊은 풍경화가는 이제 보다 비장한, 더욱 감성적인 낭만주의 화풍으로 마음의 추를 기울였다. 하지만 뵈클린의 이 그림들 또한 그가 만년에 그린 종말론적 분위기의 작품과는 여전히 거리감이 있다. 무난하게만 보이는 그의 삶에 갑자기 무슨 일이 끼어든 것일까.

⁜ 화풍이 바뀌게 된 결정적 사건 ⁜

사실 불안과 좌절, 고통과 죽음 등 저릿한 단어들은 뵈클린의 삶에 은은히 스며들고 있었다. 뵈클린과 결혼을 약속했던 여인은 청춘의 꽃도 못 피운 채 허무하게 죽었다. 그는 가까운 이의 죽음을 온몸으로 체감했다. 짝을 잃은 뵈클린은 곧 다른 여인에게 청혼했지만 매몰차게 차였다. 절망한 그는 이번에는 자신의 죽음에 대해 깊이 생각할 수 있었다. 다행히 우울의 늪에 잠식되지 않았지만, 두 경험 모두 그에게 흉터

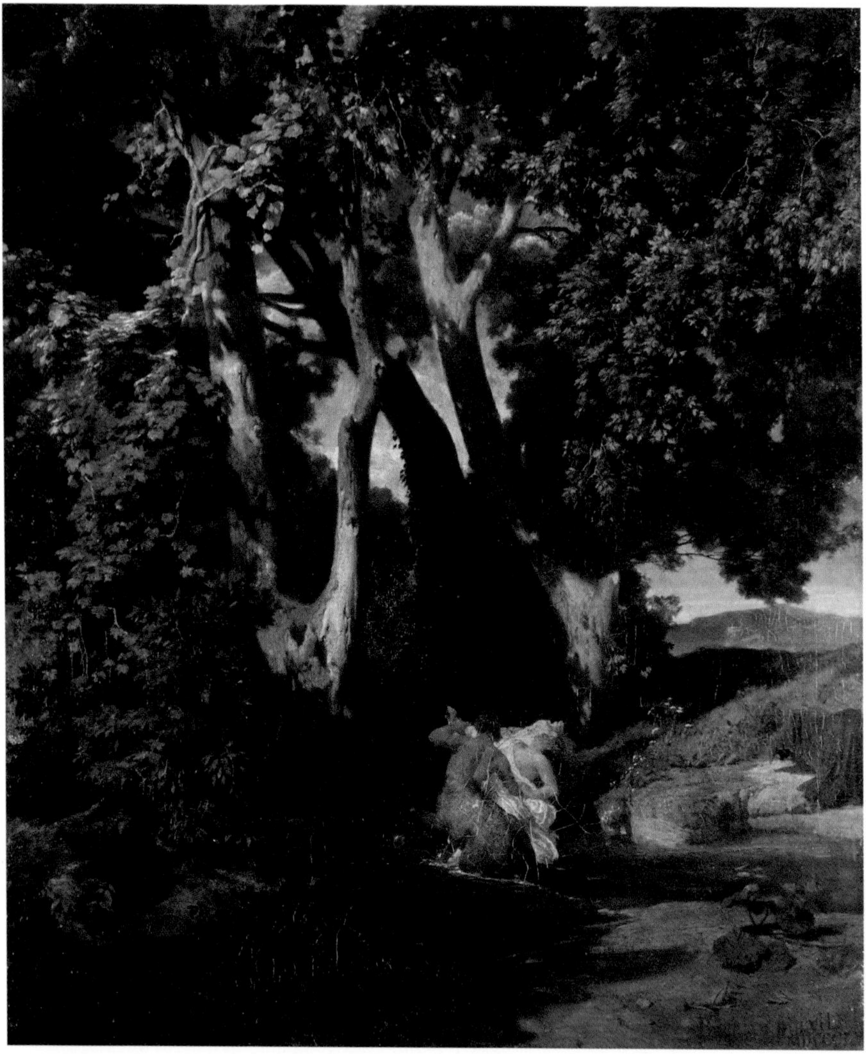

아르놀트 뵈클린, 〈켄타우로스와 님프〉,
1855년, 캔버스에 유채, 88×76㎝, 베를린 구 국립 미술관

를 새겼다.

뵈클린은 1853년, 이탈리아 출신의 여성과 결혼해 가정을 이뤘다. 이탈리아에 있으면서 그에게 맞는 그림 스타일도 찾았다. 이제 다 잘될 것 같았다. 그러나 언제나 그렇듯, 삶은 만만치 않았다.

"왜 하필 저입니까."

뵈클린이 허공에 대고 중얼거렸다. 그는 목이 축 늘어진 아기의 시신을 안고 있었다. 그는 한참을 껵껵대며 울었다. 뵈클린은 자기를 쏙 빼닮은 아기를 또 잃었다. 벌써 세 명째였다. 사인은 먼저 세상을 떠난 첫째, 둘째처럼 또 전염병이었다.

뵈클린은 어떻게든 불행을 잊으려고 했다. 1856년, 그는 독일 뮌헨으로 왔다. 이후 바이마르 아카데미에서 교편을 잡고, 1862년부터 4년간은 다시 로마에서 그림 실험을 이어갔다. 스스로를 혹사하면서 교육과 작업에 더 열을 올렸다. 쏟아지는 일, 흘러가는 시간이 다시 벌어진 흉터를 봉합해주길 기다렸다.

하지만 절대 낫지 않는 게 있었다. 바로 자식을 잃은 슬픔이었다. 뵈클린은 때때로 발작하듯 흐느꼈다. 어쩌다 아이의 옷가지, 미처 신기지 못한 신발을 보면 절대로 신을 용서할 수 없겠다는 생각까지 했다. 이쯤부터 뵈클린의 그림에는 차츰 죽음의 기운이 깔렸다.

이 무렵 뵈클린의 대표작은 〈바이올린을 연주하는 죽음이 있는 자화상〉이다. 그간의 풍경화, 신화화와는 분위기가 확실히 바뀌었다. 뵈클린은 눈을 부릅뜬 채 화구를 쥐고 있다. 그런 그의 뒤에서 섬뜩한 몰골의 해골이 바이올린을 켜고 있다. 겉으로는 담담한 척하지만, 사실은 늘 죽

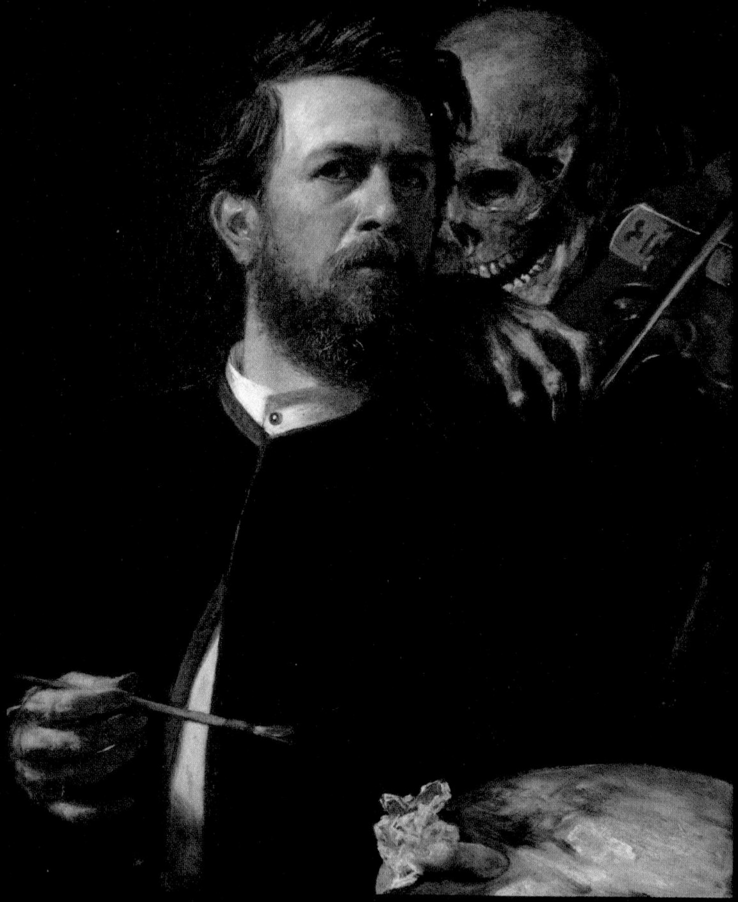

아르놀트 뵈클린, 〈바이올린을 연주하는 죽음이 있는 자화상〉,
1872년, 캔버스에 유채, 75×61㎝, 베를린 구 국립 미술관

음의 공포와 함께 있다는 걸 표현하고 싶었을까.

그러는 동안 뵈클린에게 드리워진 죽음의 그림자는 더 짙어졌다. 먼저 떠나보낸 자식 셋에 이어 자식 둘을 또 잃었다. 이번에도 각종 전염병 탓이었다. 뵈클린과 아내는 평생 열넷의 자녀를 낳았다. 이 가운데 다섯이 전염병 등으로 어린 시절에 죽었다. 나머지 아홉 가운데 셋도 뵈클린보다 오래 살지 못하고 숨졌다. 뵈클린 또한 장티푸스에 걸려 사경을 헤맨 적이 있었다.

그는 어느덧 죽음에 익숙해졌다. 떨쳐내야 할 게 아닌, 안고 가야 할 존재로 받아들일 수밖에 없었다.

⁑ 뵈클린을 위대하게 만든, 죽음 ⁑

1880년, 이탈리아 피렌체의 한 작업실. 뵈클린을 보러 온 마리 베르나가 붓을 든 그에게 무엇을 그리고 있느냐며 물었다. 그녀는 그의 유력 후원가 중 한 명이었다. 뵈클린은 수집가 알렉산더 귄터가 주문한 그림을 그리고 있었다. 베르나는 캔버스 앞에 한참을 서 있다가 다시 말했다.

"혹시……. 괜찮으시다면, 저한테도 이 그림과 똑같은 걸 한 점 그려줄 수 있어요? 제 옛 남편이 디프테리아로 죽은 걸 아시죠? 왜인지는 알 수 없지만, 이 그림을 보면 죽은 그 사람이 사무치게 떠올라요."

베르나의 목소리는 떨리고 있었다.

"부디 그렇게 해주세요. 그리고, 저를 위한 두 번째 그림에는 딱 한 장

아르놀트 뵈클린, 〈죽음의 섬〉(두번째 버전),
1880년, 패널에 유채, 73.7×121.9㎝, 메트로폴리탄 미술관

면만 더 그려주겠어요?"

그녀는 잠시 생각하는 듯 말을 멈췄다. 그러고는 천천히 입을 열었다.

"음, 그러니까……. 이 섬으로 다가가는 배와 여인, 그리고 흰 포로 덮인 관이요."

이날 뵈클린이 베르나 앞에서 작업하던 그림은 〈죽음의 섬〉이었다. 뵈클린은 영생의 상징인 사이프러스가 우뚝 솟은 가상의 섬을 그리고 있었다. 사이프러스는 섬 한가운데 모여 빽빽한 숲을 형성하고 있다. 한 줄기 빛도 볼 수 없을 그 안에는 귀신과 정령만이 살고 있을 듯하다. 뵈클린은 이와 함께 찬 공기, 우주처럼 짙은 바다, 절절한 사연을 품은 듯한 풀과 바위도 함께 표현하고 있었다. 반듯하게 깎인 문의 형태도 볼 수 있는데, 각각은 사람이 묻힌 무덤인 듯 보인다.

풍경화와 상상화 두 장르를 모두 통달한 뵈클린이었기에 그릴 수 있는 그림이었고, 자식을 잃은 후 심연에 들어가 죽음만을 생각해본 그였기에 표현할 수 있는 세계였다. 남편의 죽음을 겪은 베르나가 이 그림에서 울림을 느낀 건 우연이 아니었다.

"여기에서 한 장면만 더 그려주세요……."

뵈클린은 베르나의 부탁을 곱씹었다. 그래서 그녀를 위한 두 번째 〈죽음의 섬〉을 그릴 때는 배 한 척을 함께 그렸다. 작은 배에는 흰옷을 입고 선 여인, 흰 포로 덮은 관이 있다. 이는 죽음에 대한 암시, 귀천歸天을 위한 애도였다. 노를 젓는 이는 신화 속 카론처럼 보이기도 한다. 어둠의 신과 밤의 여신이 낳은 카론은 사자를 저승으로 안내하는 뱃사공이다.

유유히 떠다니는 배는 곧 섬의 입구에 닿을 테다. 그사이 애도를 마친 여인이 관을 숲과 바위 품에 내주면 이제 망자의 혼은 한없이 고요한, 더없이 잔잔한 이곳에서 안식을 누릴 수 있을 것이다. 그림을 요청한 베르나는 죽은 남편도 이 섬에서 편히 쉬길 바랐다.

뵈클린이 다시 그린 〈죽음의 섬〉에는 예술가와 주문자 모두의 절절한 사연이 스몄다. 그래서일까. 마성의 매력을 품은 이 그림은 많은 이에게 깊은 인상을 줬다. 뵈클린에게 그림 주문이 이어졌다. 그는 같은 제목, 같은 구도로 세 점의 〈죽음의 섬〉을 더 그렸다. 그렇게 모두 다섯 점의 〈죽음의 섬〉을 완성했다. 뵈클린의 고향 스위스, 그가 머물렀던 독일 등에서는 이 연작에 대해 '게르만의 영혼'이라는 찬사까지 내놓았다. 여태 뵈클린은 적당히 알려진 화가였다. 그런 그는 이 그림들 덕에 단숨에 거장 반열에 오를 수 있었다.

결국 그를 위대하게 만든 건 아름다운 풍경도, 사연 많은 신화 속 괴물과 요정도 아니었다. 아이러니하지만, 죽음에 대한 숱한 경험과 천착이 그를 대체할 수 없는 예술가로 이끌었다. 이는 말년의 뵈클린이 섬뜩한 그림에 집착한 이유이기도 했다.

⁑ 한 폭의 그림에 담은 슬픔과 분노 ⁑

그즈음 페스트가 또 고개를 쳐들었다. 지금껏 수억 명의 생명을 앗아간 병, 특히 중세 유럽 인구의 3분의 1 이상을 도륙한 최악의 전염병이었다. 19세기 중후반쯤 재창궐의 기회를 엿본 페스트는 끝내 유럽과 아시아를 다시 삼킬 기세로 퍼졌다.

뵈클린에게 이 소식은 재앙이었다. 1893년부터 이탈리아 피에솔레에 정착한 그는 곧 주변인까지 페스트에 걸렸다는 소식을 접했다. 전염병으로 잃은 아이들이 거듭 떠올랐다. 더는 가만히 있기가 힘들었다. 그래서 그림을 그렸다. 전염병의 무자비함을 경고하는 작품이었다. 아이에 여성, 노인 등 그 누구도 봐주지 않는 병, 일단 퍼지기 시작하면 온 집안을 풍비박산 내는 병의 추악함을 화폭에 직관적으로 표현했다. 그게 뵈클린이 남긴 분노의 말년작 〈페스트〉였다.

뵈클린은 이 그림을 그리기 전 뇌졸중으로 쓰러진 적이 있다. 그 이후부터 그는 보폭을 좁히고 피에솔레에서 남은 생을 보냈다. 세상을 떠날 때쯤 뵈클린은 게르만 국가들 사이에서 최고의 화가로 대우받았다. 당시 독일의 거의 모든 중산층 집에 〈죽음의 섬〉 복제화가 걸려 있었을 만큼 많은 사랑을 받았다. 1901년에 삶을 마감한 그는 그제야 먼저 보낸 여덟 명의 자식 곁으로 갈 수 있었다. 생전에 다섯 번이나 그린 〈죽음의 섬〉에 실제로 닿을 수 있었다.

죽음의 트라우마가 깊이 박힌 그의 상상 속 그림들은 초현실주의 화가인 조르조 데 키리코, 살바도르 달리에게 영향을 주었고, 구스타프 말러, 세르게이 라흐마니노프 등 음악가에게도 영감을 주었다. 스위스는 뵈클린을 19세기 대표 화가로 꼽고 있다. 2001년에는 뵈클린 서거 100주년을 맞아 그의 우표를 발행하기도 했다.

위험하지만 매혹적인,
인간이 아닌 존재들

존 콜리어, 〈육지의 아이〉

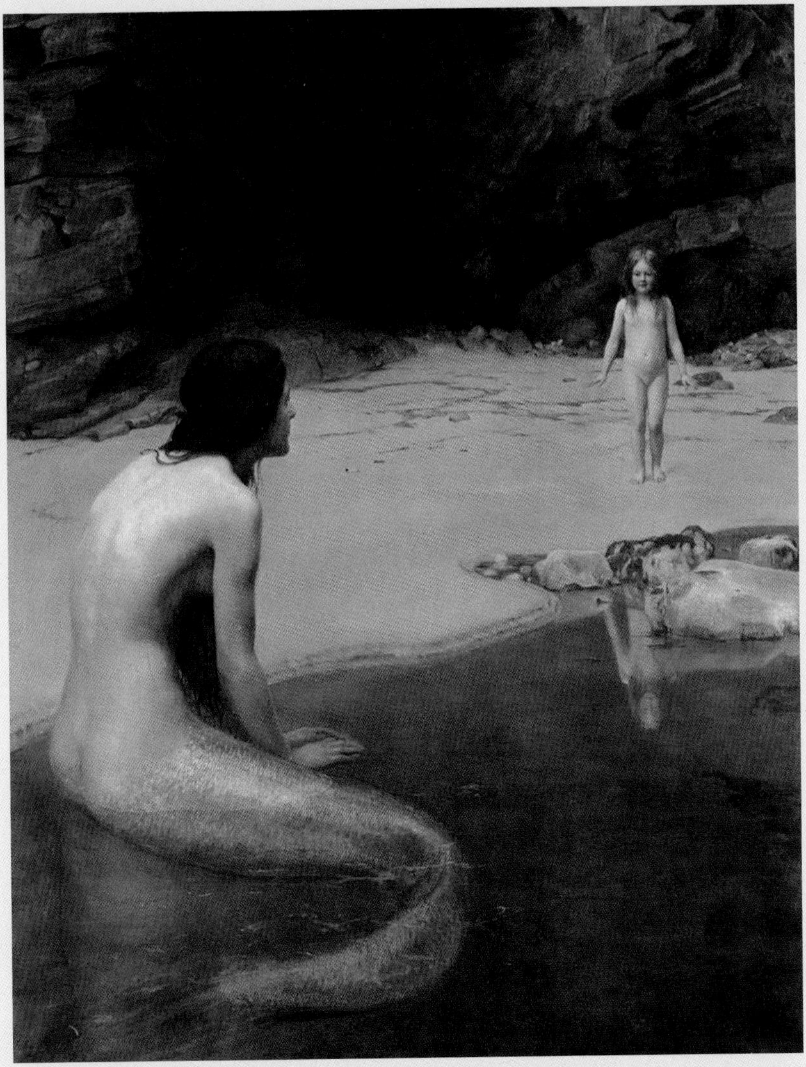

1909년, 캔버스에 유채, 142.2×112.4㎝, 개인 소장

⁑ 사람을 홀리는 노랫소리 ⁑

그건 분명 노랫소리였다. 꿈결 같은 선율이었다. 아이는 모래성을 쌓다 말고 귀를 기울였다. 파도와 함께 밀려오는 목소리는 들을수록 달콤했다.

아이는 순간 잘못 들은 건가 싶었으나, 목소리는 희미하게 계속 들려왔다. 하지만 바로 곁의 엄마는 아무 소리도 못 들었다고 했다. 아이는 입술을 쭉 내밀었다. 엄마가 놀리는 게 분명했다. 누구일까. 어떤 사람이기에 이처럼 온종일 예쁜 목소리를 낼 수 있을까. 참을 수 없는 호기심이 아이를 이끌었다.

한 발, 두 발 살금살금 움직여 새로운 모래사장에 이르렀다. 발자국 하나 찍혀 있지 않은 신비한 공간이었다. 노랫소리가 커졌다. 더 짙어지고, 더 감미로워졌다.

눈앞에 모습을 보인 건 아름다운 나체의 여성이었다. 바닷물에 웅크린 채 앉은 그녀는 윤슬을 보며 우수에 젖어 있었다. 작은 입술로는 끊임없이 선율을 흘리고 있었다. 아이는 홀린 듯 성큼성큼 걸어갔다. 그녀는 아이가 더 가까워지기만을 기다렸다. 그런 그녀가 애써 숨기는 게 있었다. 두 다리 대신 있는 지느러미였다.

귀여운 아이, 매혹적인 인어를 그린 존 콜리어의 〈육지의 아이〉에서는 뜻밖의 스산한 공기가 감돈다. 콜리어는 왜 인어를 소재로 이런 을씨년스러운 그림을 그렸을까. 그림 속 아이와 인어 사이에선 무슨 일이 벌어질까. 이를 짚어보기에 앞서 인어의 '불편한 진실'부터 살펴봐야 한다.

⁑ 동화 속 인어의 잔혹한 실체 ⁑

한스 크리스티안 안데르센은 《인어공주》에서 인어를 귀엽고도 천진난만한 요정으로 그렸다. 하지만 이 동화가 등장하기 전 인어는 외려 잔혹한 생물로 묘사될 때가 많았다. 인어의 원형은 '세이렌'이라는 게 정설로 통한다.

그리스 로마 신화에 등장하는 세이렌은 지중해에 사는 괴물 새다. 인간 여성의 얼굴, 독수리의 몸을 가진 이 짐승은 아름다운 노래로 뱃사람을 끌어들였다. 세이렌의 목소리는 듣는 이의 혼을 쏙 빼놓을 만큼 고혹적이었다. 많은 뱃사람이 이를 듣고 그쪽으로 배 키를 돌렸다. 세이렌은 미소를 흘리며 다가왔다. 그러고는 표정을 확 바꾼 채 사람을 낚아채 마구 뜯어 먹었다. 배가 부르면 발톱으로 몸통을 물어 바다에 빠뜨렸다. 가상 생물이긴 하지만, 검푸른 바다를 항해하는 이들에게 이 털짐승은 꿈에 나올까 두려운 존재였다.

독일도 라인강에 얽힌 인어 전설을 품고 있다. 독일 장크트 고아르스하우젠 부근 라인강 기슭에는 132*m* 높이의 바위가 있다. 소리 나는 바위라는 뜻에서 '로렐라이Lorelei'라는 이름으로 불린다. 원래는 저녁노을이 비칠 때쯤 인어가 이 위에서 노래를 불렀다고 한다. 근처 수많은 배가 인어의 미모와 목소리에 홀려 정신을 차리지 못했고, 그 결과는 침몰과 죽음뿐이었다. 아울러 아일랜드에도 인어 민담이 있다. 아일랜드에선 인어를 '메로Merrow'라고 불렀는데, 이 생명체가 나타나면 반드시 폭풍우가 온다고 여겼다.

이제 콜리어가 〈육지의 아이〉를 스산하게 그린 이유를 알 수 있다. 아이 눈에는 이미 초점이 없다. 인어 또한 아이에게 별다른 감정을 느끼지 않는 듯하다. 그러고 보면 제목부터 음침하다. 〈육지의 아이〉는 오직 인어의 시선에서 붙일 수 있는 매정한 표현이다. 인간이 물고기 떼 속 각각의 생김새를 들여다보지 않듯, 인어 입장에서도 표적이 된 아이의 외모 따위는 중요하지 않다. 귀여운 아이든, 사랑스러운 아이든 모두가 육지에서 사는 작은 인간일 뿐이다. 확 끌어들여 물에 처박으면 아무 말도 못 하며 버둥거릴 생물이다.

인어에게 다가가는, 더 정확히는 끌려가는 이 아이는 원래 있던 곳으로 돌아가지 못할 테다. 아이를 두고 잠든 엄마는 곧 이름을 부를 것이다. 아이도, 인어도 종적을 감춘 해변에서 뒤늦게 우짖으며 헤맬 것이다.

⁂ 아름답고 치명적인 존재들을 탐닉하다 ⁂

콜리어는 매혹적이고도 섬뜩한 여성을 그리기로 동시대 최고 화가였다. 할아버지도, 아버지도 유명 정치인이었던 그는 집안의 지원으로 새로운 영역에 도전했다. 그게 회화였다.

영국의 명문 이튼 칼리지를 다닌 콜리어는 곧 프랑스 파리, 독일 뮌헨 등을 돌며 미술을 배웠다. 당시 집안, 학벌 모두 좋고 실력까지 갖춘 화가가 사실상 독점하는 영역이 있었다. 저명인사를 그리는 일이었다. 콜리어는 왕족과 군인, 학자 등의 초상화 주문을 받았다. 그중에는 해군 제독이자 극지 탐험가 에드워드 오거스터스 잉글필드, 진화론의 창시자 찰스 다윈 등도 있었다.

그러나 안정적인 초상화가의 길에 만족하지 못했다. 그는 라파엘전파의 존 에버렛 밀레이, 로렌스 앨마 태디마에게 그림을 배울 기회가 있었다. 이때 라파엘전파 특유의 몽환적 분위기, 아름다운 여체 묘사에 푹 빠졌다. 콜리어도 이들처럼 그리고 싶었다. 그는 신화와 역사, 문학을 섭렵했다. 아름답게, 동시에 치명적으로 표현할 수 있는 인물을 탐색했다. 그렇게 차츰 위험한 여성에게 관심을 갖기 시작했다.

물에서 인간을 홀리는 존재로 인어 말고 켈피Kelpie도 즐겨 그렸다. 켈피는 스코틀랜드 강줄기에 사는 '물의 요정'이다. 켈피는 매력적인 인간 또는 풍채 좋은 말의 모습을 하고 있다. 사람을 꾀는 방법은 인어와 비슷하다. 켈피가 인간일 때는 예쁜 외모로 지나가는 이를 유혹한다. 홀린 누군가가 강에 발을 담그는 순간, 표정을 싹 바꾸고 깊은 물 속으로 끌고 간다. 다음 날, 켈피가 있던 곳에는 희생자의 장기만 볼 수 있다는 끔찍한 설도 있다.

그 반면 켈피가 말의 형상으로 있을 때는 어린아이만 집중적으로 노린다. 처음에는 등에 태운 채 함께 물놀이를 한다. 웃음소리가 무르익을 때쯤 갑자기 물로 쑥 빠진다는 것이다. 이런 이야기도 있다. 어느 날은 아이 아홉 명이 말의 탈을 쓴 켈피 등에 올라타 놀고 있었다.

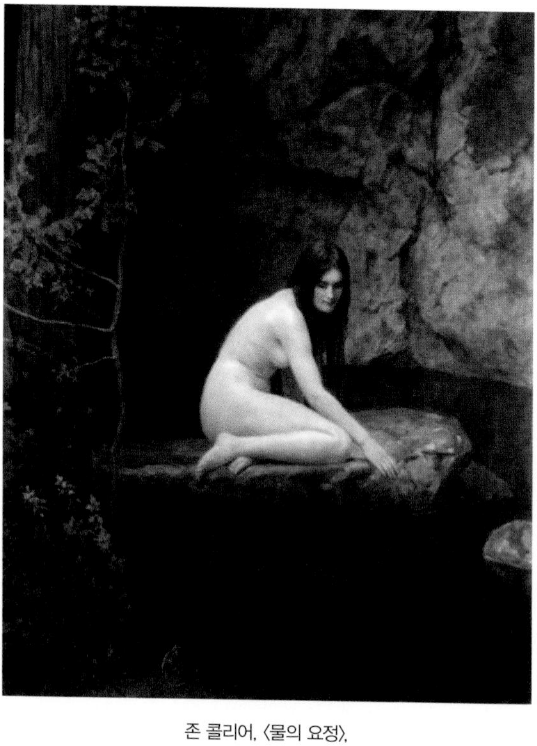

존 콜리어, 〈물의 요정〉,
1923년, 캔버스에 유채, 127×102㎝, 개인 소장

"근데 말이야. 우리 몸집이 아무리 작아도 아홉 명씩이나 태울 수 있는 말이 있어?"

뒤늦게 잘못됨을 느낀 한 아이가 말했다. 그제야 이상한 낌새를 느낀 아이들을 비명을 지르며 달아났다. 가장 느린 아이 하나만 도망치지 못했는데, 그날 이후 녀석을 본 이가 없었다.

콜리어가 그린 〈물의 요정〉 속 켈피는 벌거벗은 미녀의 모습을 하고 있다. 인어와 달리 두 다리까지 갖췄다. 그런 그녀는 자기가 괜찮게 변했는지 보려는 듯 물에 모습을 비추고 있다. 장난기 가득한 표정의 그녀는 곧 사람을 홀리기 시작할 것이다. 누구든 걸려만 든다면 곧장 낚아채 바위 밑 깊은 곳으로 데려갈 터였다.

⁑ 여성 운동의 상징이 된 작품들 ⁑

콜리어는 인어, 켈피보다 훨씬 더 위험한 여성으로 '릴리트Lilith'도 주목한 적이 있다. 릴리트는 히브리어로 '밤의 괴물'을 뜻한다. 유대 신화에 따르면 태초의 신은 첫 인간이자 첫 부부로 남성은 아담, 여성은 릴리트를 빚었다. 아담의 연인으로 알려진 이브는 사실 릴리트가 낙원 에덴동산에서 도망친 뒤 만들어진 생명체라는 게 신화 속 설명이다.

그런데 릴리트가 달아난 이유가 흥미롭다. 릴리트와 아담은 인류사상 첫 부부 싸움을 했다. 왜 나는 당신이 원할 때만 관계를 맺어야 하는지, 그때마다 왜 나만 누워 있어야 하는지를 놓고 릴리트가 따졌다. 제

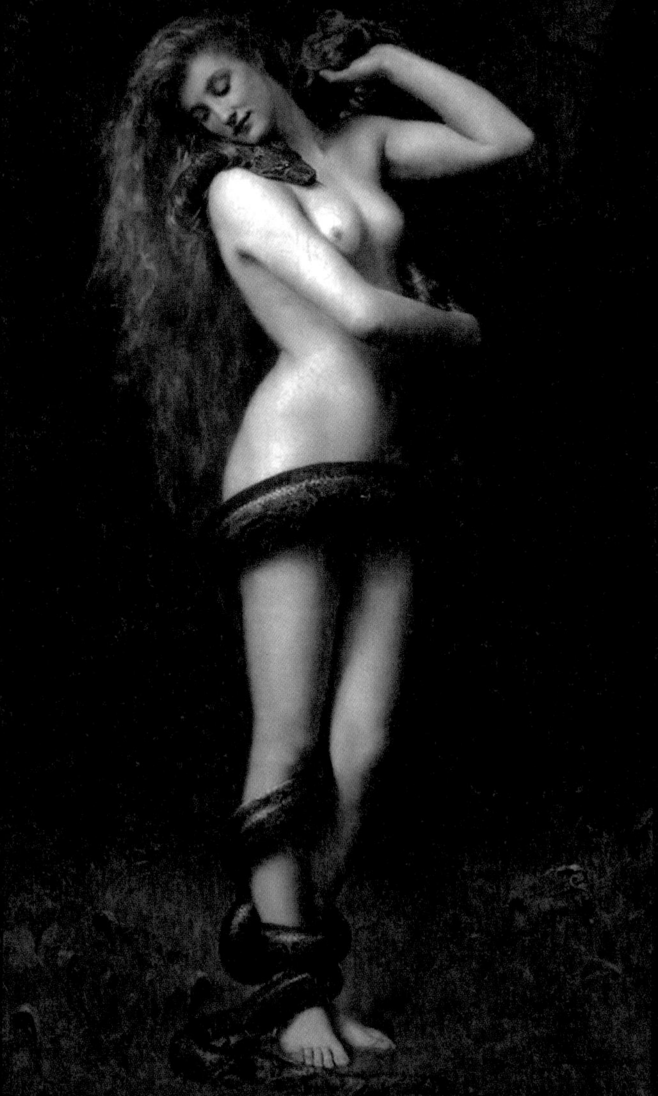

존 콜리어, 〈릴리트〉,
1892년, 캔버스에 유채, 194×104㎝, 앳킨슨 미술관·도서관

대로 대꾸하지 않는 아담 앞에서 릴리트는 선을 넘고 말았다. 아담을 비난하는 데 이어 신까지 모욕하고 만 것이었다. 그녀 입장에서 도망은 창조주의 보복을 피하기 위한 어쩔 수 없는 선택이었다.

낙원에서 도망친 릴리트는 홍해 근처의 동굴 안에서 악마 루시퍼를 만나 그의 연인이 된다. 그리고 그의 아이들을 낳기로 했다. 유대인들은 그런 릴리트를 '모든 악마의 어머니'로 칭했다. 이들은 릴리트가 훗날 이브를 유혹하는 뱀을 직접 낳았다는 설을 덧붙였다. 갓난아이를 산 채로 꿀꺽 삼킨다는 소문, 스스로 몽마가 돼 남자를 말려 죽인다는 이야기도 덧씌웠다.

도발적 면모, 위험한 행보, 파괴적인 힘……. 콜리어에게 릴리트는 구미가 당기는 소재였다. 콜리어는 그림 〈릴리트〉를 통해 그녀를 눈부신 외모의 미녀로 묘사했다. 풍성한 머리카락과 살짝 감은 두 눈, 옅게 웃는 입술, 군살 없는 몸매 등은 치명적일 만큼 매혹적이다. 알몸으로 들판에 선 릴리트는 뱀과 뒤엉킨 그 상태에서 황홀경을 느끼고 있다.

"이제 에덴동산에 가거라. 이브를 홀려 선악과를 집어삼키게 하라."

뱀에 대고 곧 이렇게 속삭일 듯하다.

콜리어가 내놓은 여러 여성 그림들을 보면, 그가 이성에게 억하심정이 있었던 건 아닐지 추측하기도 쉽다. 하지만 이는 오해다. 콜리어는 외려 자기 작품을 통해 그때로서는 사실상 용납할 수 없는 '공격적인 여인', '저항하는 여자'의 상을 부각하고자 했다. 얌전하고 정숙한 여성을 최고로 친 그 시대에 여성 편에 서서 반항을 한 격이다.

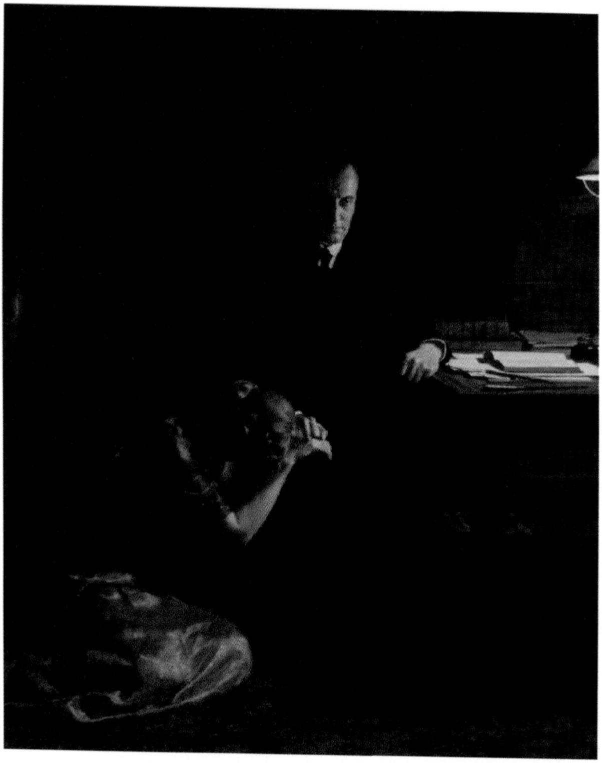

존 콜리어, 〈추락한 인형〉,
1913년, 캔버스에 유채, 167.6×137.1㎝, 오클랜드 아트 갤러리

당시 유럽은 유부남의 바람은 이혼 사유로 쳐주지도 않았다. 반면 유부녀의 간통은 사회적 죽음을 각오해야 할 만큼 가혹했다. 콜리어가 이처럼 불평등한 삶을 살고 있던 여성에게 연민을 가졌다는 건 그의 그림 〈추락한 인형〉을 통해서도 알 수 있다. 콜리어는 이 그림을 그린 후 〈타임스〉와의 인터뷰에서 이렇게 말했다.

"추락한 인형은 울고 있는 여인이에요. 중년 남편에게 무언가를 고백

하고 있지요. 고루하고 학구적이었던 남편은 젊은 아내를 잘 돌보지 못했을 거예요. 그는 아내의 잘못(외도)은 자기 탓이 아니었을까 생각했을 겁니다. 저는 그가 아내를 용서할 것으로 상상했어요."

콜리어는 1934년에 사망했다. 향년 84세였다. 그의 진보적 여성관이 녹아든 그림들은 훗날 여성 운동이 번질 때 중요한 상징물로 역할을 하게 된다.

거장을 죽인
치명적인 색의 진실

제임스 휘슬러, 〈흰색 교향곡 1번 : 하얀 소녀〉

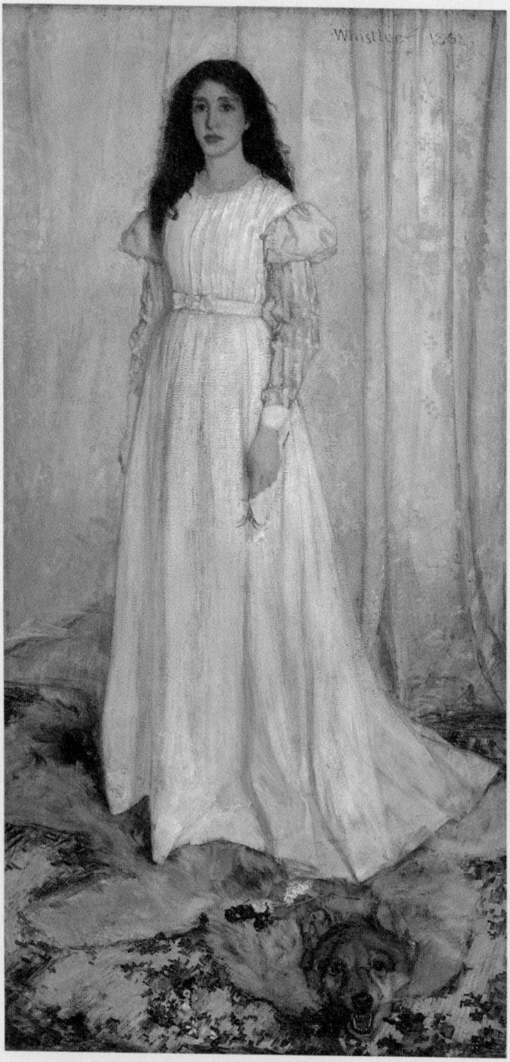

1863년, 캔버스에 유채, 213×107.9㎝, 워싱턴 내셔널 갤러리

⁑ 사랑할수록 죽어야 했던 이유 ⁑

'……눈 위를 걷는 사슴 같군.'

조안나 히퍼넌을 처음 본 제임스 휘슬러는 이렇게 생각했다. 당시 휘슬러는 스물여섯 살, 히퍼넌은 열일곱 살이었다. 그 시절 휘슬러는 이름난 독설가였다. 성격도 까칠하고, 행동도 거침없었다. 하지만 그런 그 또한 히퍼넌의 눈웃음 앞에서는 사르르 녹았다. 히퍼넌은 검붉은 머리카락에 새하얀 피부를 가진 소녀였다. 누구와도 웃으며 얘기할 수 있을 만큼 사교성이 좋았다. 전문 모델로서 예술에도 조예가 깊었다. 아일랜드 대기근을 온몸으로 겪은 이주민 출신이기 때문일까. 그녀는 굳은 심지와 강한 생명력도 갖췄다.

둘은 곧 연인으로 발전했다. 손을 맞잡게 된 두 사람에게 1861년 겨울은 잊을 수 없는 시절이었다. 휘슬러와 히퍼넌은 낭만적인 프랑스 파리에서 차가운 계절을 즐겼다. 휘슬러는 종종 히퍼넌의 이름을 줄여 '조'라고 불렀다.

"조. 그대로 있어봐."

진눈깨비가 창문을 때리던 어느 날, 휘슬러가 히퍼넌을 불러 세웠다. 그녀가 옷장에서 흰 원피스를 꺼내 입고 나온 때였다.

"당장 그리지 않고선 참을 수 없어서."

휘슬러는 히퍼넌을 붙잡아둔 채 화구를 죄다 가져왔다. 은처럼 빛나는 흰색 안료를 특히나 잔뜩 챙겨와 화폭을 은은한 흰색으로 채웠다.

그해 겨울, 휘슬러는 히퍼넌을 앞에 두고서 〈흰색 교향곡 1번 : 하얀 소녀〉를 그리기 시작했다. 순결의 표상인 백합을 든 히퍼넌이 눈부시게 하얀 원피스를 입고 서 있다. 목걸이와 반지만 없을 뿐, 영락없는 결혼식 직전 신부의 모습이다. 휘슬러는 히퍼넌의 발밑에 곰 가죽 깔개도 그렸다. 이를 통해 그녀가 품은 치명적인 매력을 부각하는 한편, 함부로 다가갈 수 없는 분위기까지 자아내고 있다.

휘슬러는 캔버스에 연백색을 아낌없이 펴 발랐다. 히퍼넌에게 티 없이 맑은 연백색만큼 잘 어울리는 색은 없다고 생각해서였다. 휘슬러는 이 그림이 자기 인생 최고의 걸작이 될 것을 예감하고 있었다. 그리고 앞으로는 눈처럼 새하얀 이 사람과 예쁜 순간만 가득 채워갈 수 있겠다고 생각했다.

하지만 그건 허망한 바람이었다. 휘슬러는 그림을 그리는 순간에도 스스로 몸과 정신 건강을 해치고 있었다. 그런 그에게 대체 무슨 일이 벌어지고 있는 걸까.

⁂ 이토록 완벽해 보이는 악마의 물질 ⁂

휘슬러는 히퍼넌을 그릴 때면 특히나 더 많은 시간을 쏟았다. 더욱 애정을 담아 선을 긋고 색을 칠하는 것 또한 이유 중 하나였지만, 특별한 사정이 더 있었다. 그건 연백색 안료와 관련이 있었다.

히퍼넌에게 꼭 맞는 연백색을 들이붓듯이 쓴 휘슬러는 이 색소를 확보하기 위해 많은 공을 들였다. 연백색 안료는 얻기도 쉽지 않았다. 무엇보다 만들기가 복잡했다. 일단 납을 구해야 했다. 이를 얇게 잘라 식초에 절인 뒤, 동물 분뇨를 채운 항아리에 넣어 썩혀야 했다. 그다음 3개월가량은 기다림의 시간이었다.

이 과정에서 납은 증기로 바뀌고, 분뇨에서 탄산이 만들어졌다. 둘이 반응하면 탄산납 가루가 돼 밑으로 가라앉았다. 가루를 긁어모아 빻아 말리면, 그제야 연백색 가루가 생긴다. 불쾌한 열기와 악취, 흐물흐물해진 배설물 틈에서 오래도록 정성을 쏟아야 맑은 하얀색을 얻을 수 있었다. 그 시절 안료 시장은 크지 않았다. 그렇기에 화가가 이 지난한 작업에 손을 보탤 때도 많았다. 휘슬러도 그랬다. 그는 퀴퀴한 증기를 뿜어내는 항아리 주변을 밥 먹듯 오가야 했다.

휘슬러는 이 과정에서부터 이미 건강에 위협을 받고 있었다. 중금속인 납이 문제였다. 연백색 안료의 원료가 되는 납은 인간에게 치명적인 물질이었다. 납은 이를 들이마신 인간을 서서히 무너뜨렸다. 불면증은 기본이었다. 중독이 심해지면 두통과 관절염, 빈혈과 경련도 따라왔다. 나아가 암, 전신 마비와 정신 장애까지 일으킬 수 있었다.

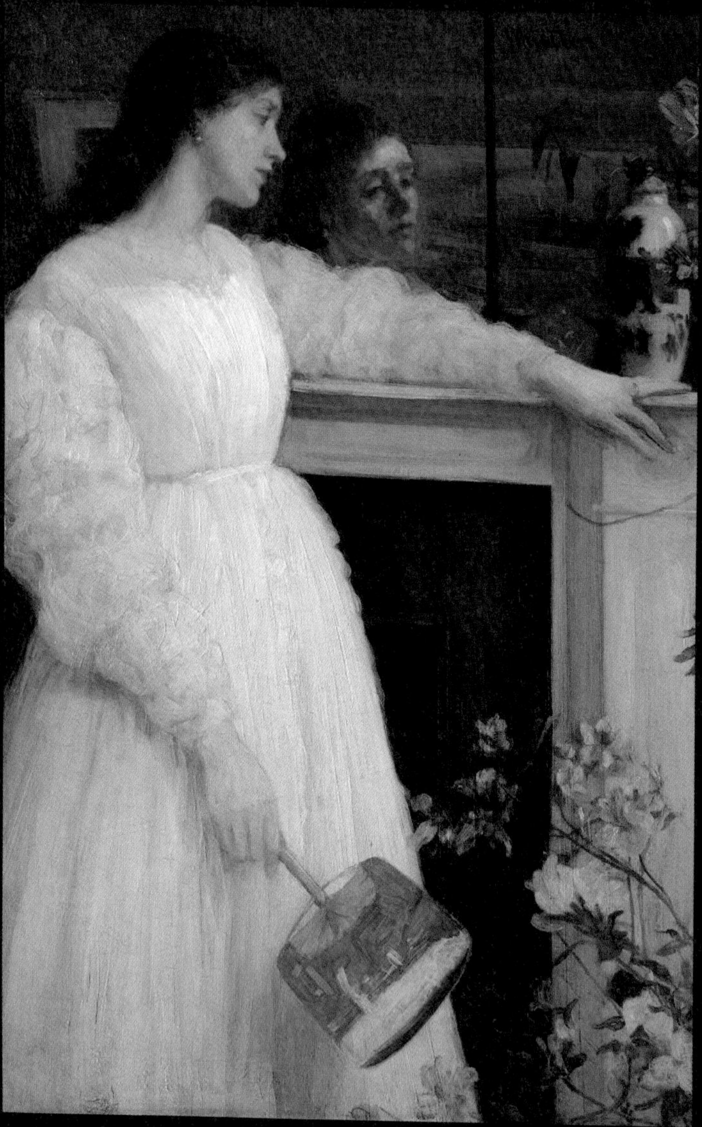

제임스 휘슬러, 〈흰색 교향곡 2번 : 흰색 옷을 입은 작은 소녀〉,
1864년, 캔버스에 유채, 76.5×51.1㎝, 테이트 브리튼

휘슬러는 연백색 안료를 얻는 과정에서 납 증기를 훅 들이마셨다. 그뿐인가. 캔버스에 색을 찍어 바르는 순간에도 납 가루는 그의 주변에서 먼지처럼 흩날렸다. 그렇게 휘슬러는 자기도 모르는 새 몸에 납을 차곡차곡 쌓고 있었다.

연백색 안료에는 은처럼 빛난다고 해 '실버 화이트Silverwhite', 작은 유리 조각처럼 반짝이는 모습에 '플레이크 화이트Flakewhite' 등 문학적인 별명이 뒤따랐다. 접착성이 좋고 갈라짐은 없는 실용성도 있었다. 이렇게 완벽해 보이는 안료가 알고 보면 죽음의 물질이었던 셈이었다.

⁑ 서서히 쌓이는 연백색의 독 ⁑

휘슬러의 연백색 사랑은 그칠 줄 몰랐다. 1년 뒤 휘슬러가 다시 히퍼넌을 그렸다. 그는 재차 연백색 안료를 잔뜩 챙겨 왔다. 순백의 드레스를 입은 그녀를 두고 작업에 열중했고, 은은한 흰색으로 가득 채워진 그림이 또 탄생했다. 제목은 〈흰색 교향곡 2번 : 흰색 옷을 입은 작은 소녀〉였다.

벽난로에 기댄 히퍼넌은 깊은 눈과 오뚝한 콧날, 선명한 턱선을 가진 전형적인 미인의 상이다. 일본풍 부채는 그런 그녀에게 동양적 신비감을 안긴다. 벽난로 위 윤기 나는 화병, 오른쪽 밑에서 피어나는 분홍색 꽃은 그녀의 정갈한 성향을 대변하는 듯하다. 이번에도 연백색 안료가 그림을 한층 더 그윽하게 만든다. 순백의 히퍼넌은 고개를 살짝 숙인 채

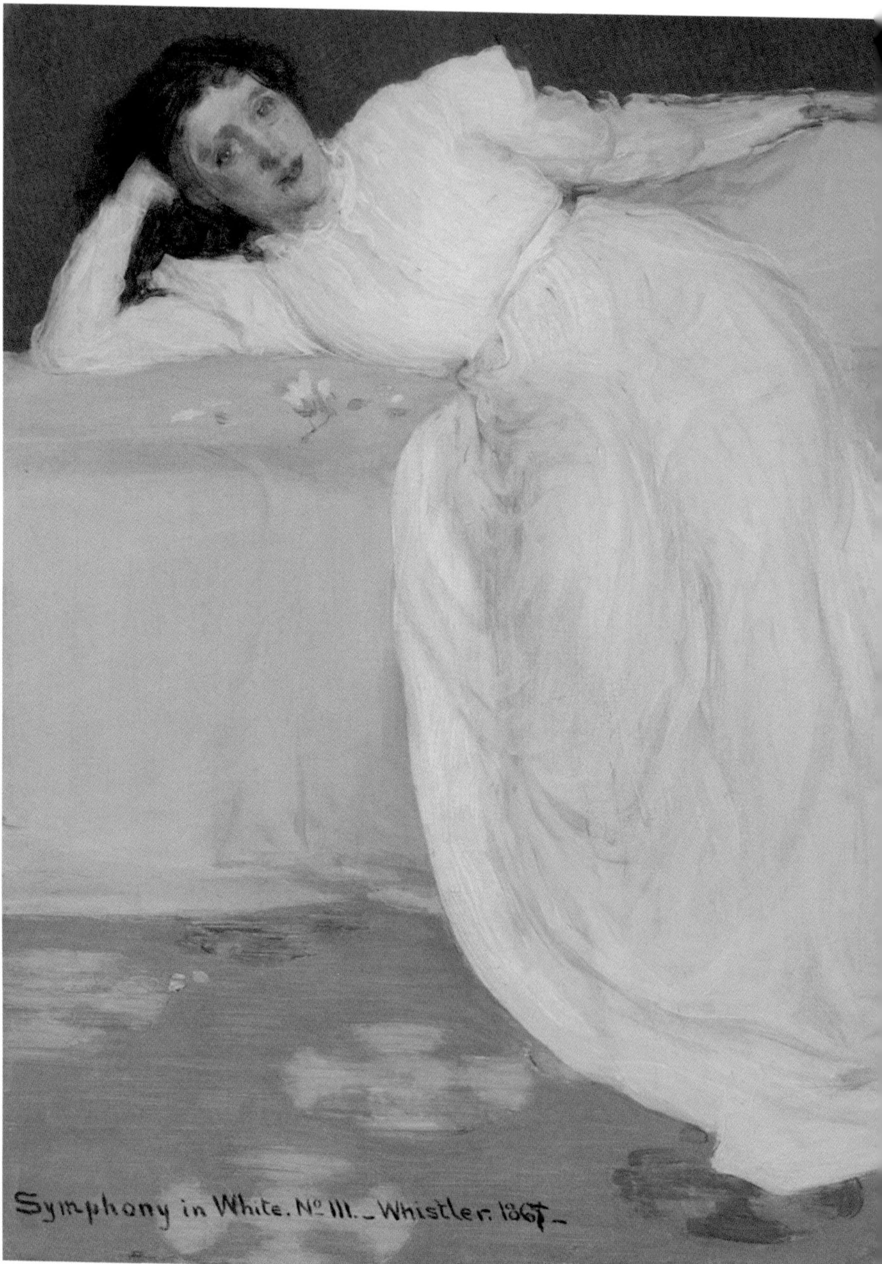
Symphony in White. No III. _ Whistler. 1867 _

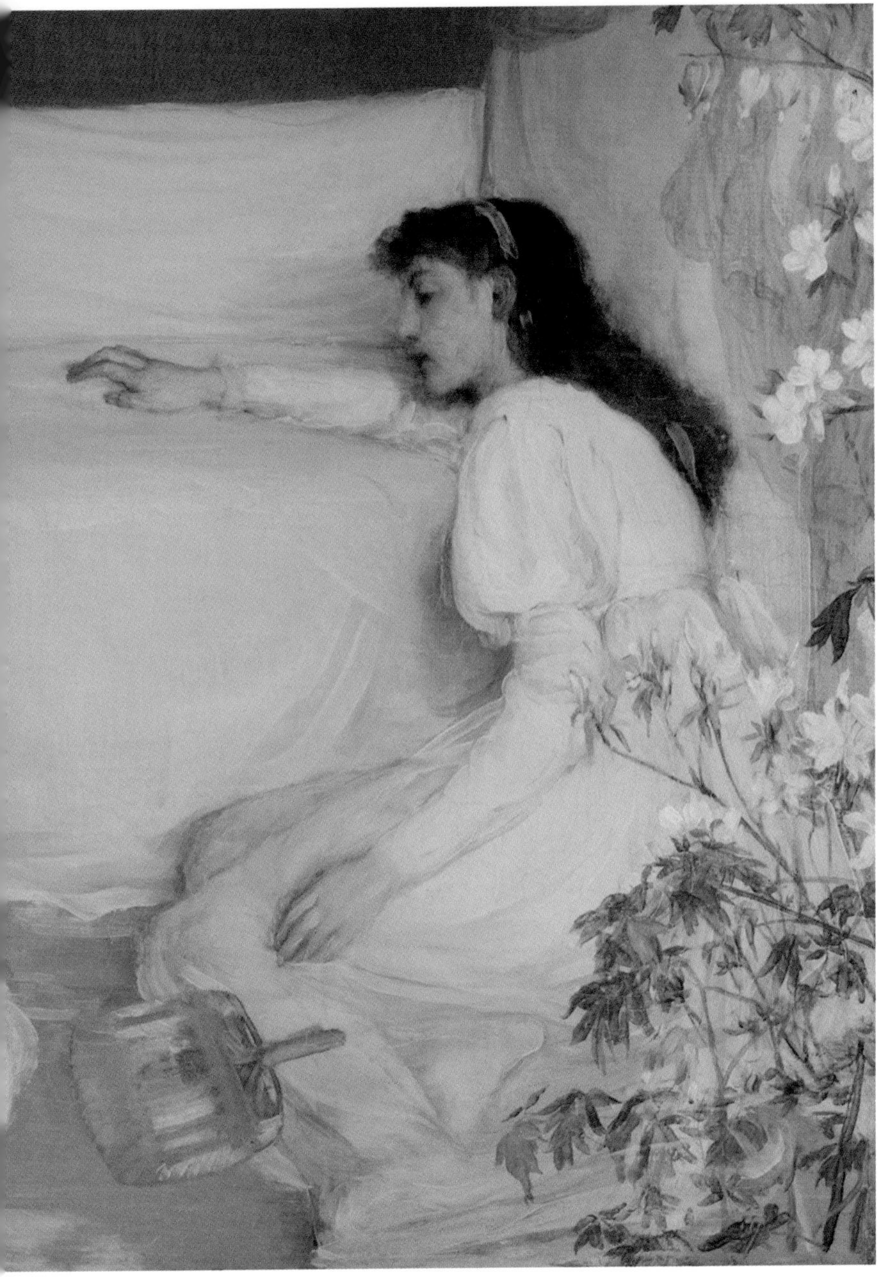

제임스 휘슬러, 〈흰색 교향곡 3번〉
1865~1867년, 캔버스에 유채, 51.1×76.8㎝, 바버 미술관

명상에 빠져 있다. 그녀는 신화 속 여신처럼 숭고해 보이고, 역사 속 성녀처럼 고상해 보이기도 한다. 천사의 탈을 쓴 악마의 색은 그렇게 이번에도 제 역할을 다했다.

휘슬러는 곧이어 〈흰색 교향곡 3번〉도 작업했다. 휘슬러는 히퍼넌과 함께 다른 여성 모델을 추가로 섭외하는 파격적인 면을 보였다. 하지만 주인공은 역시나 히퍼넌이었다. 휘슬러는 히퍼넌에게 또 새하얀 원피스를 입혔다. 그녀 몸을 또다시 연백색으로 가득 채웠다. 옆 모델은 연노란색 원피스를 입은 채 화폭 가장자리에 앉아 있다. 흰색 꽃에 가려진 그녀는 히퍼넌의 화사함을 띄워주는 조연으로 전락한 듯하다.

"자세가 불편하겠어. 조금만 더 참아줘."

긋고 칠하기에 집중하던 휘슬러가 히퍼넌을 달랬다. 이번에도 그의 주변에는 납 가루가 폴폴 날리고 있었다.

⁑ 그들에게 찾아온 또 다른 불청객들 ⁑

휘슬러에게 비극이 또 있었다. 그가 납의 독성을 얼마나 이해하고 있었는지는 알 수 없지만, 결과적으로 생명을 깎아가며 히퍼넌과 함께 있던 것이었다. 그런데, 휘슬러는 결국 그 사랑을 쟁취하지 못했다. 납 중독도 납 중독이지만, 이번 일 또한 휘슬러에게 크디큰 고통을 가했다.

가장 먼저 만난 암초는 휘슬러의 어머니였다. 휘슬러의 어머니는 아들을 자기 손아귀에 두고 싶어 하는 경향이 강했다. 좋게 보면 아들을 창창한 길로 이끌고 싶은 마음이었지만, 나쁘게 보면 그저 숨 막히는 간섭과 집착일 뿐이었다. 어머니는 화가가 되겠다는 아들의 뜻을 꺾기 위해 충돌을 불사했고, 그 갈등은 계속 되었다.

그런 그녀는 며느릿감으로 히퍼넌을 인정하지 않았다. 자기 아들이 고작 여성 모델 따위와 연애하고 있다는 걸 받아들이지 못했다. 그 시절 화가의 모델은 거리의 여인 취급을 받았다. 굳이 따지자면 매춘부보다 조금 더 나은 대우를 받는 정도였다. 그래도 휘슬러와 히퍼넌은 모른 척 사랑을 이어갈 수 있었다. 어차피 어머니는 미국에 있었다. 그렇기에 이 문제를 놓고 직접 충돌할 일은 생기지 않을 것이었다.

그런데, 상황이 곧 달라졌다. 1861년, 미국에서 남북전쟁이 발발한 것이다. 밤새 이어지는 총성을 견디다 못한 어머니는 결국 1863년, 휘슬러가 사는 런던으로 갑작스레 몸을 옮겼다. 다급해진 휘슬러는 서둘러 따로 방을 구해 히퍼넌을 내보냈다. 집에서 그녀의 흔적을 다 치웠다. 쫓겨나듯 나온 히퍼넌은 당황스러웠다. 소극적인 그의 모습이 실망스럽기도 했다.

1865년 여름은 휘슬러가 손꼽아 기다린 계절이었다. 휘슬러는 히퍼넌과 함께 프랑스의 휴양 도시 투르빌에서 시간을 보내기로 했다. 어머니의 눈을 피해 떠난 은밀한 휴가였다. 휘슬러는 이번 여행에 특별 손님을 초대했다. 사실주의의 대부, 귀스타브 쿠르베였다.

둘은 죽이 잘 맞는 친구이자 예술적 동지였다. 그렇게 셋이 종일 수영을 하고, 일광욕을 즐기고, 그림을 그렸다. 그동안 쿠르베는 절친 휘슬러보다 히퍼넌과 더 붙어 있었다. 그는 그녀의 싱그러움을 틈만 나면 찬양

했다. 그녀를 붙잡고 같은 그림을 반복해 그릴 만큼 놓아주질 않았다. 그래도 휘슬러는 둘의 관계를 의심치 않았다.

당시 쿠르베는 마흔여섯 살, 히퍼넌은 스물두 살이었다. 무슨 일이 생길 수가 없는 사이라고 생각했다. 그런데, 쿠르베는 휴가 이후에도 휘슬러를 보면 히퍼넌의 안부만 물었다. 게다가 쿠르베는 언젠가부터 히퍼넌을 자연스럽게 '조'라는 애칭으로 부르고 있었다. 휘슬러는 슬슬 기분이 상했다. 이런 인간에게 여지를 주는 듯한 히퍼넌도 마음에 들지 않았다.

쿠르베와 히퍼넌의 행동에 잘못이 없다고는 볼 수 없다. 하지만 사실은 휘슬러에게도 문제는 있었다. 휘슬러가 원래도 살가운 성격은 아니었지만, 그는 시간이 지날수록 더 신경질적으로 변해가고 있었다. 이 또한 납과 관련 있었다. 납 중독은 신경계에도 영향을 준다. 이 악마의 성분은 사람을 더 빨리 흥분하게, 더 자주 발작하게 했다. 이미 상당량의 납 가루를 마신 휘슬러 또한 이 증상에서 자유로울 수 없었다.

그렇게 휘슬러와 히퍼넌의 사이는 여행을 다녀온 뒤 더 나빠졌다. 휘슬러는 히퍼넌을 거듭 몰아세웠다. 외도에 대한 아무런 증거가 없지만, 그저 찝찝한 자기감정만 앞세워 그녀의 마음을 아프게 했다. 그래도 둘은 서로를 놓지 않았다. 휘슬러는 여전히 히퍼넌을 아름답게 그렸다. 히퍼넌도 그런 휘슬러를 위해 최선을 다해 포즈를 취했다.

1866년, 휘슬러는 스페인과 전쟁에 나선 칠레를 돕겠다는 명분으로 발파라이소에 갔다. 늘 분신처럼 함께 한 히퍼넌이 없는, 혼자만의 외출

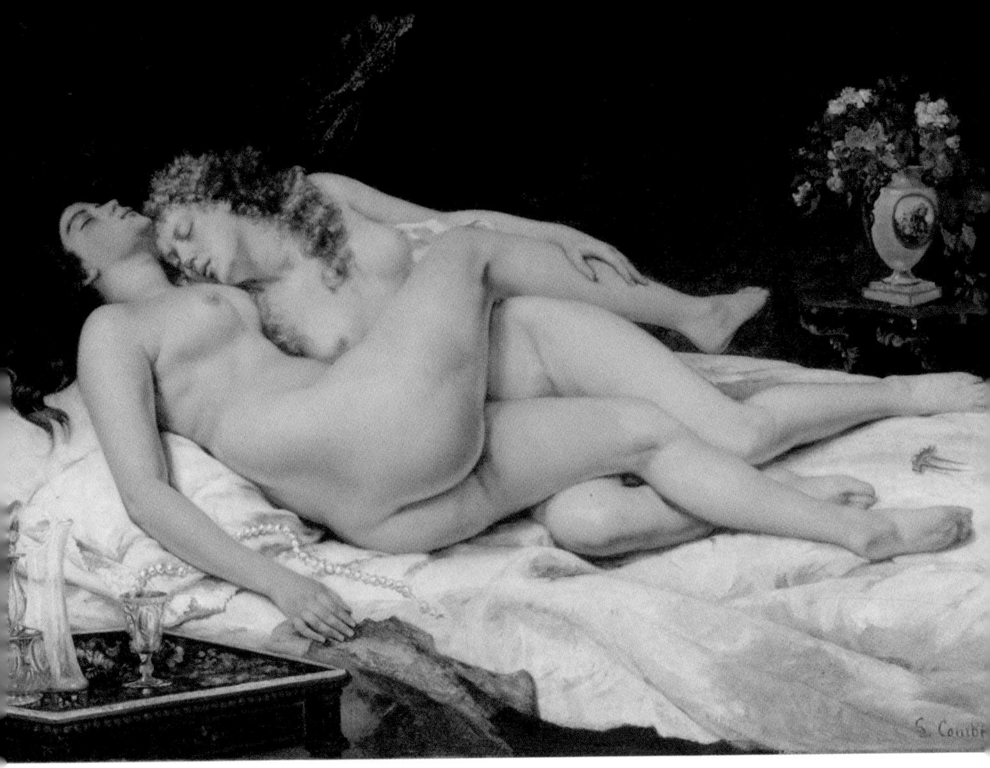

귀스타브 쿠르베, 〈잠〉,
1866년, 캔버스에 유채, 135×200㎝, 프티 팔레

이었다. 그 사이 문제는 또 발생했다. 쿠르베가 혼자 있는 히퍼넌에게 자기 그림의 모델이 되어 달라고 제안한 것이었다.

휘슬러에게 섭섭함이 쌓인 히퍼넌은 그가 싫어할 게 뻔한데도 쿠르베와 마주했고, 생각보다 훨씬 즐겁게 일했다. 그녀는 그간 휘슬러의 취향에 맞춰 조신한 포즈로 화가 앞에 서왔었다. 하지만, 전문 모델로 자부심이 컸던 히퍼넌은 이보다 더 도발적인 포즈에도 자신 있었다. 단지 휘슬러가 싫어하니 억누르고 있을 뿐이었다.

쿠르베가 그런 히퍼넌의 갈망을 일깨웠다. 그해, 쿠르베는 히퍼넌을 눕힌 채 〈잠〉을 작업했다. 여성 모델 한 명을 더 붙여 그린 이 그림은 두 여인의 동성애를 묘사하고 있다. 화폭 속 나체의 히퍼넌은 휘슬러의 〈흰색 교향곡〉 속 여인과 동일인으로 볼 수 없을 만큼 요염하다. 이쯤부터 쿠르베와 히퍼넌이 진지하게 사귄다는 소문이 퍼졌다.

그리고, 끝내 바다 건너 휘슬러에게도 이 소식이 닿았다. 얼마 후 런던으로 돌아온 휘슬러는 더 이상 히퍼넌을 연인으로 대하지 않았다. 서로를 운명의 상대처럼 여긴 두 사람의 로맨스는 허무하게 끝을 맺었다. 휘슬러는 쿠르베 또한 다시 보지 않았다.

⁑ 그럼에도 끊을 수 없었던 각별한 애정 ⁑

둘은 서로를 너무 특별하게 여겼기에, 아예 인연까지 끊지는 못했다. 휘슬러는 한때 히퍼넌에게 자기 그림 판매권을 줄 만큼 그녀의 수완도 믿었다. 그런 그들은 결별한 후에도 여러 사업적 이유로 마주했다.

두 사람 사이에는 꽤 파격적인 일화도 전해진다. 1870년, 휘슬러는 그의 집 가정부 라이사 파니 핸슨에게서 아들을 얻었다. 휘슬러가 아기를 맡긴 사람이 다름 아닌 히퍼넌이었다. 히퍼넌은 이 아이가 열 살이 될 때까지 홀로 양육했다.

휘슬러와 히퍼넌이 서로에게 여전히 각별한 애정을 품었기에 이뤄질 수 있는 일일 터였다. 휘슬러는 계속 작품 활동을 했다. 자기 그림을 놓고 유명 평론가 존 러스킨과 소송전도 벌이고, 예술 학교를 세우기도 했다. 히퍼넌에 대해선 1880년 이후 알려진 일이 거의 없다.

"그 아름다운 여인은 니스에서 골동품을 팔고 있어요."

1882년, 쿠르베의 여동생 줄리엣이 쓴 편지로 대강 짐작만 할 수 있을 뿐이다.

몸에 납을 쌓고 산 휘슬러는 평생을 불안증과 잔병치레에 시달렸다. 죽기 10여 년 전부터는 그의 몸과 정신 모두 온전치 않았다. 납 범벅이 된 그의 몸은 언제 터질지 모를 시한폭탄이었다. 말년을 맞은 그는 사실상 살아도 산 게 아니었다. 휘슬러는 1903년, 예순아홉 살 나이로 생을 마감했다. 최종 사인은 심장마비였다.

2차 세계대전 중 대탈출의 비밀을 담다

펠릭스 누스바움, 〈유대인 신분증을 든 자화상〉

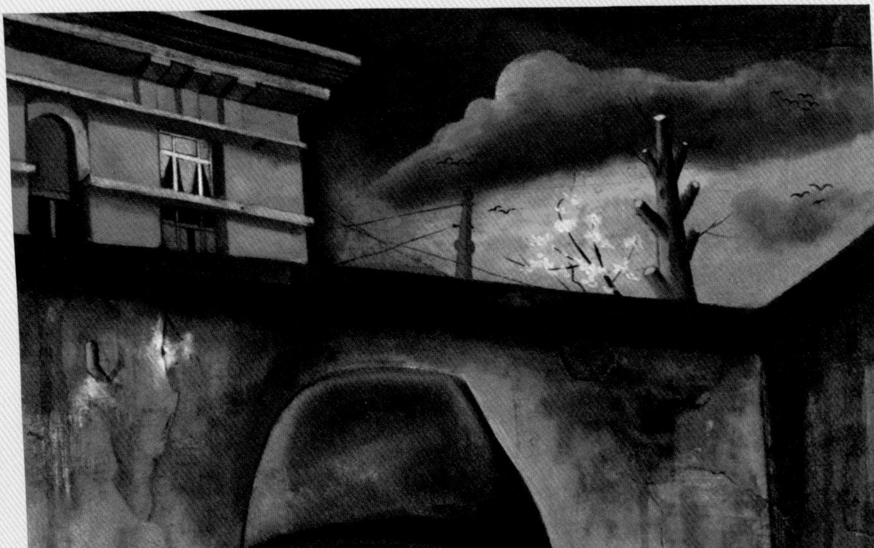

1943년, 패널에 유채, 56×49㎝, 펠릭스 누스바움 박물관

⁑ 남자가 떨고 있는 이유 ⁑

퀭한 눈과 굳은 입술, 경직된 두 손, 바짝 세운 옷깃은 그림 속 사내가 지금 두려움에 떨고 있다는 걸 알려준다. 투박한 모자와 거친 외투, 다듬지 못한 턱수염과 구레나룻은 그가 부랑자일 수 있겠다는 생각도 들게 한다. 이 남성은 다급히 주머니를 뒤져 신분증을 꺼낸다. 거기에는 시선을 끄는 게 있다. 'JUIF-JOOD'라는 빨간 각인이다. 앞 단어는 프랑스어, 뒤 단어는 네덜란드어로 유대인이라는 뜻이다. 외투에 박힌 노란 별 또한 유대인에게만 주어지는 표식이었다.

이 남성은 부랑자도, 범죄자도 아니었다. 그저 독일 나치에 쫓기는 유대인일 뿐이었다. 그는 지금껏 자기 뒤를 밟은 추적자가 나치 친위대만 아니길 바랄 터였다. 짙게 깔린 먹구름과 금이 간 벽, 가지 잘린 나무 등이 내몰린 이 남성의 공포를 대신 표현한다. 담장 너머 건물에는 창문이 여럿 보여, 미행자가 진작부터 그의 전부를 감시했을 것이라는 짐작을 하게 이끈다. 슬쩍 보이는 파란 하늘과 하얀 꽃은 절체절명의 순간에도

놓을 수 없는 작은 희망을 의미한다.

독일 출신의 펠릭스 누스바움은 그가 그린 〈유대인 신분증을 든 자화상〉의 모습처럼 매일 언제 수용소로 잡혀갈지 모른다는 초조함에 잠식되어 있었다. 그는 한때 유복한 집안의 도련님이었다. 커서는 조국의 촉망받는 화가로 당당히 이름을 올렸다. 전쟁이 발발하기 불과 얼마 전까지만 해도 세계적 예술가가 되겠다는 꿈을 안고 나랏돈으로 유학길에 올랐었다. 하지만 지금은 그따위 것은 모두 흐릿한 꿈이었다. 까마득한 전생처럼 느껴졌다. 광기의 시대는 누스바움의 모든 것을 앗아갔다. 이제는 그의 목숨마저 노리고 있었다.

⁑ 조국이 인정한 예술가에서 순식간에 도망자로 ⁑

누스바움은 1904년 독일 오스나브뤼크의 유대인 집안에서 세상 빛을 봤다. 아버지는 제1차 세계대전 참전 군인이었다. 독일 기병대로 활약한 그는 이 경력을 평생의 훈장처럼 여겼다. 조국의 어떤 행보에도 동의할 준비가 된 애국자였다. 전역 후에는 아마추어 화가 겸 철물점 주인으로 가장의 의무를 다했다.

누스바움은 그런 아버지 밑에서 부족함 없이 컸다. 예술을 좋아한 아버지 덕에 그 또한 미술을 사랑하는 독일인으로 성장할 수 있었다. 누스바움은 함부르크에서 그림의 기초를 익혔다. 열아홉 성인이 된 1923년부터는 베를린에서 심화 과정을 접했다.

뒤이어 1929년, 마음 맞는 동료 화가 펠카 플라테크와 공동 작업실을 꾸렸다. 둘은 그 정도로 만족하지 못했다. 곧 함께 살림을 차리고, 나아가 평생을 같이 살게 된다. 그림깨나 그린 아버지 덕인지, 누스바움은 머릿속 잔상을 화폭에 곧잘 옮겼다. 그의 머릿속 미술 선생님은 앙리 루소, 빈센트 반 고흐, 조르조 데 키리코였다. 루소의 대담한 묘사, 반 고흐의 강렬한 색채, 키리코의 초현실적 감각을 자기 것으로 만들고자 연구를 이어갔다. 그는 정신 차려보니 베를린의 젊은 화가 중 가장 주목받는 인물이 돼 있었다.

1932년, 누스바움은 독일 아카데미가 준 장학금을 받았다. 그 시대 가장 전도유망한 예술가에게 주는 특전이었다. 그는 플라테크와 함께 이탈리아 로마로 유학길에 오를 수 있었다. 이제 그의 무대가 세계로 넓어지는 건 시간문제인 듯했다. 누스바움은 이렇게 영영 독일로 돌아갈 수 없을 줄은 생각지도 못했을 것이다.

누스바움이 떠난 그다음 해, 그의 조국에선 대격변이 발생했다. 아돌프 히틀러의 나치가 독일 정권을 쥐었다. 나치는 독일 민족주의를 앞세워, 유대인에 대한 광기에 찬 핍박을 정당화하기에 이르렀다. 그렇게 제노사이드(종교·인종 등 인류 집단을 말살하는 행위)의 기운이 끓어오르고 있었다.

나는 독일인일까, 이방인일까. 조국의 흉흉한 소식을 전해 들은 누스바움은 자신이 갈림길에 섰다는 걸 깨달았다. 누스바움은 조국이 인정한 화가였다. 선전물을 그리는 나치 앞잡이로 나선다면, 어쩌면 위태롭게나마 목숨을 부지할 수 있을지도 몰랐다. 반대로 유대인의 정체성을 간직하기로 하는 그 순간 나치에 쫓기는 신세가 될 게 분명했다. 아버지는 독일에 충성을 바쳤지만 그건 아버지의 삶이었다. 누스바움은 그만의 선택을 해야 했다. 그는 파리 목숨의 2등 시민에 불과할 길을 걸어갈 생각이 없었다.

그렇다면 바로 도망쳐야 했다. 나치의 눈을 피해 가능한 한 멀리 떠나야 했다. 투항하지 않기로 한 이상 이탈리아 또한 안전한 곳이 아니었다. 히틀러와 비슷한 뜻을 품은 베니토 무솔리니와 파시스트가 언제 돌변해 유대인에게 총구를 댈지 몰랐다. 누스바움은 야반도주하듯 사라졌다. 그렇게 그는 도망자의 삶을 시작했다.

⁑ 좌절할지언정 정체성을 잃지 않았다 ⁑

누스바움은 일단 1934년, 이탈리아에서 스위스로 몸을 옮겼다. 거기서 뿌리를 내리지 못하고 프랑스로 이주했다. 얼마 안 돼 또 쫓겨나듯 떠나야 했다. 그가 돌고 돌아 간 나라는 벨기에였다. 이곳 또한 그를 환영하지는 않았다. 그래도 어떻게든 있을 수는 있었다. 반년에 한 번씩 심사를 받아야 했고 직장도 구할 수 없었지만, 대놓고 쫓아내지만은 않았다. 누스바움은 그를 따라 함께 온 플라테크와 벨기에에서 결혼식을 올렸다.

누스바움은 고요했던 독일이 그리웠다. 전쟁의 광풍이 없었다면 돈

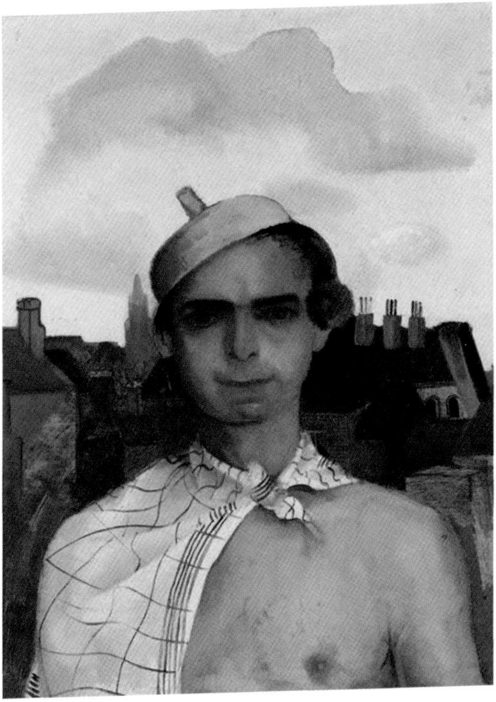

펠릭스 누스바움, 〈타월을 두른 자화상〉,
1936년, 캔버스에 유채, 크기 미상, 펠릭스 누스바움 박물관

과 명예는 떼어놓은 당상이었다. 그러면 행복한 가정도 꾸릴 수 있을 터였다. 벨기에의 낡은 집 방구석에 쪼그려 앉은 누스바움은 초라한 외부인이 된 처지를 곱씹었다. 종종 슬픔이 물밀듯 밀려오면 옛날 독일 집에서 갖고 온 주방용 타월을 만지작거렸다. 젖은 접시를 닦을 때 쓰던 흔한 천 조각이었다. 지금 이 수건은 평화로웠던 그 시절의 향수를 품은 유일한 물건이 돼 있었다. 이쯤 누스바움은 〈타월을 두른 자화상〉을 그렸다.

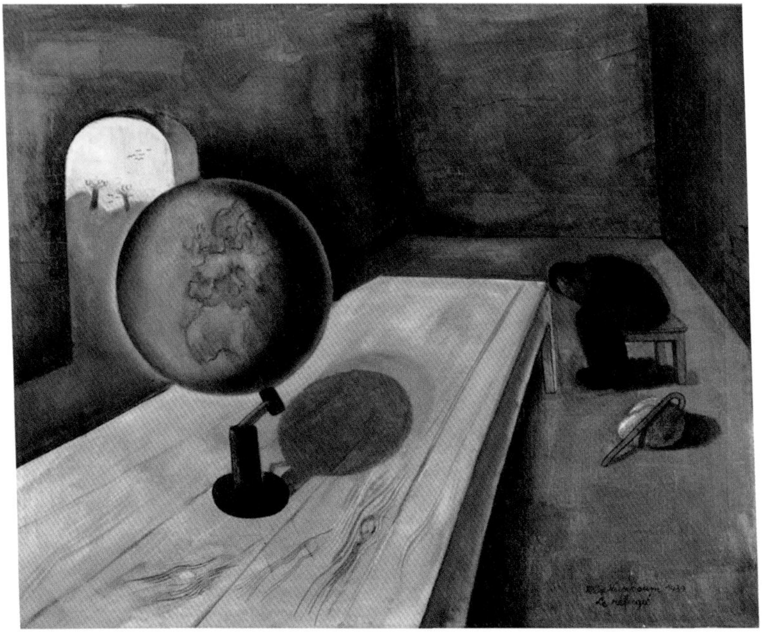

펠릭스 누스바움, 〈난민〉,
1939년, 캔버스에 유채, 61×76㎝, 야드바셈 홀로코스트 박물관

촉촉한 눈망울의 누스바움은 타월을 아예 망토처럼 몸에 걸치고 있다. 그는 차오르는 울음을 억누르는 듯 입술을 꽉 깨물고 있다. 이는 옛 고향의 그리움을 참는 모습이었다. 배경으로는 당시 그에게 쌀쌀맞던 벨기에의 전경이 깔려 있다. 누스바움은 그럼에도 이 여정을 이어가려고 한다. 그는 뾰족한 뿔 같은 게 튀어나온 둥근 모자를 쓰고 있다. 이는 유대인의 전통 물품 키파와 비슷한 모양이다. 끝까지 유대인의 정체성을 지켜가겠다는 의지를 보인 격이다.

물론 신념을 지키는 건 결코 쉽지 않았다. 누스바움은 비슷한 시기에

〈난민〉도 완성했다. 그는 많은 순간 그림 속 남성처럼 좌절했다. 방랑자의 삶을 택한 그에게 남은 건 작은 봇짐과 지팡이뿐이다. 지구본을 아무리 돌려도 마음 편히 머물 수 있을 곳이 보이질 않는다. 혼탁한 색의 벽, 길게 늘어진 탁자는 그를 계속 가둬두려는 듯 답답한 형태로 자리잡고 있다.

⁑ 기적이 만들어낸 탈출 ⁑

1940년, 나치 독일이 기어코 벨기에까지 손을 뻗었다. 벨기에도 비상이었다. 벨기에는 독일 여권을 가진 열다섯 살 이상 남자 외국인을 따로 모았다. 벨기에는 이들을 사실상 잠재적 테러리스트로 봤다. 이들에게 '적대적 외국인'이라는 딱지를 붙였다. 여기서 그치지 않고 프랑스에 있는 포로수용소로 보내버렸다.

누스바움도 예외는 없었다. 수송 열차에 탄 그는 벌벌 떨었다. 도착한 수용소는 최악이었다. 전염병과 영양실조, 쥐와 바퀴벌레만이 들끓는 그곳에서는 이미 많은 수감자가 죽어가고 있었다. 악취뿐인 이곳을 지배하는 건 슬픔과 절망, 공포와 체념뿐이었다.

누스바움도 여기서 모든 걸 포기할 수 있었다. 그랬다면 그 또한 비참한 최후를 맞고 들짐승의 밥이 됐을 것이다. 하지만 누스바움은 생을 내려놓지 않았다. 그는 얼마 뒤 또 한 번 수송 열차를 타고 독일로 끌려가게 되었다. 강제 노동과 가스실을 직면해야 할 터였다. 누스바움은 정신

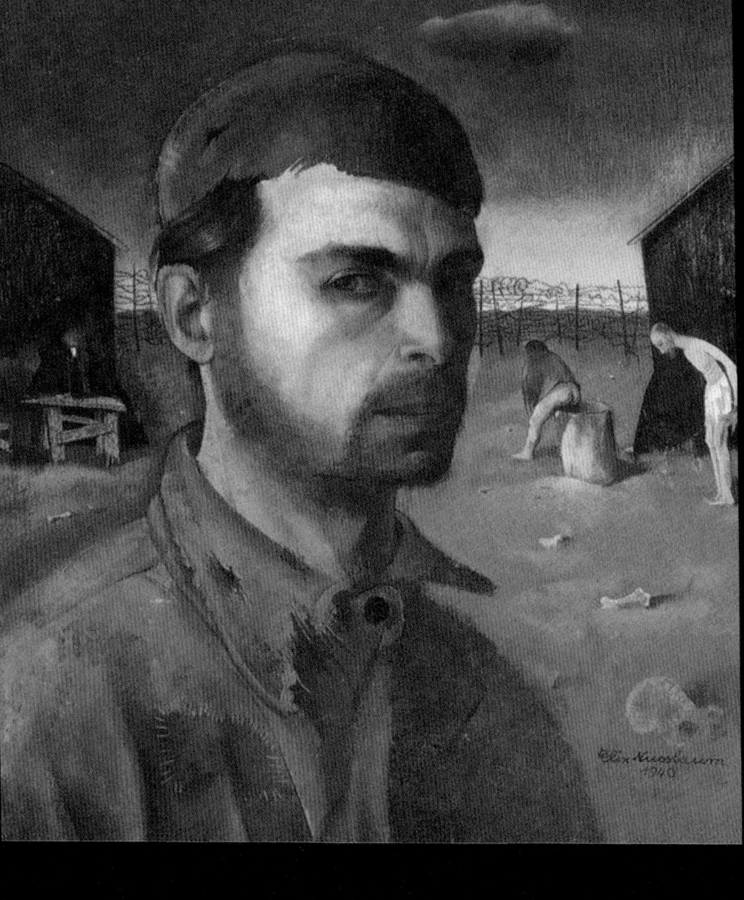

펠릭스 누스바움, 〈수용소에서의 자화상〉,
1940년, 패널에 유채, 52.5×41.5cm, 노이에 갤러리

을 바짝 차렸다.

그는 독일로 가는 철로에서 망설임 없이 몸을 던졌다. 감시망에서 벗어난 그는 절뚝대면서도 무작정 내달렸다. 누스바움은 살았다. 지옥이 아가리를 쩍 벌리고 있는 그 앞에서 겨우 탈출했다. 기적적으로 벨기에로 돌아가 아내 플라테크를 다시 만날 수 있었다.

누스바움은 끝내 꺾이지 않았지만, 수용소의 참혹한 풍경은 그에게 깊은 트라우마를 안겼다. 누스바움은 당시 기억을 화폭에 쏟았다. 〈수용소에서의 자화상〉이 탄생했다. 그림 속 헤진 누더기 차림의 그는 슬픈 눈으로 세상을 보고 있다. 죽음의 공포 앞에 누군가는 고통에 젖었고, 또 누군가는 이미 체념한 듯한 모습을 보인다. 한 수감자는 배설물이 잔뜩 칠해진 깡통에 엉덩이를 대고 있다. 이 장면만으로도 수용소가 어떤 환경인지를 짐작할 수 있다. 낮게 깔린 먹구름, 높이 쳐진 철조망은 절망과 고립감만 더할 뿐이다.

⁑ 살기 위해 그렸다 ⁑

누스바움은 살고 싶었다. 피눈물이 날 만큼 간절히 살고 싶었다. 그의 삶은 나날이 피폐해졌다. 나치의 광기는 이어졌다. 상대가 오직 유대인이기만 하다면 끊임없이 추적하고, 예외 없이 체포했다. 한 차례 도주한 적 있는 누스바움은 이번에 또 잡히면 정말 끝이었다. 누스바움 부부는 나치에 저항하는 지하운동 단체 일원의 집 다락방에 얹혀살았다.

허리도 제대로 펼 수 없을 만큼 낮고, 다 그린 그림을 보기 위해 뒤로 물러설 수도 없을 만큼 좁은 곳이었다.

당연히 자유는 없었다. 집주인이 준 위조 배급 카드 덕에 겨우 밥만 타 먹었다. 어쩌다 밖을 나설 때는 살 떨리는 긴장감을 안고 거듭 뒤를 돌아봐야 했다. 1943년, 그런 처지에 놓인 누스바움이 그린 게 〈유대인 신분증을 든 자화상〉이었다.

이렇듯 누스바움은 최악의 상황 속에서도 붓을 놓지 않았다. 정신 착란을 겪을 만큼 열악한 환경이었지만, 그림은 포기하지 않았다. 누군가는 그런 그에게 창작 활동만 하지 않는다면 더 수월히 숨어 다닐 수 있다고 말할지도 모른다. 하지만 누스바움은 역설적으로 그림을 그리면서 도망 다닐 힘을 얻을 수 있었다. 누스바움에게 예술은 그가 살아 있는 증거이자, 후세를 위한 유산이었다.

"내 그림을 발견하면 병에 넣어 바다에 띄운 메시지라고 생각해 달라."

누스바움은 이런 일기도 썼다.

1944년, 2차 대전이 막바지에 이르렀다. 미국과 영국 등이 주축인 연합국은 나치를 차츰 절벽으로 내몰았다. 패색이 짙어진 나치는 최후의 발악을 하고 있었다. 이미 용서받지 못할 죄를 저지른 나치는 자포자기한 듯 더 스스럼없이 사람을 죽였다. 온 나라에 화약 냄새가 진동했다. 누스바움은 이러다 세계가 멸망할 수 있겠다고 생각했을까. 그는 그 좁은 다락방에서 〈죽음의 승리〉를 그렸다.

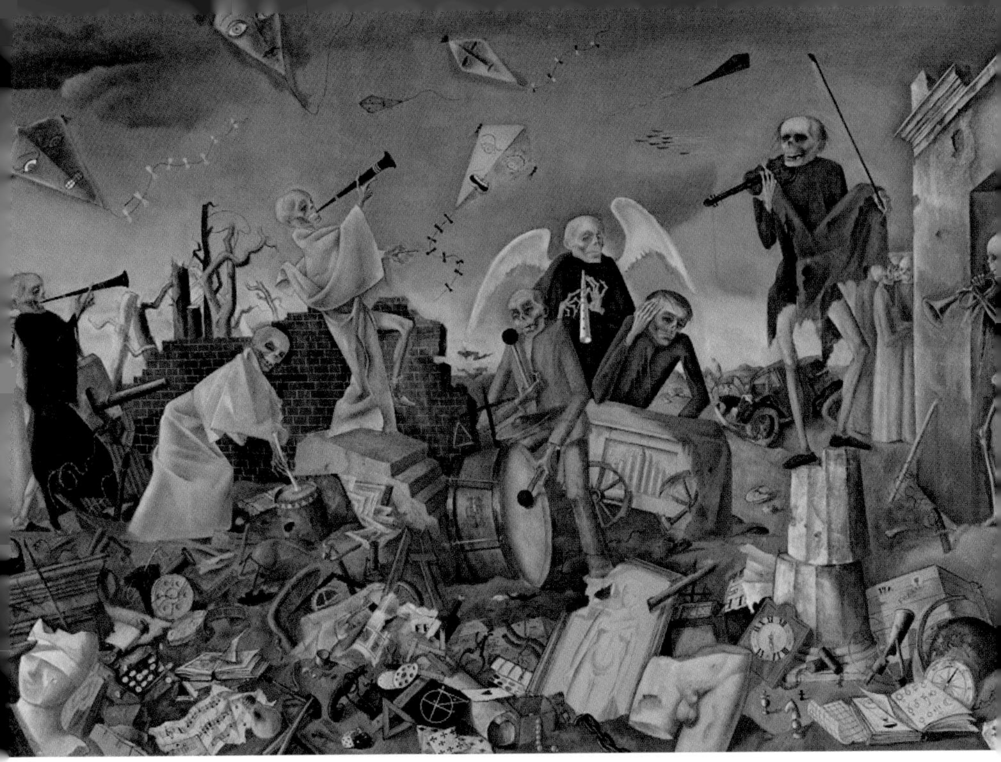

펠릭스 누스바움, 〈죽음의 승리〉,
1944년, 캔버스에 유채, 100×150㎝, 펠릭스 누스바움 박물관

악기를 든 해골 무리가 기세 좋게 행진하고 있다. 이들은 폐허가 된 이 땅이 딱 마음에 든다는 듯 시시덕거린다. 사람들은 울려퍼지는 죽음의 노래를 따라 구석에 세워진 지하 세계의 입구로 우르르 가게 될 것이다. 왼쪽 구석에는 눈을 가린 정의의 여신 디케가 무참히 깨져 있다. 오른쪽 한편에는 고전적 건축 양식의 기둥이 부서졌다. 하늘에 뜬 연들은 정의가 깨지고 문명이 부서진 이 세상을 저마다의 표정으로 한심하게 쳐다보고 있다. 디케가 인간에게 말을 할 수 있다면, 이따위의 답도 없는 불모지는 너희가 자초했다며 야단을 칠 듯도 하다.

⁑ 결국, 아우슈비츠행 마지막 열차에 ⁑

1944년, 7월 20일 새벽. 나치 친위대가 벨기에 브뤼셀의 한 마을 골목을 서서히 에워쌌다. 달빛 아래 선 이들은 지붕 위와 통로 곳곳에 자리 잡았다. 곧바로 탐조등이 빛을 쐈다. 동네 사람을 다 깨울 만큼 강한 빛은 오직 한 집을 향했다. 돌격을 맡은 나치 친위대는 서둘러 그곳으로 몰려갔다. 이들은 쥐 잡듯 집을 뒤졌다. 그리고, 곧 남녀의 비명이 울려 퍼졌다.

누스바움과 플라테크는 그날 잡혔다. 연합군이 브뤼셀을 해방하기 겨우 한 달 전이었다. 누스바움이 〈죽음의 승리〉를 완성하고 불과 두 달이 지났을 때였다.

누스바움과 플라테크는 각각 수송 번호 XXVI/284, XXVI/285를 부여받았다. 둘은 7월 31일 아우슈비츠행 열차를 탔다. 563명을 태운 그 열차는 2차 대전 중 벨기에에서 아우슈비츠로 향한 마지막 열차였다. 두 사람은 아우슈비츠에서 도착하고 일주일 뒤 가스실에서 사망한 것으로 전해진다. 누스바움은 고작 마흔 살이었다. 붙잡힌 후 죽기까지의 과정 중 딱 한순간만이라도 늦춰졌다면 또 어떻게 됐을지 모를 일이었다. 그렇기에 안타까움은 더 커진다.

누스바움은 나치에 붙잡히기 얼마 전 가깝게 지낸 치과 의사에게 자기 그림 대부분을 맡겼다.

"내가 없어지더라도 내 그림은 죽이지 말아줘. 그것을 사람들에게 보여주게."

이 말과 함께였다. 그의 간절한 소망이 통한 걸까. 잊힌 화가가 될 뻔했던 누스바움은 그의 사촌 구스텔 모제스 누스바움의 도움으로 다시 세상 빛을 봤다. 누스바움이 치과 의사에게 건넨 작품들은 벨기에의 한 지하실에 보관돼 있었다. 이를 알게 된 사촌은 여러 사람을 모아 그림들을 지상으로 모셨다.

1998년 7월 16일. 누스바움이 태어난 오스나브뤼크에 그의 그림 160여 점이 걸린 '펠릭스 누스바움 박물관(하우스)'가 열렸다. 누스바움은 마침내 평화를 되찾은 고향에 되돌아올 수 있었다.

바다 한가운데 펼쳐진 13일간의 아비규환

테오도르 제리코, 〈메두사호의 뗏목〉

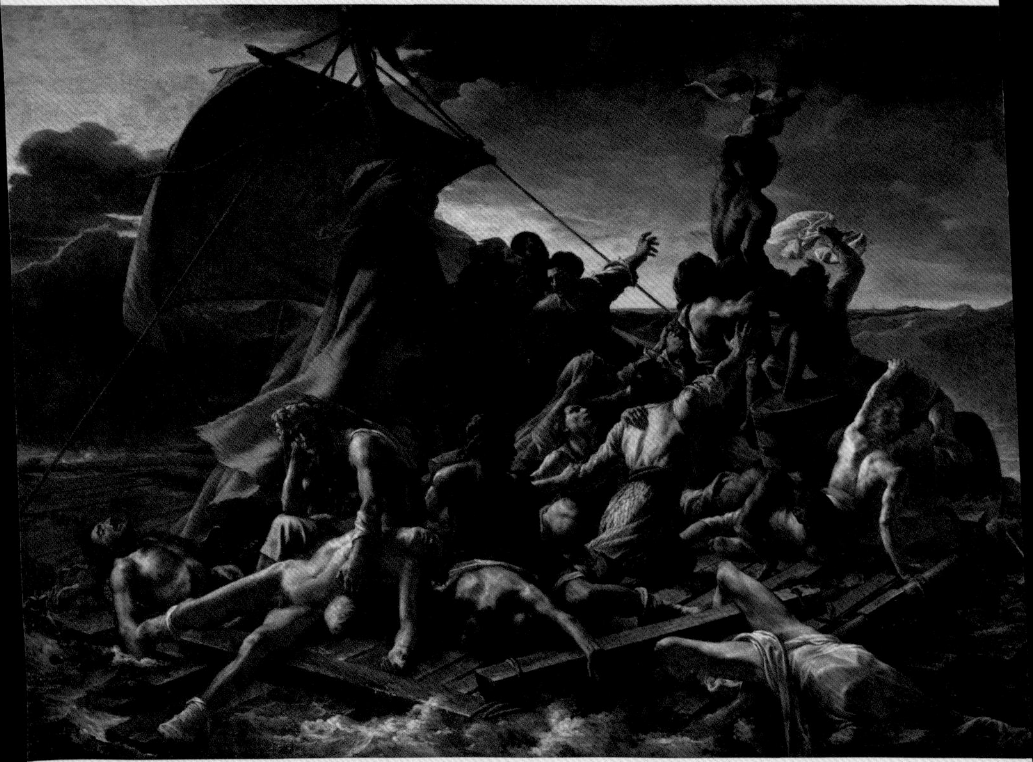

1819년, 캔버스에 유채, 491×716㎝, 루브르 박물관

⁜ 절규와 환호, 절망과 희망이 뒤엉킨 그림 ⁜

⚜

1816년, 6월. 메두사호가 흰 연기를 내뿜었다. 드디어 출항이었다. 뒤루아 드 쇼마레 선장이 뱃머리에 섰다. 이 자리를 따내려고 루이 18세를 얼마나 구워삶았던가. 프랑스 정부에 뇌물을 얼마나 많이 뿌렸던가. 이제 그런 귀찮은 일은 끝이었다. 식민지 세네갈에 가기만 하면 갈고리로 돈을 긁어모을 터였다. 그는 멀어지는 조국 땅을 향해 침을 탁 뱉었다. 쇼마레 선장에겐 계획이 있었다.

메두사호는 원래 군함이었다. 쇼마레 선장은 그런 배를 객선으로 개조했다. 방을 더 만들기 위해 자재도 이것저것 뺐다. 뒷돈을 받고 그 자리에 사람을 더 태웠다. 그 결과 326명 정원의 메두사호에는 400명 가까이 탈 수 있었다. 이 덕에 쇼마레 선장의 호주머니도 불룩했다.

메두사호는 바다 한가운데로 쭉쭉 나아갔다. 그런데 문제가 생겼다. 메두사호가 서아프리카 모리타니 해안을 항해하던 중 모래톱에 걸리고 만 것이다. 닻을 올리고 한 달도 되지 않은 때였다. 하루라도 빨리 가겠다는 욕망 탓에 생긴 일이었다. 쇼마레 선장은 당황했다. 엎친 데 덮친 격이었다. 폭풍우가 다가왔다. 비바람과 파도가 발 묶인 배를 덮쳤다. 마침내 배 밑바닥이 갈라져 물이 샜다. 그러나 이미 혼이 빠진 선장은 배를 고치기는커녕, 모른 척하며 그대로 방치했다.

이윽고 7월 2일, 배는 난파선이 될 운명을 맞았다. 사색이 된 쇼마레 선장은 구명보트를 펼치라고 지시했다. 무능한 선장과 선원, 장교, 상류층 승객들이 먼저 생명선에 올랐다. 밀려난 152명의 사람은 얼기설기 뗏목을 엮어 탈 수밖에 없었다. 먹구름이 더 짙게 깔렸다. 구명보트에 뗏목을 묶은 채 함께 육지로 가겠다고 약속했던 선장 측은 밧줄을 자르고 도망쳤다.

뗏목에는 노도 없고, 신호탄도 없었다. 기진맥진한 사람들 앞에 놓인 건 젖은 비스킷과 약간의 포도주가 전부였다. 비극의 시작이었다. 버려진 다음 날, 절망을 이기지 못한 스무 명 정도가 스스로 목숨을 끊었다. 나머지 사람들은 그나마 안전한 뗏목 가운데 자리를 차지하기 위해 싸웠다. 그러다가 또 예순 명 정도가 죽었다.

표류 4일째, 싸움이 벌어져 또 열 명가량이 숨졌다. 이제 남은 것은 예순 명이 채 되지 않았다. 생존자들은 지쳐 있었다. 무엇보다 배가 너무 고팠다. 이성을 잃은 이들은 돌이킬 수 없는 일을 벌였다. 인육을 먹는 것이었다. 표류 7일째, 생존자는 정확히 스물일곱 명이었다. 시체 몇 구와 생선 열두 마리가 있었다. 몇 방울씩 나눠 먹던 포도주 통은 바닥을 보였다. 이들은 뜻을 모았다. 곧 죽을 듯한 사람들을 바다에 버리기로 했다. 그렇게 또 열두 명을 밖으로 밀어냈다.

표류 13일째인 7월 15일, 범선 아르고스호가 뗏목을 우연히 목격했다. 배가 다가섰을 때 이 엉성한 구조물에 남은 건 해골 같은 사람 열다섯 명, 코를 찌르는 악취뿐이었다. 살아남기 위해 이성을 버린 사람, 죽음 앞에 무너지는 사람, 저 멀리 배를 보고 울부짖는 사람…….

테오도르 제리코의 〈메두사호의 뗏목〉은 최후 생존자들이 구조되기 직전 모습을 담고 있다. 절규가 들리는 듯한 이 그림은 세로 5*m*, 가로 7*m* 가량의 초대형 작품이다. 보고 있노라면 현장에 빨려 들어가는 듯한 느낌도 받을 수 있다. 제리코는 어떻게 그곳에 있던 사람처럼 생생하게 그릴 수 있었을까. 나아가 이렇게까지 노골적으로 그린 이유는 무엇일까.

⁂ 뛰어난 작품성에도 대중들의 비난이 쏟아지다 ⁂

어릴 적부터 그림에 소질이 있었던 제리코는 예술계의 명문 파리 국립고등미술학교에 입학했다. 하지만 고전 화풍을 내건 학교 방침은 별로 감동적이지 않았다. 그런 제리코를 품어준 곳은 루브르 박물관이었다.

그는 특히 페테르 파울 루벤스의 그림 곁을 떠나지 못했다. 언뜻 다 비슷해 보이는 성화聖畵와 역사화의 틈바구니에서 찾은 루벤스의 강렬한 색채, 역동적 구도는 그간 못 본 아름다움이었다. 인간의 일대기가 그대로 묻어나는 렘브란트 판레인의 그림 또한 인상적이었다. 제리코도 이런 그림을 그리고 싶었다.

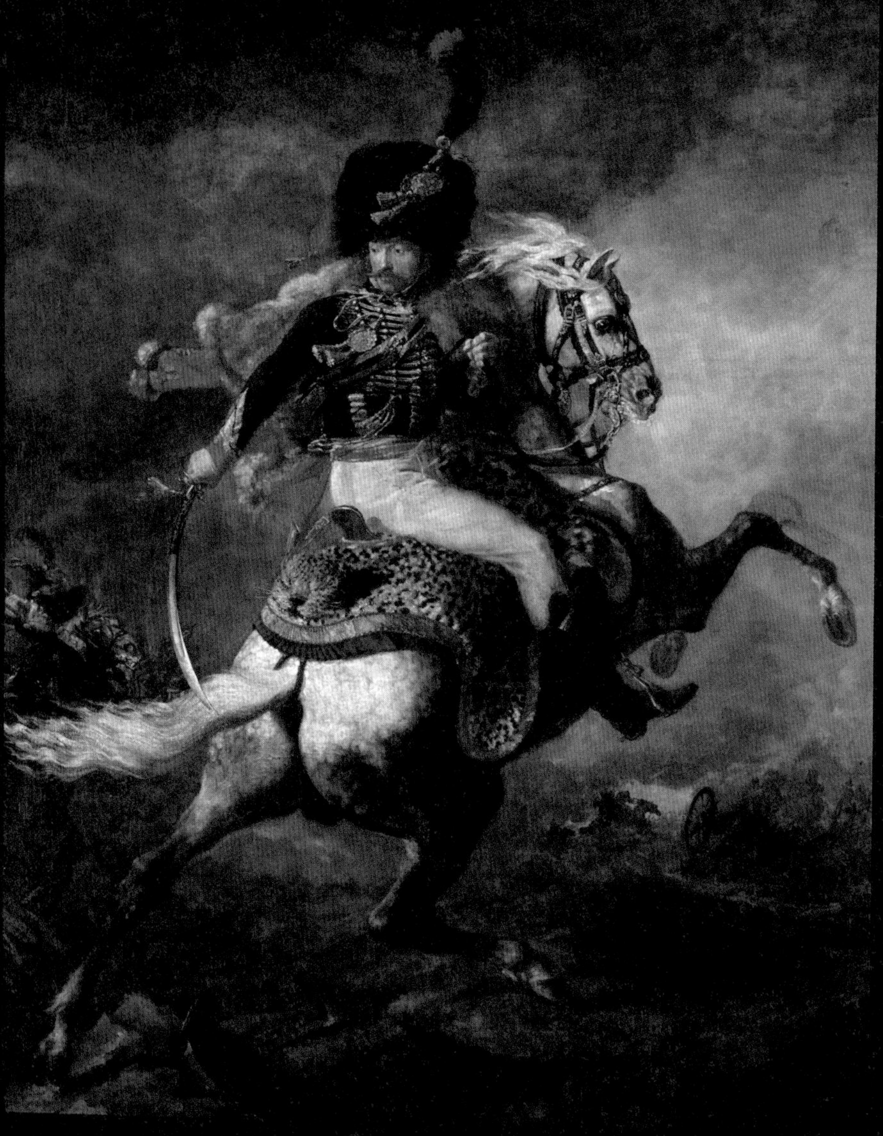

테오도르 제리코, 〈돌격하는 황제 근위대 엽기병〉,
1812년, 캔버스에 유채, 349×266㎝, 루브르 박물관

1812년, 제리코는 살롱전에 〈돌격하는 황제 근위대 엽기병獵騎兵〉을 냈다. 생애 첫 출품이었다. 그는 이 그림으로 금상을 받았다. 재능과 장래성을 인정받은 것이었다. 이 그림에 등장하는 군인은 화염이 일렁이는 전쟁터 한가운데 있다. 매섭게 눈을 뜬 채 앞다리를 들어 올린 말은 곧장 내달릴 듯하다. 루벤스풍의 생생한 색채가 현장감을 더해준다.

이 작품은 애국심의 상징으로 띄워졌다. 다만 일부 사람들 사이에선 뒷말이 있었다. 작품을 보면 볼수록 묘한 기분이 든다는 것이었다. 화폭 속 군인이 돌격하는 건지, 반대로 도망치고 있는 건지 헷갈린다는 얘기였다.

말 또한 공격의 자세인 건지, 방어의 태세인 건지 알 수 없다는 지적이었다. 군인의 표정은 체념처럼 보이기도 했다.

"군인은 우리를 바라보며 '나는 꼼짝없이 죽겠구나'라고 생각하고 있다."

역사학자 쥘 미슐레는 이런 감상평도 썼다. 그래도 다들 작품성에는 이견이 없었다. 이 덕에 의혹은 뒷말 수준에서 곧 잠잠해졌다.

그러나 제리코가 1814년 살롱전에 낸 〈전장을 떠나는 다친 갑옷 기병〉은 논란을 피하지 못했다. 이 그림 속에 그려진 군인은 분명 패잔병이었다. 두 눈은 불안으로 가득하다. 적을 베어야 할 검은 지팡이로 쓰고 있다. 그는 이곳에서 벗어나려는 듯 잔뜩 위축돼 있다. 말 또한 고삐만 없다면 주인도 버린 채 곧장 도망쳤을 듯하다. 하늘에는 먹구름만이 가득하다.

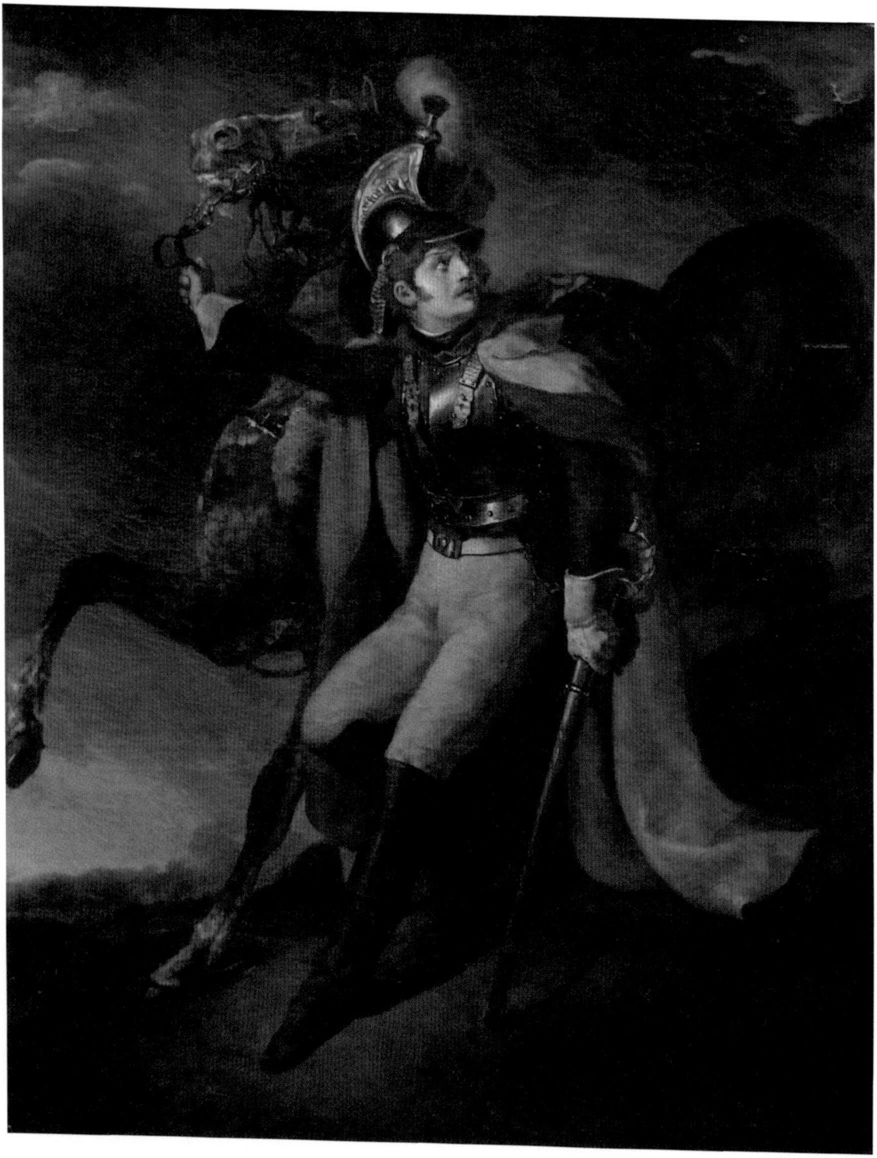

테오도르 제리코, 〈전장을 떠나는 다친 갑옷 기병〉,
1814년, 캔버스에 유채, 358×294㎝, 루브르 박물관

제리코는 2년 전 그림보다 더 노골적으로 인간의 고뇌, 전쟁의 덧없음을 표현했다. 패기와 애국심 따위 전혀 담기지 않은 듯했다. 더는 해석의 여지가 없었다. 이번에는 모두가 비난의 화살을 쐈다. 마침 나폴레옹 보나파르트의 프랑스군이 러시아 원정에 실패해 모두가 침울할 때였다.

제리코는 루벤스와 렘브란트가 그랬듯, 패배를 맞은 사람의 솔직한 면을 보이려고 했을 뿐이었다. 우리 모두 평범한 인간이기에 망설일 수도, 실패할 수도 있다는 위로를 주고자 한 것이었다. 그는 끝내 오해를 풀지 못했다.

⁑ 운명적 사건을 만나다 ⁑

실의에 빠진 제리코는 군에 입대했다. 그는 베르사유 수비대에서 한동안 근무했으나 곧 군에 환멸을 느꼈다. 자유분방한 그는 규율이 곧 법인 군 문화에 녹아들 수 없었다. 제리코는 얼마 복무하지 않고 다시 사복을 입었다. 그렇게 예술계로 돌아왔다. 제리코는 새로운 동력을 원했다. 스스로 내린 결론은 로마 유학이었다. 1816부터 1817년까지, 그는 피렌체와 로마 등을 돌아봤다.

"오길 잘했다."

제리코는 이 말을 수백 번은 했다. 특히 미켈란젤로 부오나로티가 시스티나 성당에 남긴 〈최후의 심판〉을 봤을 때는 황홀함에 기절할 뻔했다. 세로 13*m*, 가로 12*m* 이상의 이 그림은 그 자체로 한 편의 대서사시

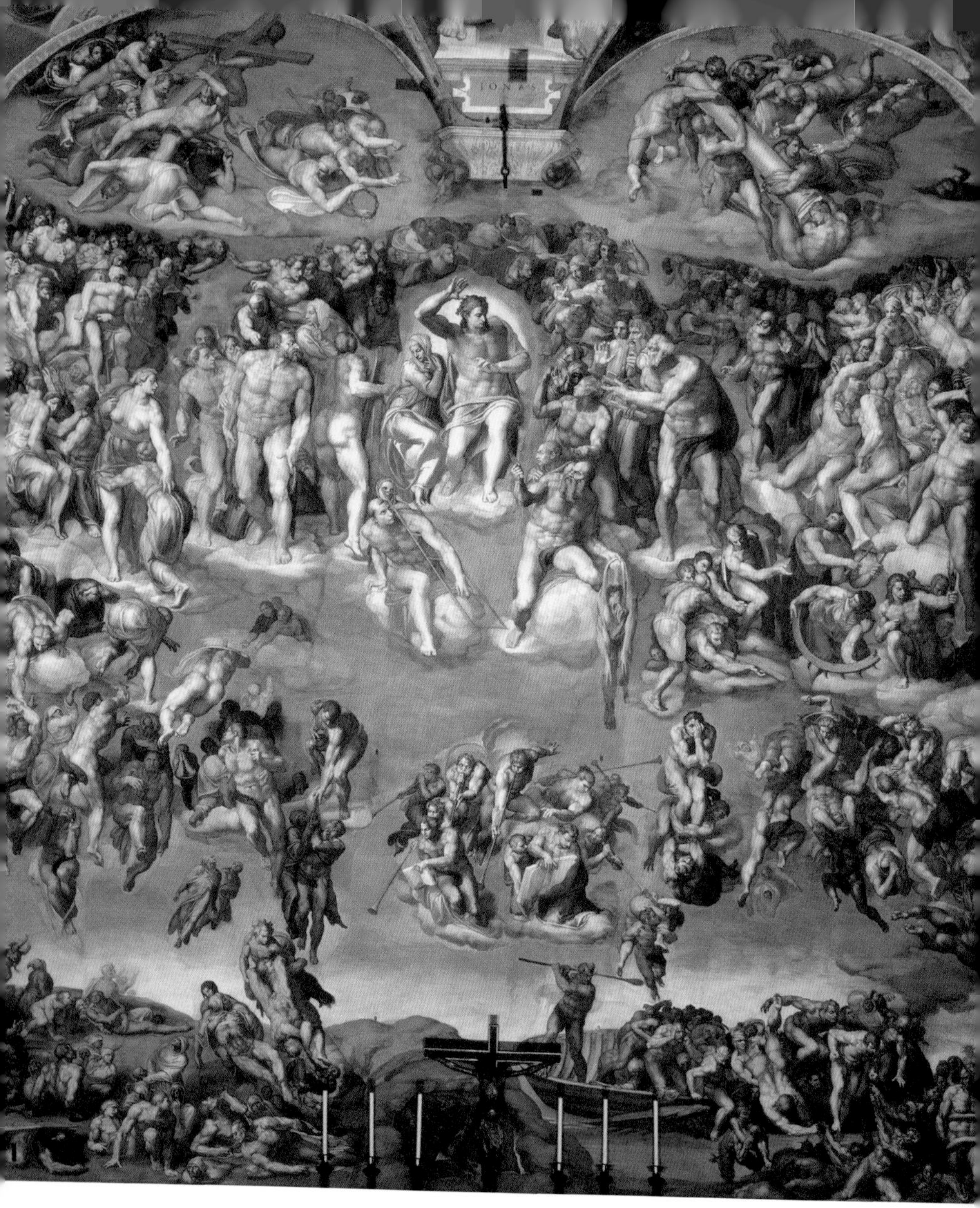

미켈란젤로 부오나로티, 〈최후의 심판〉,
1534~1541년, 프레스코, 13.7×12.2m, 바티칸 시스티나 예배당

였다. 그의 모든 삶이 이 작품 하나로 정당화되는 것 같았다. 이제 제리코의 우상은 미켈란젤로였다. 그 또한 이런 대작을 그리고 싶었다.

나는 무엇으로 한 편의 드라마를 남길 수 있을까. 성화는 진부했고, 신화화는 지루했다. 전쟁화는 별로 그리고 싶지 않았다. 1818년, 제리코는 파리로 돌아온 후에도 고민을 이어갔다. 그는 습관처럼 신문을 펼쳤다. 눈에 띄는 사회면 기사가 있었다. 근 2년 전에 벌어진, 루이 18세 정부가 어떻게든 감추고 싶었던 사건이 쓰여 있었다.

'메두사호의 비극?' 제리코는 차분히 앉아 눈을 굴렸다. 문장을 읽을수록 그의 심장이 더 빨리 뛰었다. '이거다!' 그는 마음을 굳혔다.

⁜ 시신 안치소에서 벌어진 일 ⁜

미켈란젤로라면 무엇부터 했을까. 제리코는 그림을 구상하면서 미켈란젤로를 거듭 떠올렸다. 이 거장은 강박적일 만큼 꼼꼼했다. 당연히 최대한 많은 정보부터 모았을 터였다. 돈을 얼마나 쓰든, 시간이 얼마나 걸리든 신경 쓰지 않았을 것이다. 제리코도 그러기로 했다.

제리코는 먼저 두 명의 뗏목 생존자와 마주했다. 이들은 정부의 압박에 맞서 참극을 증언한 폭로자였다. 한 명은 의사, 다른 한 명은 측량 기사였다. 의사에게선 사람들이 어떻게 미쳐갔는지, 측량 기사에게선 뗏목이 얼마나 조악했는지 들을 수 있었다.

확신이 선 제리코는 초대형 작업실을 구했다. 가로 7*m* 이상의 캔버스가 설 수 있는 곳이었다. 내친김에 폭 7*m*에 길이 20*m* 정도의 뗏목 모형을 만들었는데, 이 또한 여유롭게 들어갈 수 있는 공간이었다. 제리코는 엉켜 있는 생존자, 쌓여 있는 사망자의 모습을 재현하기 위해 밀랍 인형을 가득 들고 왔다. 전문 모델을 세우고 눕혀보며 연구했다. 느낌이 영 살지 않았다.

고민 끝에 제리코가 간 곳은 시신 안치소였다. 그는 심각한 표정으로 직원에게 남는 시체가 있는지 물었다.

"무슨 일이죠?"

놀란 직원이 응수했다. 제리코의 목소리는 너무나도 진지했다.

"제가 그림을 좀 그릴까 해서요."

이제 제리코의 작업실에서는 썩는 냄새가 코끝을 찔렀다. 그는 상관없다는 듯 챙겨온 시신 조각을 관찰하고 해부했다. 죽은 사람의 피부색은 어떻게 변하는지, 촉감은 어떻게 되는지를 낱낱이 기록했다.

제리코의 〈잘린 머리〉는 연구 삼아 그린 그림이었다. 머리만 덩그러니 남은 두 시신은 보고만 있어도 악취가 풍길 듯하다. 〈익사한 사람의 머리〉 또한 비슷한 시기에 그린 작품이었다. 섬뜩한 표정의 얼굴에선 물이 뚝뚝 떨어질 듯하다. 준비는 끝났다. 제리코는 고행자가 되기로 한 양 머리를 박박 밀었다. 조심스럽게 붓을 쥐었다.

"배다!"

표류 13일째, 멀리 수평선 위로 고개를 내미는 아르고스호를 보고 생존자들이 미친 듯 울부짖는 순간. 웃음과 눈물, 삶과 죽음, 문명과 야만

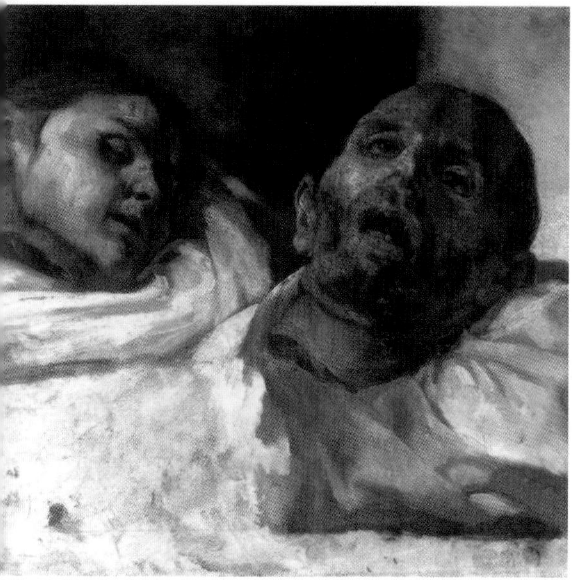 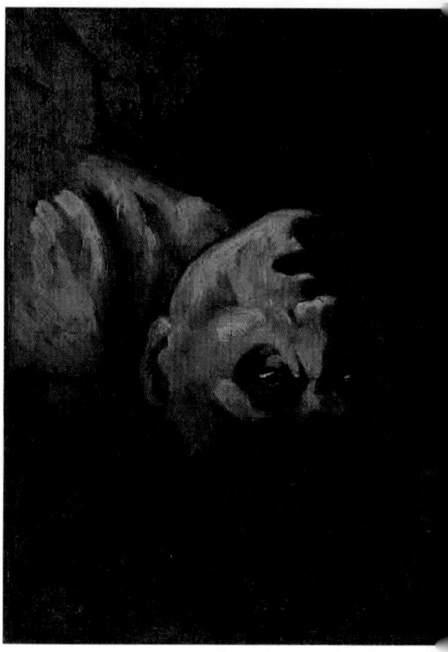

(좌) 테오도르 제리코, 〈잘린 머리〉, 1810년대 말, 캔버스에 유채, 50×61㎝, 스톡홀름 국립 미술관
(우) 테오도르 제리코, 〈익사한 사람의 머리〉, 1819년, 캔버스에 유채, 46.4×38.2㎝, 세인트루이스 미술관

이 공존하는 지점. 제리코가 택한 장면은 이것이었다. 뗏목 위에서는 희망과 절망이 교차하고 있다. 오른편 사람들은 서로의 몸에 올라타 천 조각을 들고 있다. 꼭대기에 선 사람은 죽을힘을 다해 손을 흔들고 있다.

"저 멀리 배가 보인다고!"

멍하니 선 이들에게 소리치는 듯한 모습도 볼 수 있다. 왼편 사람들은 누운 채 죽음을 기다리고 있다.

'또 무슨 신기루나 보고 있을 테지.'

수염을 기른 한 생존자는 이렇게 생각하는 듯하다. 그리고 뗏목 곳곳에선, 이미 시체와 다름없이 널브러진 사람들이 섞여 있다.

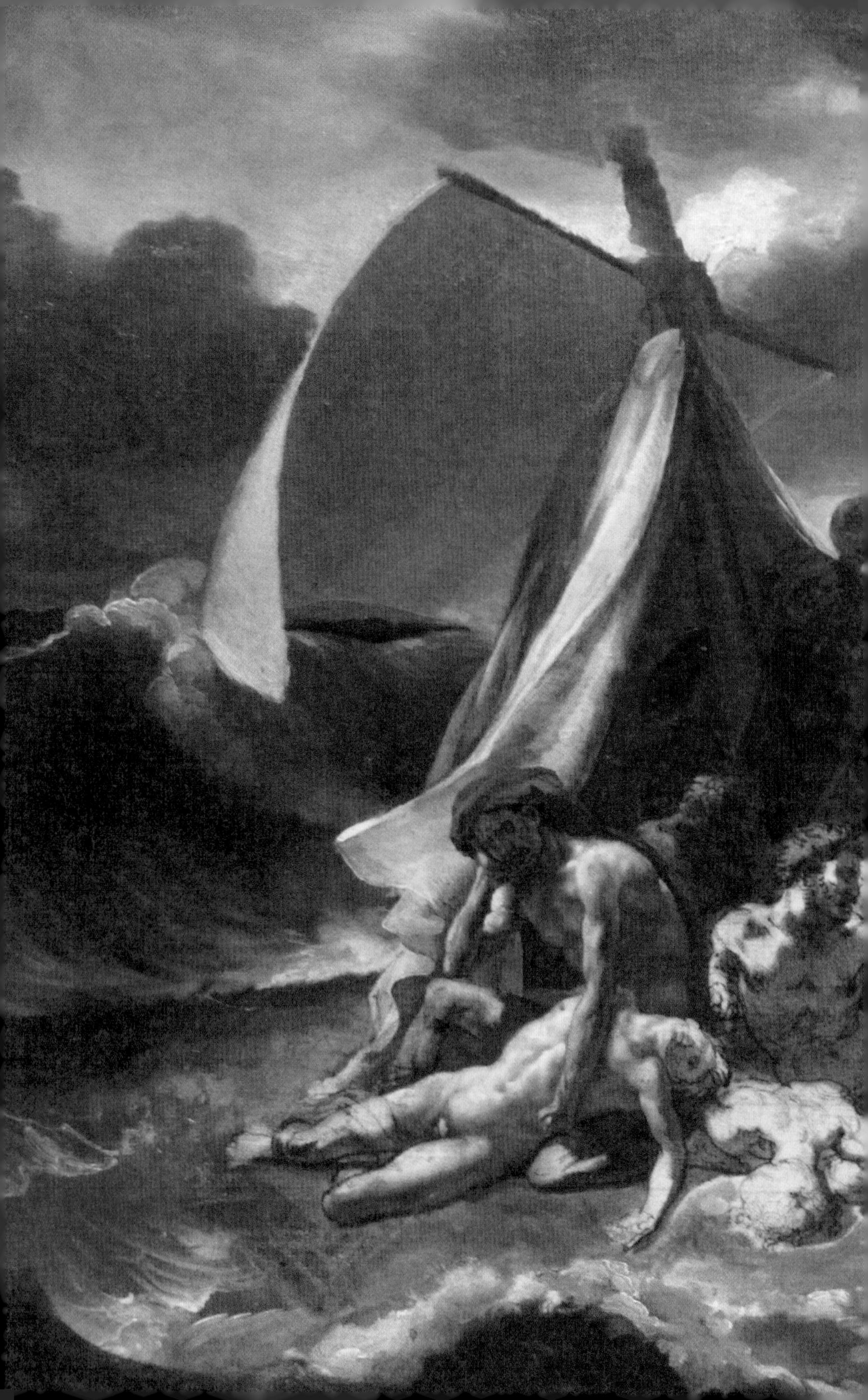

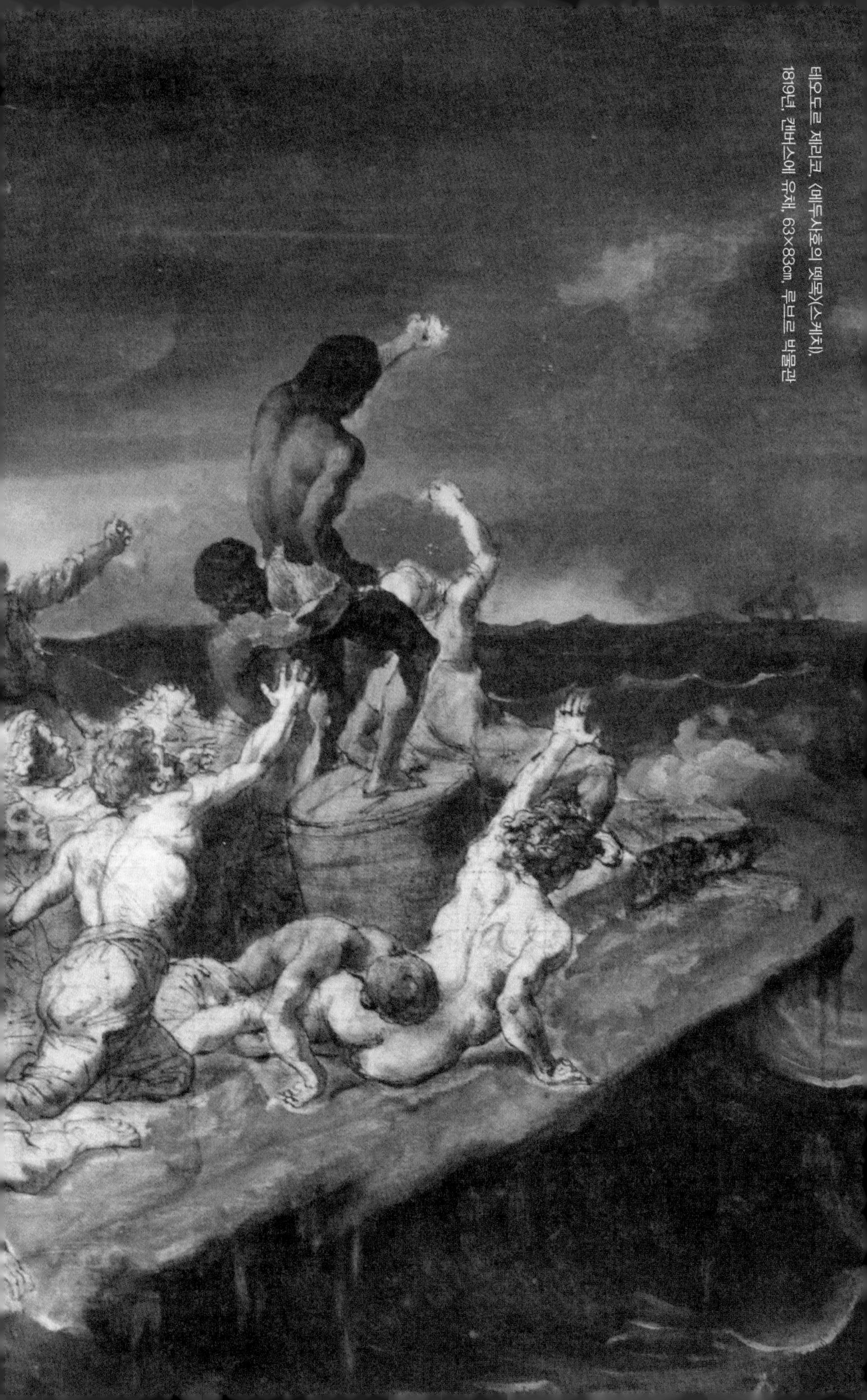

테오도르 제리코, 〈메두사호의 뗏목〉(스케치),
1819년, 캔버스에 유채, 63×83㎝, 루브르 박물관

제리코는 완성작을 위해 무수히 많은 스케치를 그렸다. 어느 구도, 어느 장면이 가장 극적일지를 치열하게 고민했다. 그런 그는 습작과 스케치에 파묻혀 1년 6개월을 매달린 끝에 드디어 대서사시를 내놓을 수 있었다. 이쯤 제리코는 미켈란젤로와 루벤스, 렘브란트의 얼굴을 떠올렸다. 언젠가 저세상에 가면 영감을 줘 고맙다며 거듭 감사 인사를 할 것이었다.

1819년, 제리코는 살롱전에 완성작을 출품했다. 정치가 엮인 사건인 만큼 제목은 단순히 〈난파 장면〉으로 달았다. 하지만 그림을 본 모두가 메두사호를 떠올릴 수 있었다. 사람들의 웅성거림 속에 이 작품은 일약 화제작으로 떠올랐다.

⁑ 선거만큼이나 정치적인 그림? ⁑

루이 18세 정부가 메두사호의 비극을 감추려고 한 데는 여러 이유가 있었다. 먼저 쇼마레 선장의 자질이었다. 군인 출신이긴 했지만, 그는 20년 이상 배를 몬 적이 없는 사람이었다. 그다음은 정부의 무책임한 사후 대처였다. 사실 아르고스호는 인명 구조를 위해 출발한 것이 아니었다. 메두사호에 있던 금고를 찾으라는 명령을 받고 나선 것이었다.

생존자 두 명이 그간의 실상을 폭로하고, 아예 난파 일기를 책으로 펴내면서 정부의 입장은 곤란해졌다. 희대의 참극을 놓고 비판 여론이 들끓었다. 쇼마레 선장이 고작 징역 3년 형을 선고받으면서 비난 목소리는 더 거세졌다. 정부는 이번 일을 덮기 위해 안간힘을 썼다.

왕당파 언론은 이들 폭로자를 식인 혐의로 고발해 법정에 세우기도 했다. 이런 분위기에서 제리코의 〈메두사호의 뗏목〉이 주목을 받아버렸다. 제리코의 그림 앞은 곧 정치 논쟁의 장으로 변질했다. 관람객들은 그림을 제대로 보지 않았다. 정치 성향에 따라 호평과 혹평을 할 뿐이었다.

결국 제리코의 이 그림은 "선거만큼이나 정치적인 그림이다!"라는 비난에 직면해야 했다. 제리코는 상심했다. 그는 1820년, 영국으로 건너갔다. 정치가 끼어들지 않는 이 땅에서 비로소 제리코의 그림은 작품성으로만 평가받을 수 있었다.

그러나 제리코의 말년은 불운했다. 그는 서른한 살 때 세 번의 승마 사고를 겪고 깊은 후유증에 시달렸다. 1년 뒤에는 종양이 생겨 침대에서 일어날 수 없는 지경에 이르렀다. 그사이 그가 투자한 회사도 도산해 거의 전 재산을 잃었다. 1824년, 크고 작은 병마를 줄줄이 겪은 제리코는 허무하게 생을 마감했다. 고작 서른세 살이었다.

제리코가 죽은 이듬해, 루브르 박물관은 그의 작품성을 인정하고 〈메두사호의 뗏목〉을 사들였다. 제리코의 이 그림은 프랑스에서 곧 꽃피우게 될 낭만주의, 사실주의 화풍에 지대한 영향을 미쳤다.

2장

환상과 현실 사이

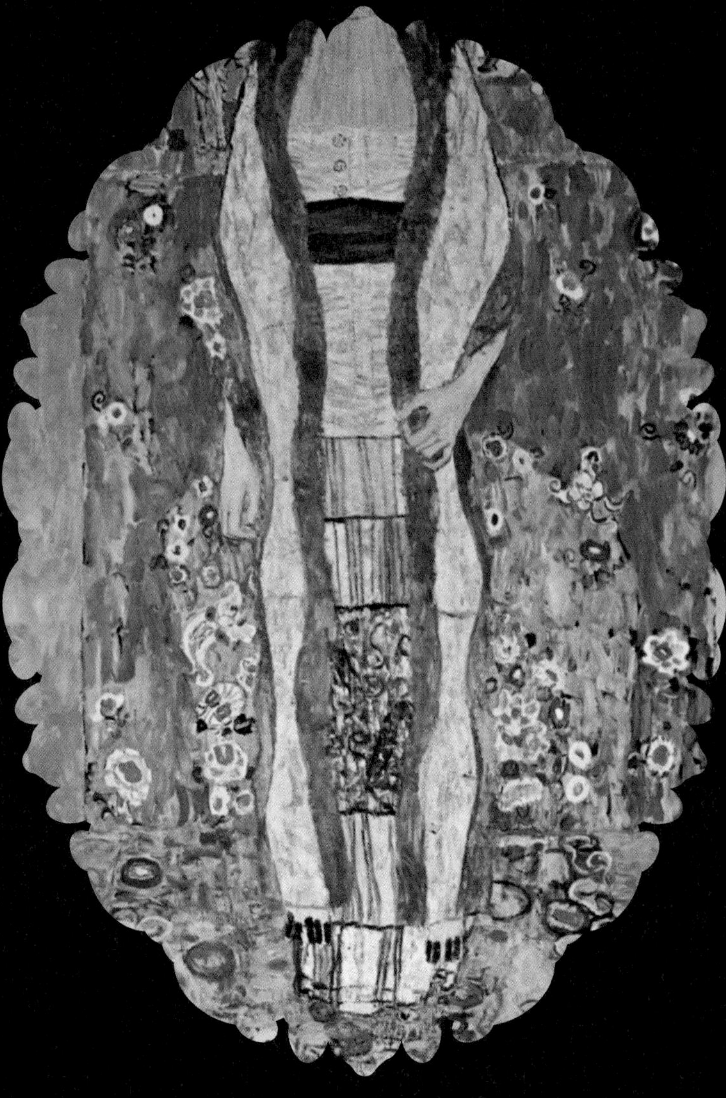

세상에서 가장 특이한 황제의 초상화

주세페 아르침볼도, '4원소 연작'

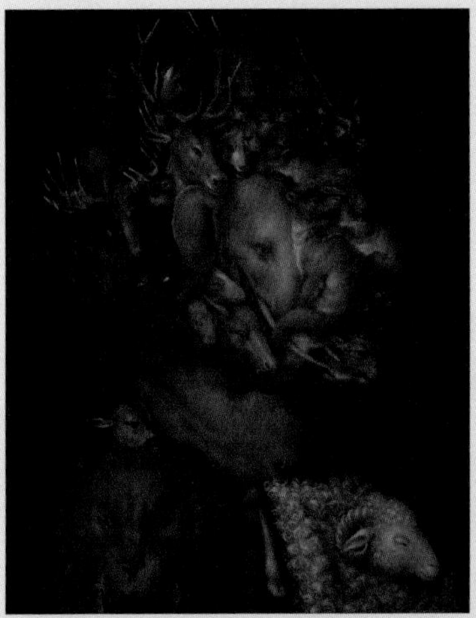
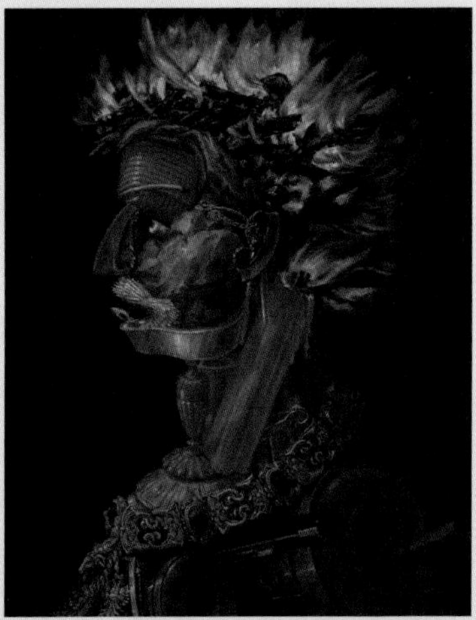
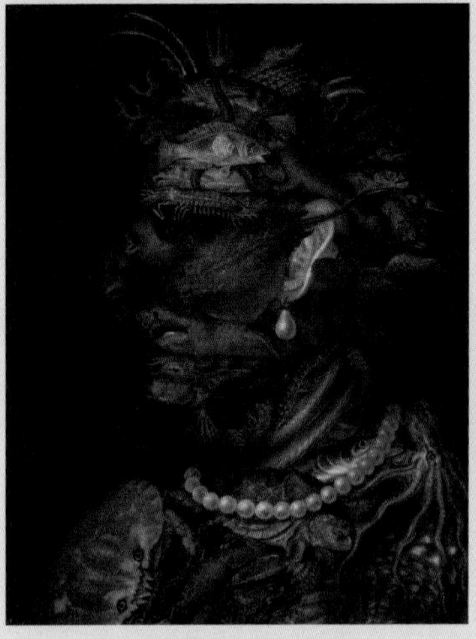
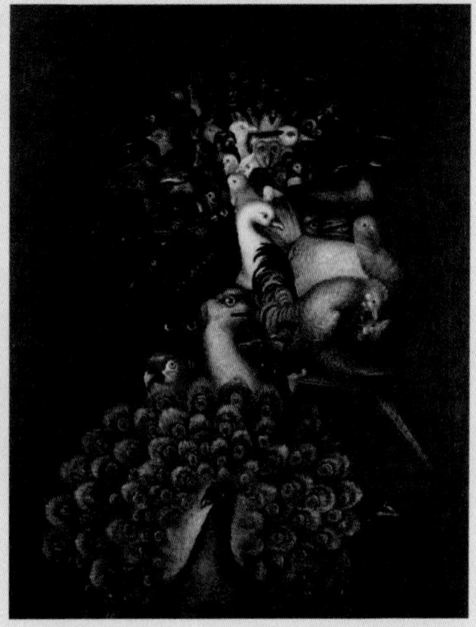

'4원소' 중 〈흙〉, 1566년경, 패널에 유채, 70.2×48.7㎝, 개인 소장
'4원소' 중 〈불〉, 1566년경, 패널에 유채, 66.5×51㎝, 빈 미술사 박물관
'4원소' 중 〈물〉, 1566년경, 패널에 유채, 67×51㎝, 빈 미술사 박물관
'4원소' 중 〈공기〉, 1566년경, 캔버스에 유채, 74.4×56㎝, 개인 소장

⁑ 흙, 불, 물, 공기가 황제? ⁑

'이 그림쟁이가 정말 죽으려고 환장했군.'

1569년, 1월 1일. 신성로마제국의 황제 막시밀리안 2세를 보좌하는 신하가 생각했다.

"황제이시여. 제가 그린 황제의 모습 몇 점을 새해 선물로 바칩니다."

막시밀리안 2세 앞에는 궁정화가 주세페 아르침볼도가 몸을 숙이고 있었다. 근엄한 표정의 막시밀리안 2세는 그가 건넨 작품을 일일이 뜯어보고 있었다. 그림은 하나같이 심상치 않았다. 작품 모두 황제의 옆태를 형상화하기는 했지만, 단지 그뿐이었다. 따지고 보면 이 그림 뭉치는 초상화도, 정물화도, 풍경화도 아니었다. 기괴하고 섬뜩한 무언가였다. 감히 이따위 작업물을 황제 면전에 선보이는 배짱이 놀라웠다.

그중 압권은 네발 달린 산짐승을 뭉쳐 용안龍顔으로 형상화한 그림이었다. 주제넘게도 사슴, 산양, 토끼, 사자, 치타, 염소, 코끼리, 멧돼지 등 지저분한 산짐승을 버무려 황제의 얼굴이랍시고 내놓았다.

"우리 세상에 존재하는 네 원소元素 중 '흙'으로 황제를 묘사했습니다."

화가의 말은 번지르르했다. 하지만, 아무리 봐도 이건 흙이 아닌 난잡한 동물의 왕국을 표현한 듯했다. 군주에 대한 모욕 내지 능욕에 가까워 보였다.

'……그런데, 이 그림들이 네 가지 원소라고?'

그렇다면 타오르는 장작더미를 머리카락으로 표현한 그림은 〈불〉, 물고기와 갑각류로 머리부터 얼굴에 몸통까지 표현한 그림은 〈물〉, 온갖 화려한 새로 이목구비를 뚜렷하게 묘사한 건 〈공기〉일 터였다. 물론 이런 의미가 있다고 해서 그림들이 갑자기 새로워 보이거나 달라 보이지는 않았다. 여전히 괴상했다. 변함없이 징그러웠다. 태형? 감옥? 추방? 아니면…… 사형? 신하는 막시밀리안 2세 앞에 엎드린 아르침볼도에게 어떤 처분이 내려질지를 점쳐봤다.

하지만 황제의 반응은 예상 밖이었다. 그는 궁정이 울리도록 박장대소를 했다.

"재밌네, 정말 재밌어! 너무 좋은 그림이야. 앞으로도 이런 그림을 많이 그려주게!"

아르침볼도는 그 말을 듣고 웃었다. 막시밀리안 2세의 칭찬은 진심이었다. 황제 자신의 얼굴을 아르침볼도의 초상화처럼 꾸민 채 궁정 연회에 나올 정도였다. 아르침볼도는 이런 반응을 예상하고 있었을까. 그렇다면 막시밀리안 2세와 아르침볼도 사이에는 어떤 공감대가 있었을까.

이것은 세상에서 가장 특이했던 궁정화가의 이야기다.

⁑ 어느 날 날아온 왕가의 인장이 찍힌 편지 ⁑

아르침볼도는 1527년께 밀라노에서 출생했다. 그의 아버지는 밀라노 대성당의 장식을 맡을 만큼 이름난 장인이었다. 아르침볼도는 이 덕에 어깨너머로 예술 감각을 키울 수 있었다. 성인이 된 즈음부터는 여러 화가의 작업실 밑에서 본격적으로 그림 수업을 받았다. 아울러 회화 말고도 정치, 자연, 과학 등 많은 분야에 관심을 두고 책을 읽었다.

그는 곧 밀라노와 몬차에 있는 대성당의 천장화와 벽화 제작을 맡을 만큼 입지를 다졌다. 아르침볼도의 이름은 점점 더 널리 알려져, 어느새 유럽 전역으로 퍼졌다. 그리고 서른다섯 살이 된 1562년, 아르침볼도는 낯선 이에게 범상치 않은 편지를 받았다. 그 유명한 신성로마제국의 합스부르크 왕가 인장이 찍혀 있었다. 편지에는 합스부르크 궁정에서 그림을 그려보지 않겠느냐는 가슴 떨리는 제안이 담겨 있었다. 지루한 고향에서 벗어나 드넓은 세상으로 나갈 기회였다. 그의 눈이 호기심으로 반짝였다. 고민할 것 없이 빈을 향해 짐을 쌌다.

아르침볼도가 합스부르크 왕가의 궁정화가가 돼 처음 모신 황제는 막시밀리안 2세의 아버지 페르디난트 1세였다. 지적 욕구로 가득한 황제, 교양 있는 귀족, 자유분방한 분위기……. 아르침볼도는 모든 게 좋았다. 그중 가장 마음에 드는 곳이 있었다. 일명 '지혜의 저장고'였다. 당시 중동부 유럽을 휘어잡던 페르디난트 1세는 대형 박물관을 방불케 하는 수집 공간을 꾸리고 있었다.

유럽 전역에서 긁어모은 진귀한 그림과 공예품, 동식물이 가득했다.

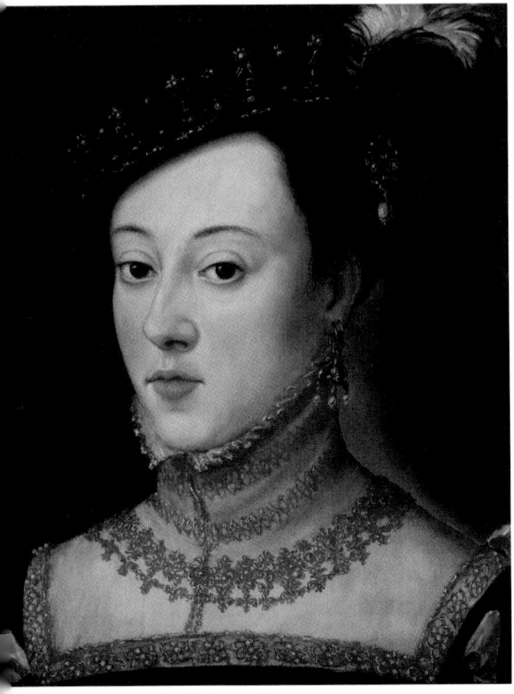

주세페 아르침볼도, 〈페르디난트 1세 딸의 흉상〉, 1563년경, 패널에 유채, 44×34㎝, 빈 미술사 박물관

세상 모든 게 궁금했던 아르침볼도에게 너무나 황홀한 공간이었다. 그는 다리 셋 달린 닭, 코가 짧은 코끼리, 수박만 한 토마토와 사람도 잡아먹는 식물 따위를 진득하게 관찰했다. 그곳에서 살다시피 하며 백과사전 삽화 그리듯 하나씩 스케치를 했다. 페르디난트 1세는 이 창고를 쉽사리 공개하지 않았다. 그런 그가 아르침볼도에게는 특권을 줬다. 황제 또한 그를 상당히 신임했다는 뜻이었다.

그럴 법도 했다. 공과 사가 확실했던 아르침볼도는 근무 중에는 확실히 성과를 냈다. 궁정화가로 있으면서 초상화도 성심성의껏 그렸다. 그 시절 그린 〈페르디난트 1세 딸의 흉상〉에서 볼 수 있듯, 마음먹고 그리면 위엄 있는 권력자의 모습을 화폭에 생생히 옮겨 담을 수 있었다. 그는 나아가 궁정 장식가, 황족들의 의상 디자이너, 귀족들의 파티 플래너로도 활약했다.

⁑ 풀 죽은 황제를 위하여 ⁑

1564년, 막시밀리안 2세가 페르디난트 1세의 왕좌를 물려받았다. 아버지 못지않은 탐구력을 가진 막시밀리안 2세는 유산 중 지혜의 저장고를 가장 좋아했다. 그 또한 특이한 물건, 희귀한 동식물 수집에 진심이었다. 그런 그는 자기만큼이나 이상한 걸 좋아하는 아르침볼도를 예쁘게 볼 수밖에 없었다. 말 잘 통하는 동갑에다가 취향까지 잘 맞았다. 아르침볼도가 황제의 교체에도 굴곡 없이 궁정화가를 이어갈 수 있는 이유였다.

눈치 빠른 아르침볼도는 막시밀리안 2세가 자기를 어떻게 보는지 진작부터 알고 있었다. 그런 그는 막시밀리안 2세의 믿음에 보답할, 아울러 여태 갈고닦은 자기만의 독특한 회화관을 뽐낼 기회를 엿보고 있었다. 막시밀리안 2세의 즉위 4년 후인 1568년, 신성로마제국은 오스만제국과 굴욕적인 약속을 맺어야 할 상황에 부닥쳤다.

막시밀리안 2세가 동東헝가리 영토를 얻겠다며 전쟁을 벌인 건 좋았다. 하지만 실질적으로 그곳을 지배하던 오스만제국은 만만찮은 상대였다. 이들은 역습까지 할 만큼 호전적인 모습을 보이며 격렬히 반격했다. 결국 막시밀리안 2세는 오스만제국의 셀림 2세와 함께 협상 테이블에 앉게 되었다. 그 결과, 먼저 싸움 건 신성로마제국이 오스만제국에 매년 배상금을 줘야 한다는 식의 합의를 할 처지에 놓였다. 조약은 곧 맺어질 수밖에 없었다.

그쯤부터 막시밀리안 2세는 눈에 띄게 의기소침해졌다. 신성로마제국의 체면이 이렇게까지 구겨진 바가 없었다는 말도 공공연히 돌았다.

이런 분위기에서 막시밀리안 2세는 아르침볼도에게 그림을 의뢰했다. 그의 작품을 떨어진 황실의 권위 띄우기용 선전물로 쓸 계획이었다. 아르침볼도는 그 의도도 정확히 간파했다. 황제의 위상을 드높일 수 있는 맞춤형 그림을 고민했다.

그러니까, 아르침볼도가 막시밀리안 2세에게 바친 '4원소 연작'은 황제를 응원하기 위한 그림이었다. 실의에 빠진 황제에게 위로를 건네는 작품이었다. 놀리고 모욕을 주는 데 목적이 있는 게 전혀 아니었다.

'황제께서는 흙과 불, 물, 공기 등 우주의 모든 요소를 제 몸처럼 지배하고 계십니다. 찰나의 낙담 따위는 떨치소서.'

그가 '4원소 연작'으로 전하고 싶은 말이었다. 온 세상 생명체를 끌어들여 4원소를 형상화한 데도 이유가 있었다. 온갖 생명체가 제아무리 날뛴들, 식물이 제아무리 흩날린들 결국 모두 황제 품에 있다는 뜻이었다.

그림 각각에는 그만의 유머도 있었다. 가령 〈흙〉에서는 황제의 어깨를 사자로, 가슴을 양으로 그렸다. 지금의 황제가 적에게는 위협적인 맹수, 백성에게는 온화한 초식동물로 비친다는 의미였다. 그런가 하면 〈불〉에서는 황제의 어깨와 가슴을 굳이 대포와 총구로 묘사했다. 이는 황제가 여전히 강력한 군사력을 갖추고 있다는 얘기였다. 이와 별개로 아르침볼도에게는 강한 믿음이 있었다. 특이한 걸 좋아하는 막시밀리안 2세라면, 이런 기괴한 그림을 외려 더 좋아할 것이라는 생각이었다.

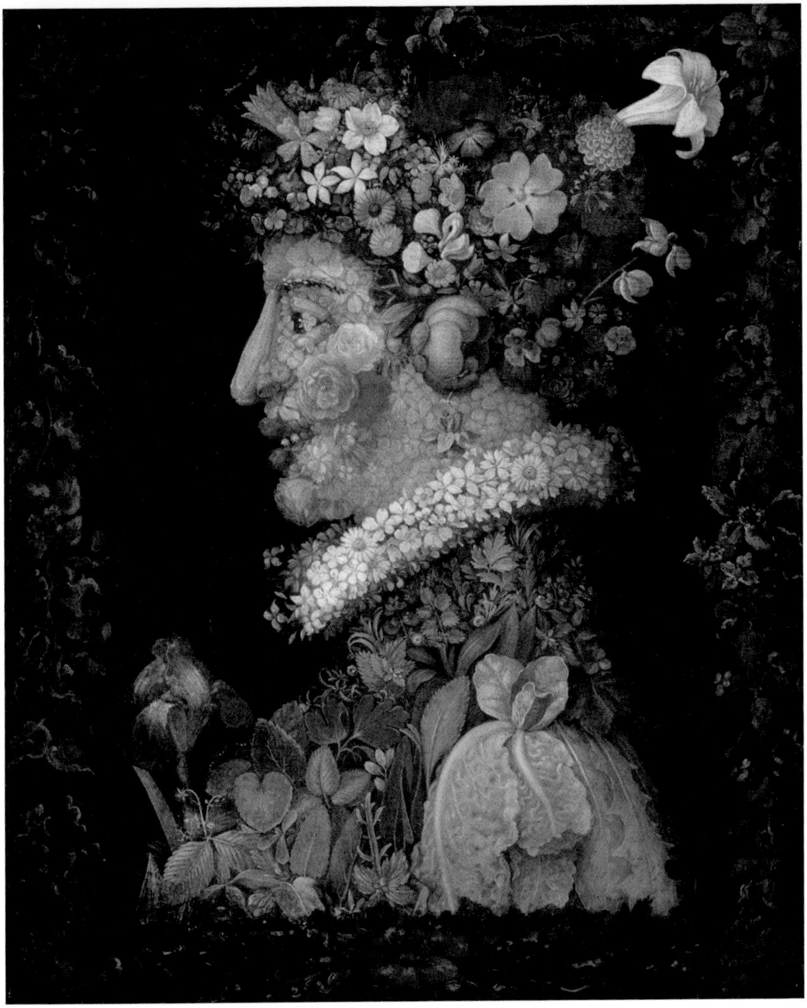

주세페 아르침볼도, '사계절 연작' 중 〈봄〉,
1573년, 캔버스에 유채, 76×64㎝, 루브르 박물관

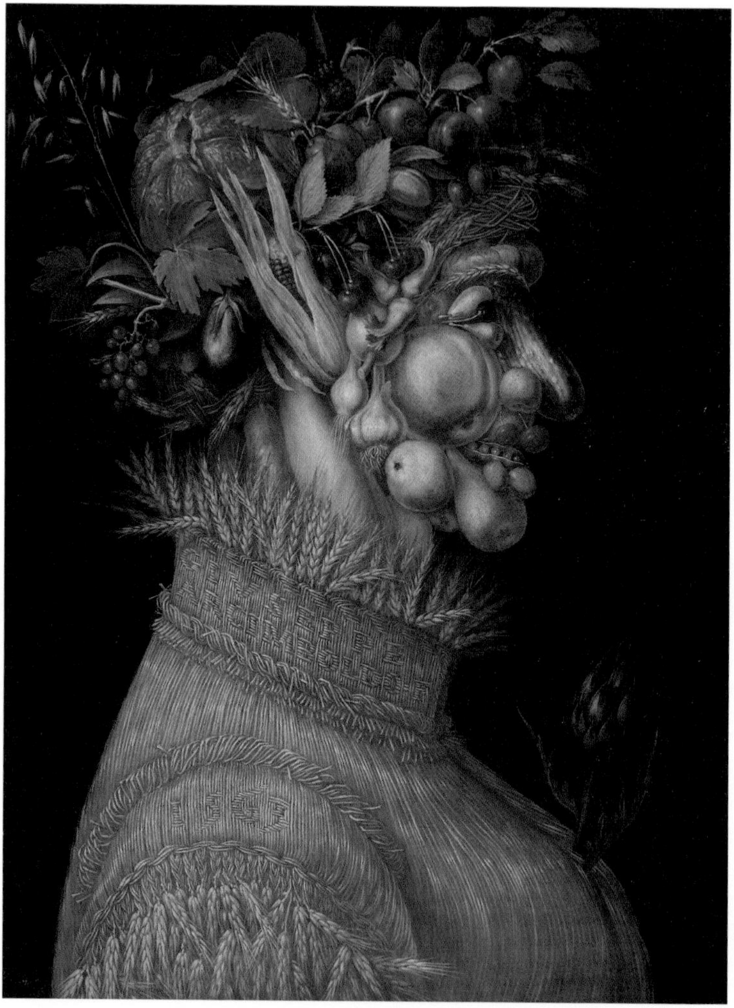

주세페 아르침볼도, '사계절 연작' 중 〈여름〉,
1563년, 패널에 유채, 67×50.8㎝, 빈 미술사 박물관

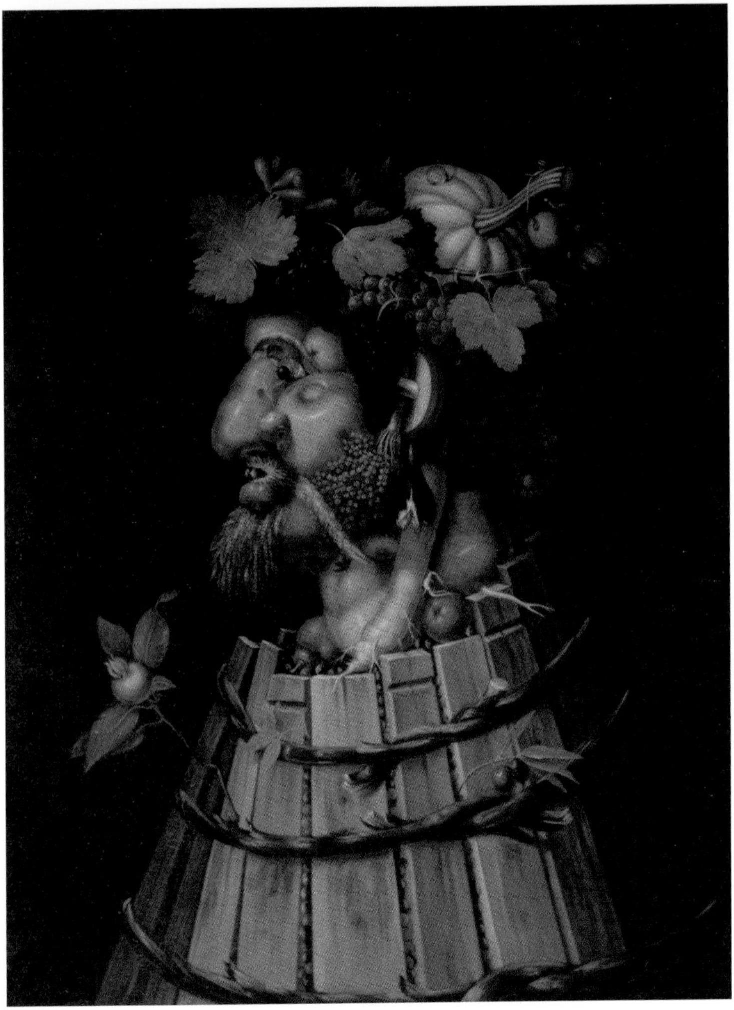

주세페 아르침볼도, '사계절 연작' 중 〈가을〉,
1572년, 캔버스에 유채, 92.7×71.7㎝, 개인 소장

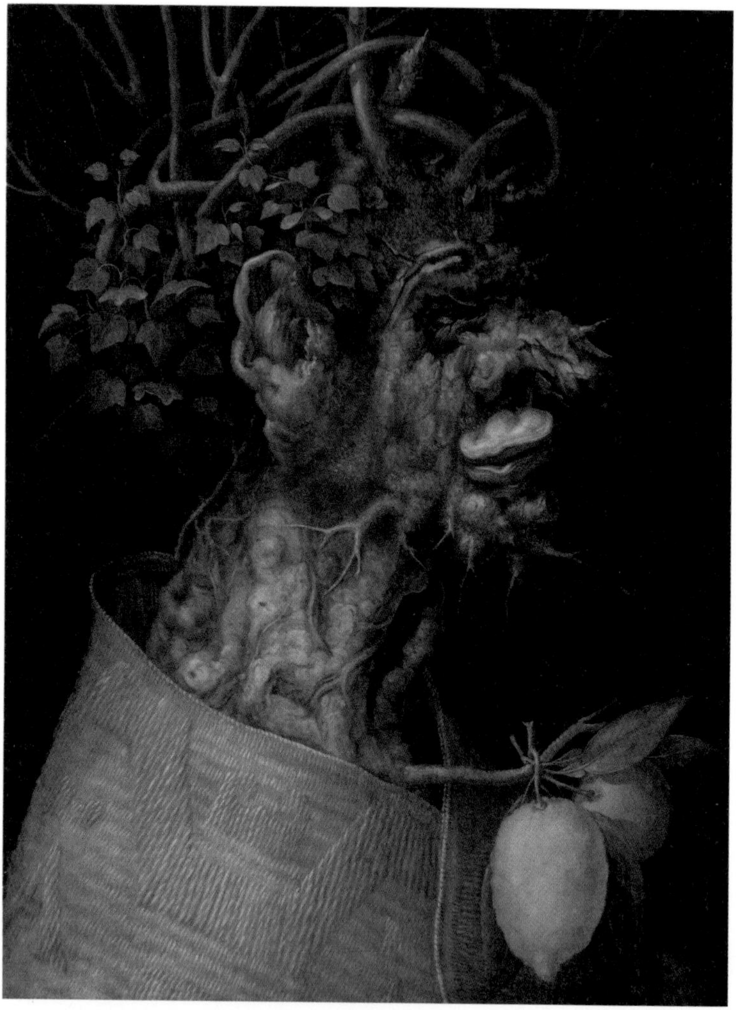

주세페 아르침볼도, '사계절 연작' 중 〈겨울〉,
1563년, 패널에 유채, 67×51㎝, 빈 미술사 박물관

⁂ 제국의 자랑이 된 괴짜 궁정화가 ⁂

사실, 아르침볼도가 막시밀리안 2세에게 건넨 그림은 '4원소 연작' 말고 한 뭉치가 더 있었다. 일명 '사계절 연작'이었다. 앞서 건넨 그림 4점이 황제를 흙, 불, 물, 공기로 그렸다면 '사계절 연작'에서는 황제를 봄, 여름, 가을, 겨울로 표현했다.

그림이야 역시나 아르침볼도다웠다. 활짝 핀 형형색색의 꽃으로 머리카락과 얼굴을 채운 소년 〈봄〉, 잘 익은 체리와 복숭아로 색조 화장한 듯 생기를 더한 청년 〈여름〉, 잘 영근 곡식으로 멋스럽게 수염을 단 중년 〈가을〉, 버섯과 이끼가 피어난 고목으로 표현된 노년 〈겨울〉 등은 언뜻 봐서는 제대로 된 작품 같지 않았다. 그러나 여기에도 아르침볼도의 뜻이 있었다.

'황제께서는 우주의 4원소도 지배하시지만, 이와 함께 자연의 모든 순간까지 관장하고 계십니다.'

이번에는 이런 의미였다. 황제에게 2연타의 아부를 날린 것이었다. 황제의 얼굴로 쓰인 꽃과 채소, 앵두, 가지, 포도, 모과, 레몬, 오렌지 모두 번영과 조화를 상징했다. 황제가 있기에 이러한 풍요를 누릴 수 있다는 찬사였다.

막시밀리안 2세는 '4원소 연작'만큼 '사계절 연작'도 마음에 들어 했다. 아르침볼도의 뜻을 완벽히 알아챈 막시밀리안 2세는 그에게 같은 그림을 여러 장 만들도록 지시했다. 이를 나라 곳곳에 홍보물로 내걸었다. 그것으로 부족했다. 아르침볼도의 그림을 이탈리아 르네상스 회화에 대

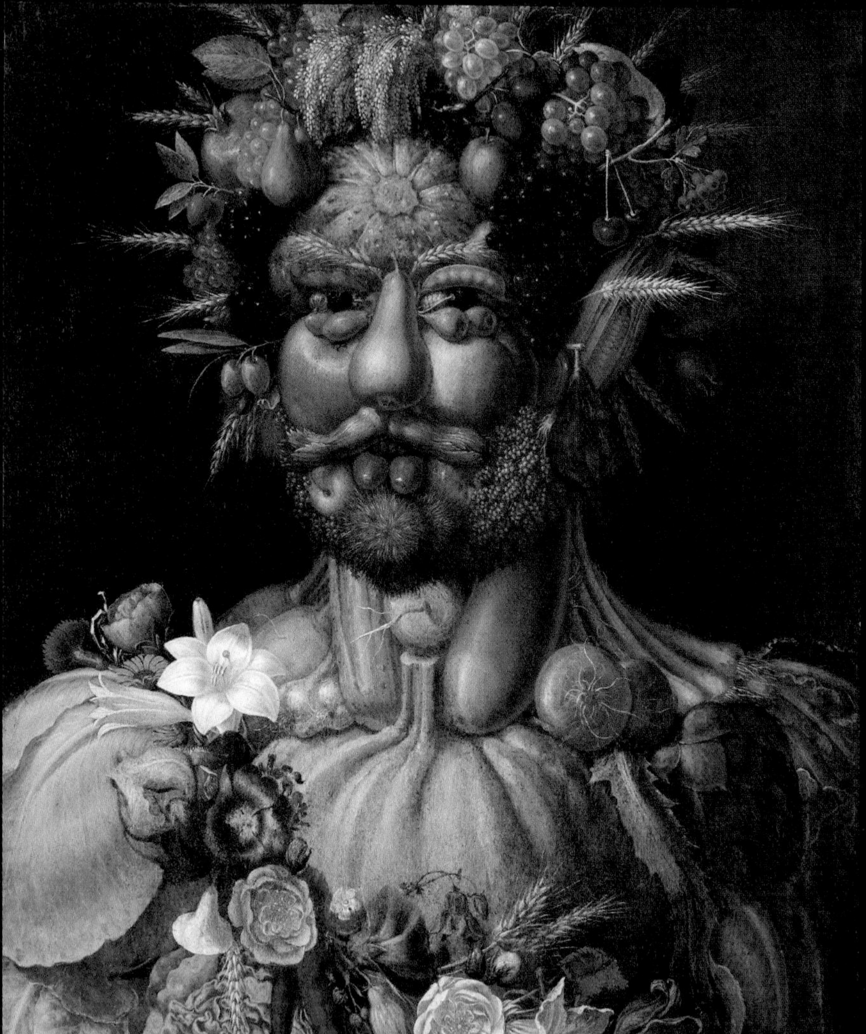

주세페 아르침볼도, 〈베르툼누스〉,
1590년, 패널에 유채, 70×58㎝, 스코클로스터성

적할 신성로마제국만의 미술 양식으로 대우했다. 그가 찍어낸 작품을 여러 나라에 자랑하듯 선물했다. 괴짜 궁정화가는 어느새 제국의 자랑으로 자리매김했다.

⁂ 다음 황제에게도 이어진 장기 ⁂

미술사상 아르침볼도처럼 인복 있는 화가가 몇이나 있을까. 수많은 예술가가 자신을 알아주는 이 한 명을 찾지 못해 스러져가는 때, 아르침볼도는 두 명의 황제에 이어서 또 한 명의 황제를 홀렸다.

이번에는 아버지 막시밀리안 2세에게 영지 대부분을 물려받은 루돌프 2세였다. 나약한 성격의 루돌프 2세는 정치적으로는 무능한 군주였다. 다만 문화와 예술에 대해선 과거 어떤 지도자보다 지대한 관심을 보였다. 집안 내력인지, 이번 황제도 특이한 취향을 가졌다. 전임 황제에게 자기만의 독특한 끼를 발산했던 아르침볼도가 또 한 번 신임받은 까닭이었다.

1590년께, 루돌프 2세가 아르침볼도에게 초상화 한 점을 부탁했다. 다만 루돌프 2세는 조건을 덧붙였다.

"과거 그림처럼 아주 기발하고, 재미있는 모습으로 부탁하겠소."

아르침볼도가 다시 장기를 발휘할 때였다.

아르침볼도는 루돌프 2세를 로마 신화에 나오는 계절의 신 '베르툼누스Vertumnus'로 그렸다. 사과, 포도, 체리, 밤, 옥수수, 올리브, 완두콩, 복숭아 등 싱그럽게 익은 과일과 채소가 황제의 얼굴을 가득 채우고 있다. 풍성한 머리의 황제는 상기된 채 은은한 미소를 보이는 듯하다. 이어 호박과 양배추, 양파 등 속이 꽉 찬 녹색 채소가 황제의 몸을 장식하고 있다. 그다음 여러 종류의 꽃을 어깨띠처럼 두르게 했다. 아르침볼도가 루돌프 2세에게 선보인 회심의 띄워주기였다.

루돌프 2세에게는 들판과 정원, 과수원을 관장하고 수확 철을 알리는 신 베르툼누스와 같은 힘이 있어 그 덕에 온 세상이 잘 익은 과일과 채소, 활짝 핀 꽃으로 가득하다는 의미였다. 소심한 루돌프 2세가 실책을 이어가는 통에 실제 세상은 정반대로 흐르고 있었지만. 아르침볼도는 이 그림을 들고 또 한 번 황제를 웃게 했다. 완전히 취향 저격이었다.

⁑ 재치와 통찰로 무장한 풍자화까지 ⁑

이렇게만 보면 아르침볼도를 괴짜 아첨꾼으로 여길 수도 있지만, 그가 아부만 잘한 건 아니었다.

아르침볼도는 궁정화가로 세 명의 황제를 섬기는 동안 재치 있는 풍자화도 여럿 그렸다. 가령 아르침볼도가 책을 활용해 그린 〈사서〉는 그 시절 젠체하는 학자를 비판한 것이라는 분석이 설득력을 얻고 있다. 수십 권의 딱딱한 책으로 형상화된 사서는 무엇이 그렇게 심각한지 잔뜩 근엄한 표정을 짓고 있다. 이를 통해 고지식하고 융통성 없는 모습을 부각한 것이다.

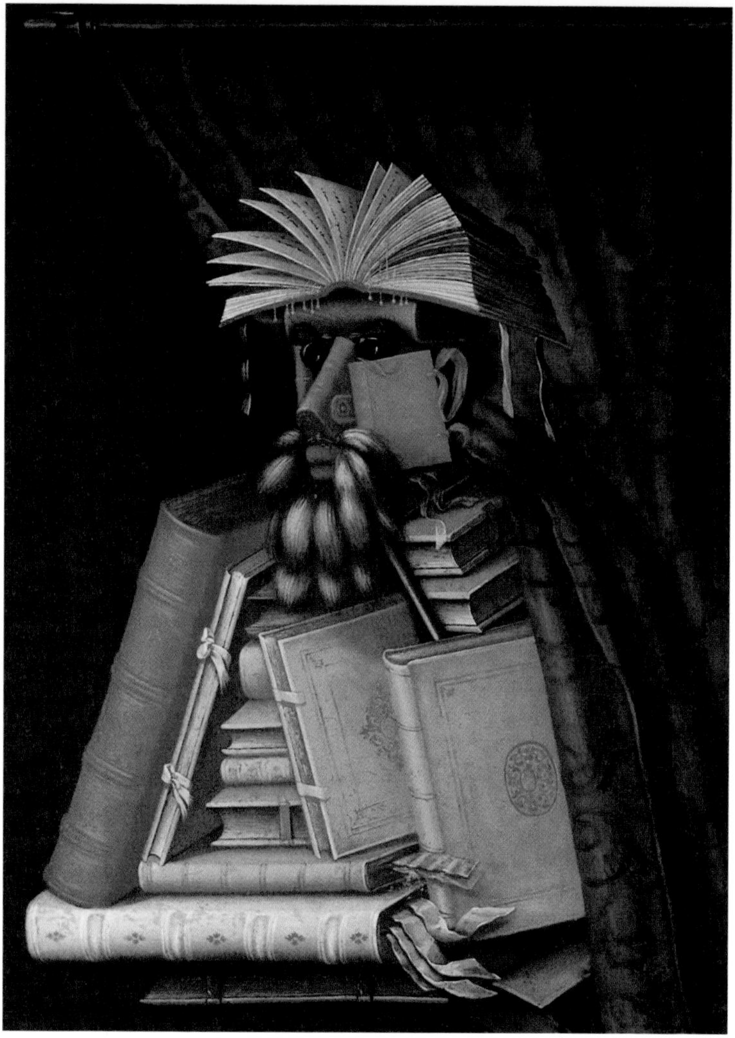

주세페 아르침볼도, 〈사서〉,
1570년경, 캔버스에 유채, 97×71㎝, 스코클로스터성

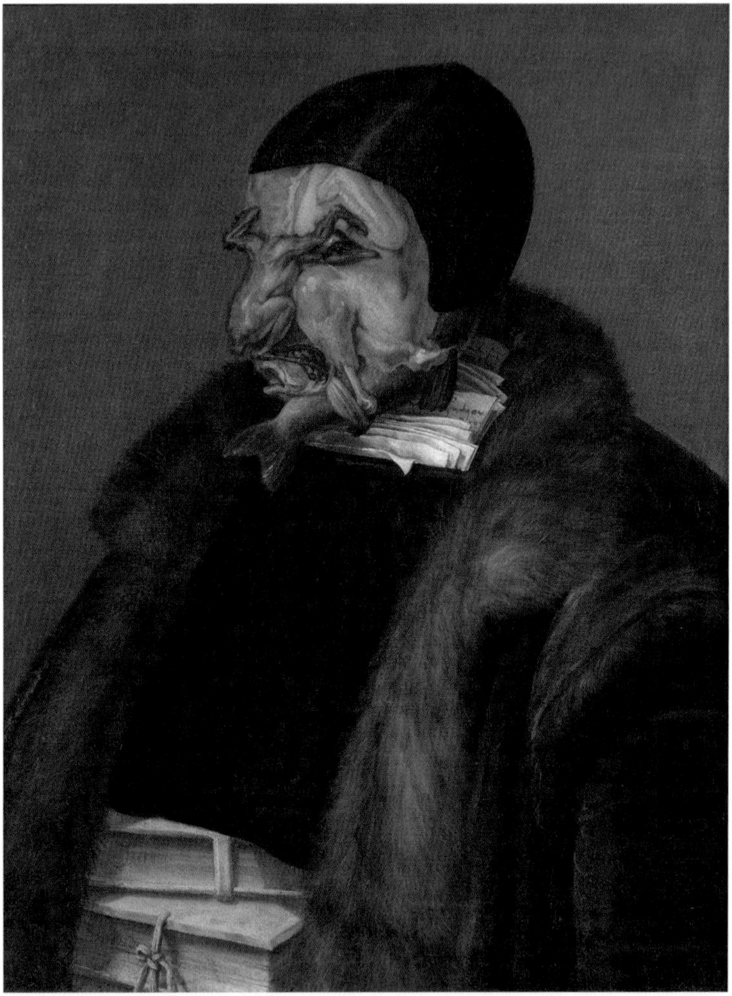

주세페 아르침볼도, 〈법학자〉,
1566년, 캔버스에 유채, 64×51㎝, 스톡홀름 국립 미술관

그런가 하면 〈법학자〉 속 인물의 얼굴은 대놓고 닭과 생선으로 그렸다. 쭉 찢어진 눈과 뭉툭한 코, 옹졸한 입은 황제의 여러 초상화와 비교하면 너무나도 다른 모습이다. 몸은 책과 법률 문서로 표현했다. 아르침볼도는 법학자를 인상 팍 쓰고는 그럴듯한 말만 늘어놓는 사람으로 본 듯하다.

1592년, 아르침볼도가 궁정화가 생활을 한 지도 어느새 30년이 흘렀다. 그는 기력의 쇠함을 느낀 후부터는 수시로 퇴직서를 내왔지만 계속 모른 척하던 루돌프 2세는 이때가 돼서야 사표를 받아줬다. 그간 고마웠다며 많은 돈과 백작 작위까지 내려줬다. 아르침볼도는 드디어 고향 밀라노로 돌아갈 수 있었다. 그는 그다음 해인 1593년에 세상을 떠났다. 사망 나이는 예순여섯 살로 추정된다.

아르침볼도가 죽은 후 그의 그림은 급속도로 잊혔다. 18~19세기 들어서는 아예 무시당했다. 그를 이해할 안목이 없던 사람들은 그의 그림을 웬 괴짜 화가의 찰나의 일탈로 치부했다. 20세기 초 입체주의와 초현실주의 화가들이 아르침볼도의 그림을 재평가하면서 그는 다시 빛을 볼 수 있었다. 그의 그림을 파블로 피카소와 살바도르 달리가 베껴 그리기 시작했다. 죽어서 이름과 육신이 함께 사라졌던 아르침볼도는 부활해 지금은 '모더니티Modernity의 선구자'로 칭해지고 있다.

거대 스핑크스가 바라본 인류의 흥망성쇠

엘리후 베더, 〈스핑크스의 질문자〉

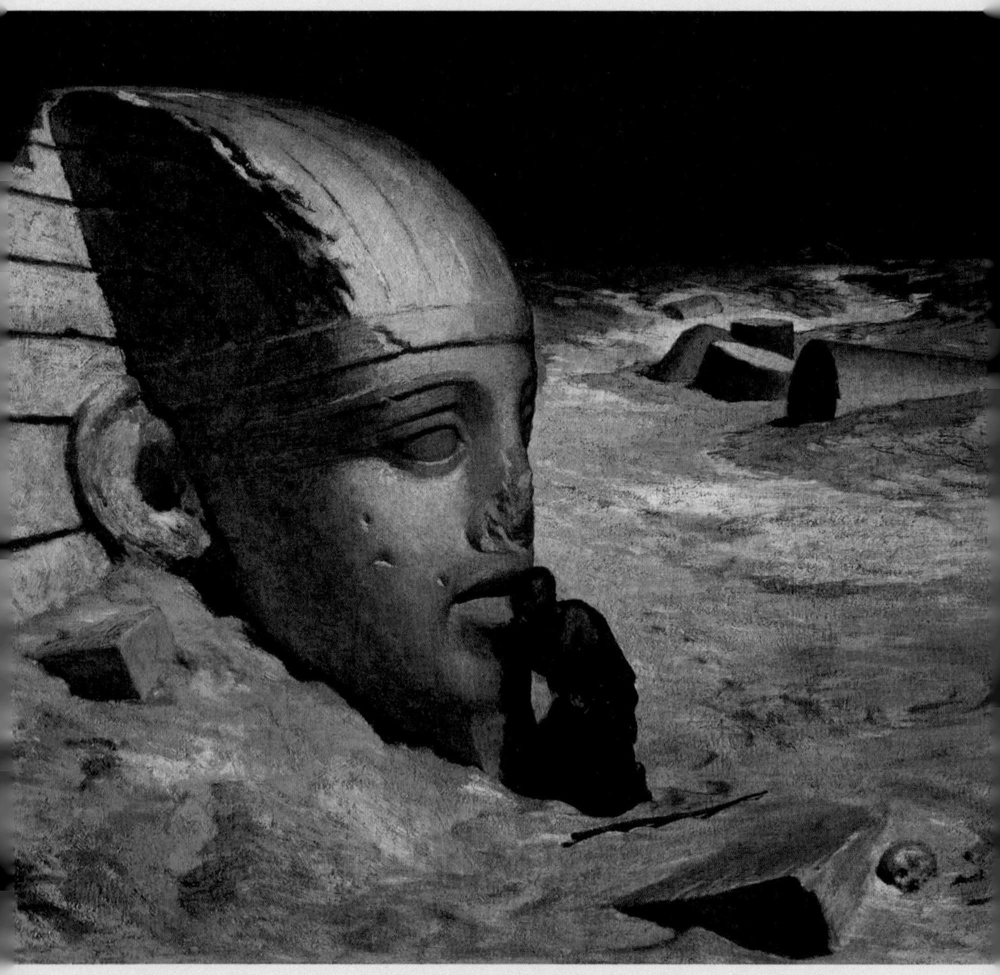

1863년, 캔버스에 유채, 92×107㎝, 보스턴 미술관

⁑ 미국인을 울린 단 하나의 그림 ⁑

⚜

버려진 땅, 별 하나 볼 수 없는 밤하늘, 제멋대로 나뒹구는 돌은 스산함을 더한다. 바닥을 굴러다니는 백골에도 비극적 사연만 가득할 듯하다. 원래는 이곳에도 문명이 있었다. 저 멀리 언덕으로 이어지고 있는 긴 분명 길이다. 주변에 깊이 파묻힌 건 잘 닦인 기둥이다.

사람들은 이 길 위에서 마주하고, 이 기둥의 지붕 밑에서 잠을 잤을 것이다. 그랬던 세상은 어쩌다 이렇게 변했을까. 그 원흉은 전쟁과 전염병일 수도, 천재지변이었을 수도 있다. 정확한 이유는 알 수 없다. 다만, 인간의 미숙함이 지금의 상황을 부추겼을 것임은 확실해 보인다.

뭉툭하게 부러진 코, 볼에 난 여러 상처, 모래바람 틈에서 겨우 내민 얼굴……. 지난 수천 년간 수많은 문명의 흥망성쇠를 봤을 듯한 이 스핑크스는, 끝내 황폐해져 버린 직전 제국의 시작과 끝 또한 지켜봤을 것이다.

"……이토록 황량해진 세상에서, 인류는 앞으로 어떻게 살아가야 합니까."

노인은 스핑크스에게 이렇게 물었을지도 모른다. 불모지를 바라보는 스핑크스의 얼굴은 근엄하다. 지난 수천 년간 황야가 왕국이 되고, 재차 황무지가 되고, 다시 제국이 세워지고, 끝내 또 지금의 모습이 되는 걸 봐온 스핑크스는 그 물음에 대한 답을 알고 있다. 앞으로 이곳에서 어떤 일이 있을지도 확신하고 있다.

"과거의 인간들 또한 한때는 괴로워했었다. 하지만 인류는 어김없이 또다시 문명을 꽃피웠다. 그러니 너무 걱정하지 말거라."

스핑크스가 입만 열 수 있었다면 노인에게 이 말을 건넸을 듯도 하다.

깊은 사색으로 이끄는 엘리후 베더의 〈스핑크스의 질문자〉는 당시 미국에서 큰 주목을 받았다. 많은 미국인이 이 그림 앞에서 눈물을 뚝뚝 흘렸다. 무명에 가까웠던 베더는 〈스핑크스의 질문자〉 한 점으로 미국이 사랑하는 화가 반열까지 올라섰다. 언뜻 보면 고요하고 적막한, 그래서 무섭기도 한 이 그림은 왜 그 시절 미국인의 심금을 울렸을까.

엘리후 베더, 〈사막에서의 죽음에 대한 기도〉,
1867년, 캔버스에 유채, 35.2×126㎝, 브루클린 미술관

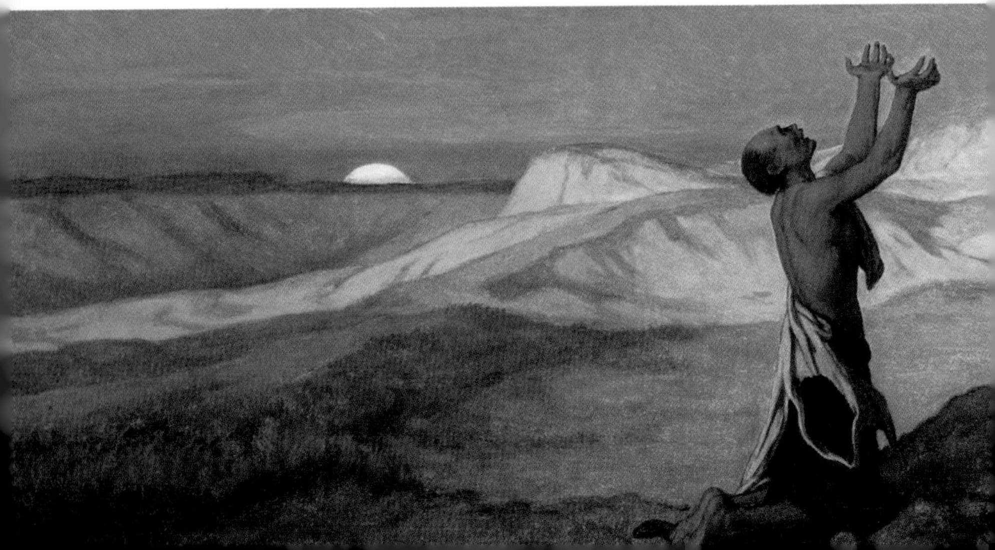

⁑ 사상 가장 끔찍했던 동족상잔 ⁑

베더가 이 그림을 그린 1863년, 미 대륙에는 피비린내가 들끓고 있었다. 훗날 미 역사상 최악의 내전으로 쓰일 남북전쟁 탓이었다.

1783년 영국의 손아귀에서 벗어난 미국은 비로소 독립국으로 눈부신 발전을 일궜다. 약 60년 사이에 프랑스로부터 루이지애나주를 되찾아 왔고, 멕시코의 북부 지역도 복속시켰다.

그사이 위상도 높였다. 1812년, 미국은 세계 최강의 군사 대국 영국과 전쟁을 벌였고, 이를 끝내 무승부로 만들었다. 아울러 유럽 국가들을 향해 대놓고 "우리 땅을 건드리지 말라"라고 경고한 먼로독트린 선언, 중남미를 향한 군사적 영향력 확대 등 배짱 두둑한 행보를 보였다.

전 세계가 놀랐다. 과거 미국에는 돌무덤과 초원밖에 없었다. 오랜 기간 유럽 열강의 동네북 취급만 받아왔다. 그랬던 미국이 어느새 이들을

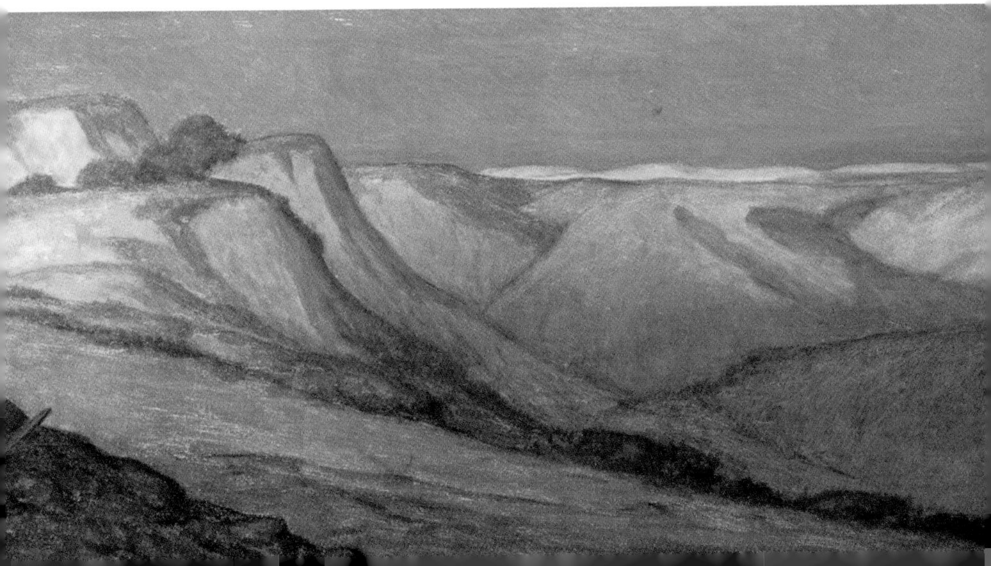

위협하는 초강대국으로 성장해 있었다. 이제 그 어떤 나라도 미국을 얕보지 못했다.

그런 영광의 길을 걷던 나라가 남북전쟁 발발 이후 반으로 쩍 갈라졌다. 그것으로 모자라 아예 서로에게 총칼을 들이밀기 시작했다. 외부의 적이 물러서자 내부의 해묵은 갈등이 고개를 든 격이었다. 논쟁의 씨앗은 노예제 존속 여부였다.

사실 미 남부와 미 북부는 노예제를 놓고 오랜 기간 갈등에 빠져 있었다. 면화 재배 등 농업 중심 사회였던 미 남부는 농장에서 노예를 부리는 게 자연스러웠다. 그사이 제조업을 발전시킨 미 북부에선 종교적, 윤리적 이유 등으로 노예제 폐지 운동이 일고 있었다.

이런 가운데 1860년 말, 노예제 폐지론자인 에이브러햄 링컨이 대통령으로 뽑히자 미 남부는 위기감을 느꼈다. 어쩌면 이 흐름을 타고 농장 곳곳에서 반란이 생길지도 모른다고 생각했다. 결국 사우스캐롤라이나 등 일곱 개의 주는 자신들을 남부 연맹으로 칭하고 링컨의 미연방을 섬멸해야 할 새로운 적으로 간주했다. 그러고는 1861년 4월 미연방의 섬터 요새에 포탄을 퍼부었다. 그렇게 시작된 게 남북전쟁이었다.

결과적으로는 링컨의 미연방이 승리했다. 그래서 노예제 또한 역사의 뒤안길로 사라질 수 있었다. 하지만 포화가 이어진 지난 4년은 참담했다. 민간인과 군인 등 백만 명 이상이 죽었다. 전 세계적으로도 가장 끔찍했던 동족상잔의 비극 중 하나였다. 애써 일군 문명은 다시 진흙에 파묻혔다. 건물과 인도, 논밭과 수로 모두 피와 눈물에 절여졌다.

뼛속 사무치는 고통은 국민 몫이었다. 자긍심 높았던 미국인들은 매캐한 연기 속에서 집단적 공황 증상을 겪었다. 이들은 눈앞에 펼쳐진 생지옥에 허무함을 느꼈다. 자식을 잃은 부모의 비명, 연인을 놓친 남녀의 비명에 괴로워했다. 옛 영광은, 그때의 축복은, 선술집에서 맥주 한 잔만 마셔도 행복했던 그 시절의 설렘은 돌아오지 않을 듯했다.

이토록 참혹한 남북전쟁이 한창이던 1863년에 베더의 〈스핑크스의 질문자〉가 미국 예술계에 공개된 것이었다. 미국인의 불안한 발걸음은 이 그림 앞에서 멈췄다. 이들은 화폭 속 폐허를 미국, 헐벗은 노인을 내전에서 살아남은 자신처럼 여겼다.

"저희는, 그때의 영예를 되찾을 수 있습니까……."

누군가는 그림 앞에서 스핑크스에게 직접 말을 걸듯 이처럼 읊조렸을 것이다. 문명의 융성과 고난, 그런 뒤 다시 찾아오는 번영의 순간을 숱하게 봤을 스핑크스는 상처 입은 이들의 마음을 다독였다. 더불어 삶을 다시 꾸려갈 용기, 국가를 재건할 의지도 함께 안겨줬다.

‡ 문학이 불어넣은 마술적 작품 세계 ‡

태양 옆에는 늘 구름이 따라붙고, 꽃이 피면 반드시 지고, 풍요로운 가을이 지나면 언제나 냉혹한 겨울이 온다. 이처럼 번성 후에는 틀림없이 위기가 따라온다. 하지만 이 순간이 곧 몰락을 뜻하지는 않는다. 그 순간만 견디면 태양도, 꽃도, 가을도 늘 다시 찾아오는 법이다. 베더는 앳된 청년일 때 이러한 세상의 진리에 통달했다. 그는 겨우 스물일곱 살

때 〈스핑크스의 질문자〉를 그린 것이었다. 심지어 이집트에는 가보지도 않은 상태였다. 그림을 접한 사람 대부분은 세월의 풍파에 찌든, 이집트에 긴 시간 체류한 노화가가 이 그림으로 그렸을 것으로 여겼다. 새파랗게 어린, 피라미드와 스핑크스 근처에도 가보지 못한 화가의 작품인 걸 알게 된 이들은 당혹감을 감추지 못했다. 베더는 그 짧은 생에 대체 무슨 일을 겪었던 걸까.

베더는 1836년 미국 뉴욕에서 출생했다. 베더의 아버지는 유능한 치과의사였고, 어머니는 예술적 지식과 교양을 갖춘 여인이었다. 그는 여유로운 환경에서 아쉬울 게 없는 뉴요커의 삶을 살 수도 있었다. 그러나 베더의 아버지는 경쟁이 심한 대도시를 견디지 못했고, 뉴욕에서 탈출하기로 결심했다. 그가 향한 곳은 섬나라 쿠바였다. 낯선 땅을 개척해 새로운 삶을 살 생각이었다.

베더는 이 때문에 추억이 서린 길목, 함께 뛰어놀던 소꿉친구와 갑작스럽게 생이별해야 했다. 그런데, 그런 애달픈 마음 뒤 피어나는 또 다른 느낌이 있었다. 그것은 애틋함과 먹먹함 같은, 마냥 쓰라리지만은 않은 문학적인 감정이었다. 소년은 원치 않게 정든 고향을 잃었으나, 그 대신 예술가로서의 감수성을 손에 쥐었던 것이다. 유년기에서 벗어난 베더는 뉴욕으로 돌아와 기숙학교 생활을 했다.

베더는 곧장 시와 미술에 흥미를 느꼈다. 특히 혼자만의 상상을 마음껏 흩뿌릴 수 있는 미술의 매력에 푹 빠졌다. 다시 아버지가 변수였다. 아버지는 돈벌이가 되는 다른 일을 택하라고 강요했다. 베더는 뜻을 굽

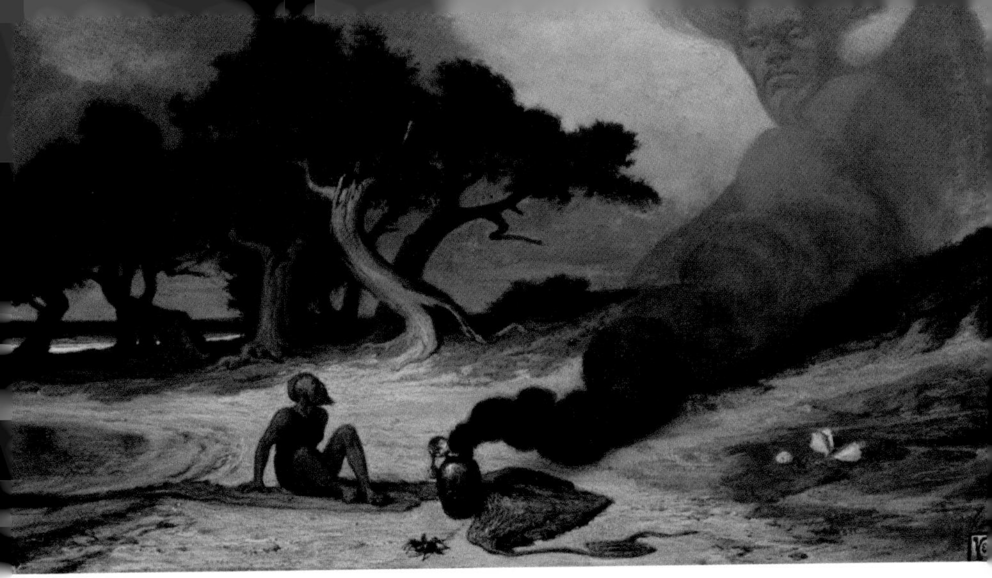

엘리후 베더, 〈어부와 지니〉,
1863년, 캔버스에 유채, 19.3×35.2㎝, 보스턴 미술관

히지 않고 저항했다. 그는 외려 이 덕에 예술을 향한 자신의 진실한 열망을 절감했다.

베더는 아버지의 콧방귀를 뒤로 한 채 프랑스 파리로 갔다. 이어 1858년부터는 이탈리아 소도시로 유학길에 올랐다. 그 뒤 1860년, 돌연 뉴욕으로 돌아왔다. 이유는 하나였다. 그의 유랑을 못마땅히 본 아버지가 지원금을 싹 다 끊은 탓이었다.

베더는 거듭되는 곤경에도 굴하지 않았다. 그는 뉴욕에서 무일푼 화가의 삶을 이어갔다. 카페와 골목을 오가며 보헤미안 예술가와 교류했다. 베더는 정해진 틀에 맞춰야 하는 아카데미식 회화에서 벗어나고 싶었다. 자유로운 성향을 지닌 보헤미안 동료와의 소통은 그에게 되레 좋은 배움의 기회로 다가왔다. 이쯤부터 베더는 독창적 스타일을 찾아가

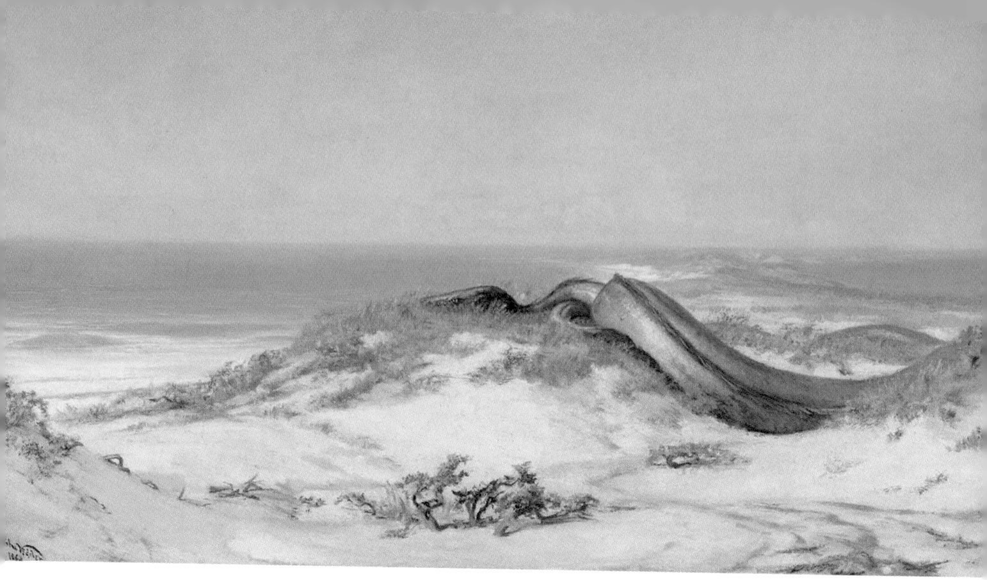

엘리후 베더, 〈바다뱀의 은신처〉,
1864년, 캔버스에 유채, 54.6×93㎝, 보스턴 미술관

기 시작했다. 직접 시를 쓰고 소설 구절을 달달 외우는 등 문장에도 관심이 컸기에 그림에도 문학적 감성을 본격적으로 녹여냈다.

그는 이 시기에 〈어부와 지니〉, 〈바다뱀의 은신처〉 등을 그렸다. 전자의 그림 속 나자빠진 어부와 모락모락 피어나는 지니(정령), 후자의 화폭 속 숨죽이고 있는 바다뱀 모두 처연하고도 흥미로운 사연을 품고 있을 듯하다. 설화문학 《천일야화》를 떠올리게 하는 환상적인 배경, 현실과 초현실을 넘나드는 마술적인 묘사 또한 보는 이의 상상력을 자극한다. 베더는 빈털터리가 돼 뉴욕으로 돌아온 덕에 외려 화풍에 대한 깨달음을 얻게 됐다. 비로소 제대로 된 작품 활동도 할 수 있었다.

돌아보니 항상 그런 식이었다. 부족할 게 없는 집안, 예술에 대한 순수한 열망, 깨우침을 위한 유학 등 그의 출발선에는 늘 따뜻한 햇볕이 내리쬈다. 하지만 막상 발을 떼면 모든 결정적인 순간에 폭풍이 몰아쳤다. 이를 오롯이 맞고 견뎠더니 거짓말처럼 새로운 태양이 재차 고개를 내밀었다. 베더가 이러한 삶의 궤적을 품었기에 남북전쟁의 절규 속에서 야심 차게 〈스핑크스의 질문자〉를 내놓을 수 있었다.

그는 역사의 새옹지마를 수백, 수천 번 지켜봤을 완벽한 유적으로 수천 년 묵은 스핑크스를 꼽았던 게 아닐까. 아울러 이집트에는 한 번도 가본 적이 없었다지만, 감성 어린 그에게 농밀한 신비로움을 자아내는 스핑크스는 언제나 동경의 대상이었다. 이십대 중반의 나이에도 이처럼 세상사를 통달한 듯한 그림을 그릴 수 있는 이유였다.

⁑ 마침내, 진짜 이집트를 만나다 ⁑

남북전쟁이 끝난 그해 베더는 다시 유럽으로 갔다. 베더는 특히 이탈리아에 매료됐다. 그에게 르네상스의 향수를 품은 이탈리아는 질리지 않는 나라였다. 그곳에 아예 터를 잡고, 제2의 고향처럼 여겼다. 또한 영국도 여러 번 찾았다. 자신처럼 문학과 회화의 접목, 배경과 인물에 대한 낭만적인 표현에 치중했던 라파엘전파의 결과물을 연구했다.

그는 스핑크스를 소재로 한 작품 활동도 계속 이어갔다. 큰 인기를 얻은 〈스핑크스의 질문자〉 이후 똑 닮은 그림을 요청하는 주문이 쇄도하기도 했지만, 기본적으로 베더는 스핑크스 그리기를 진심으로 즐겼

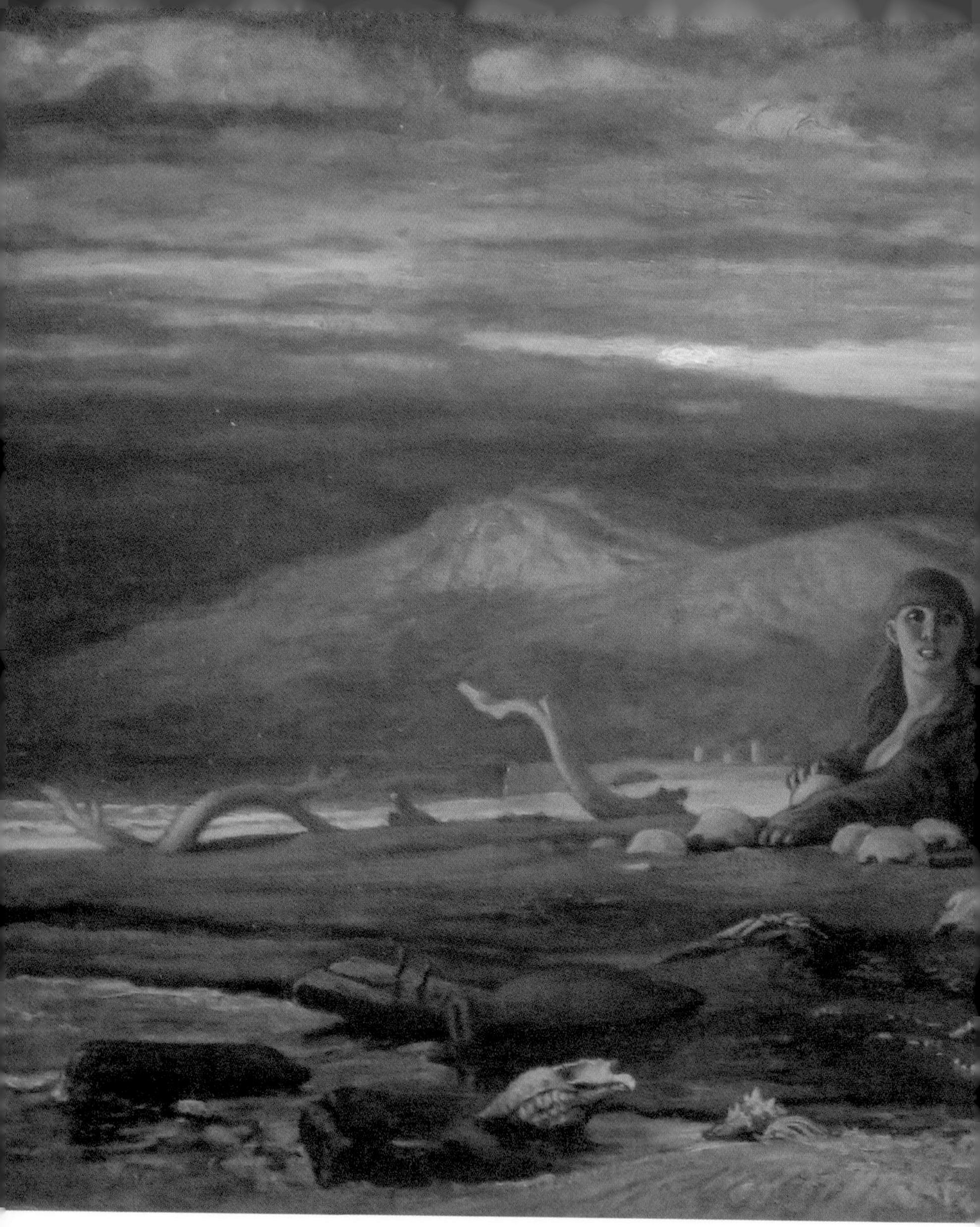

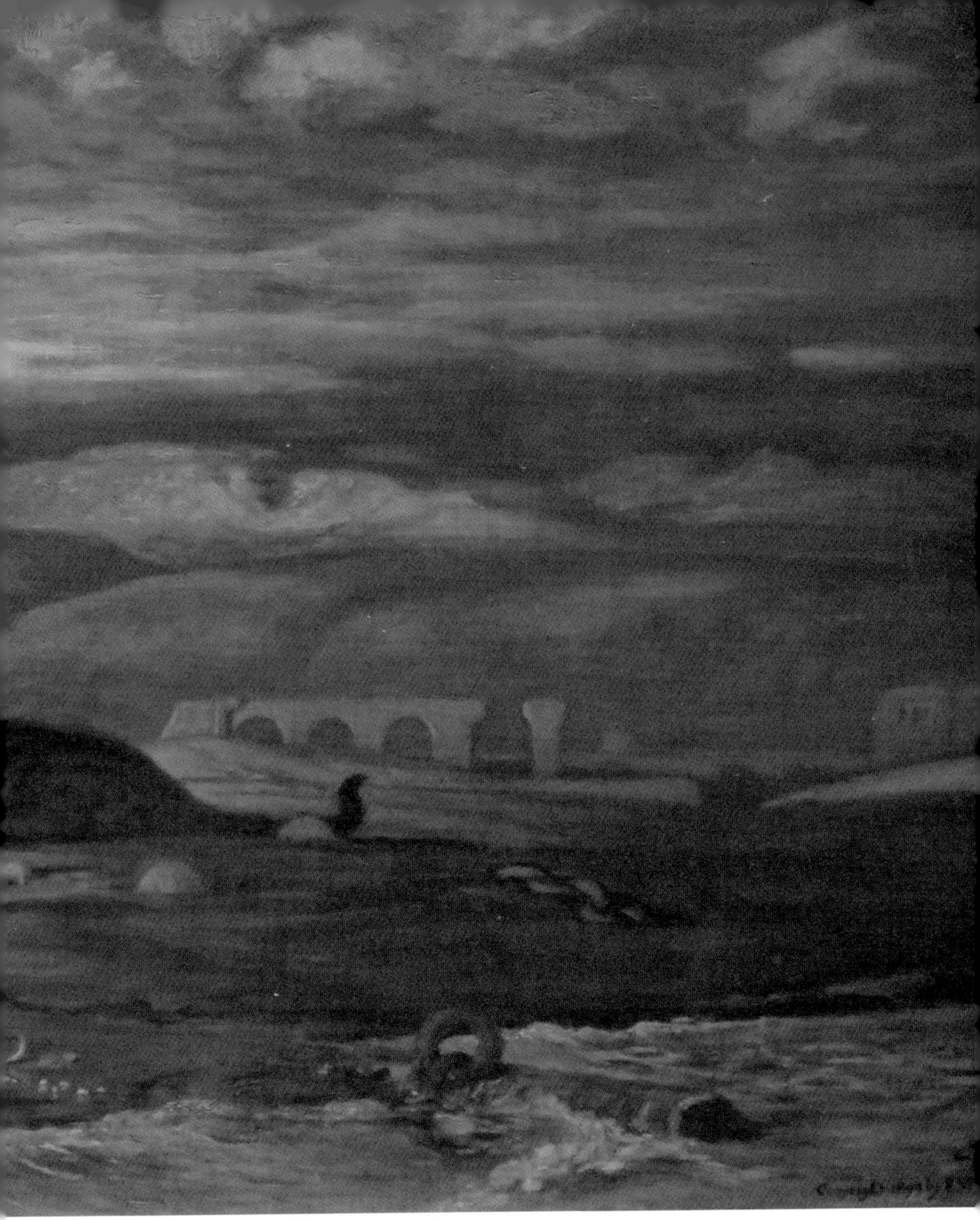

엘리후 베더, 〈해변의 스핑크스〉,
1879년, 41×71㎝, 캔버스에 유채, 드 영 미술관

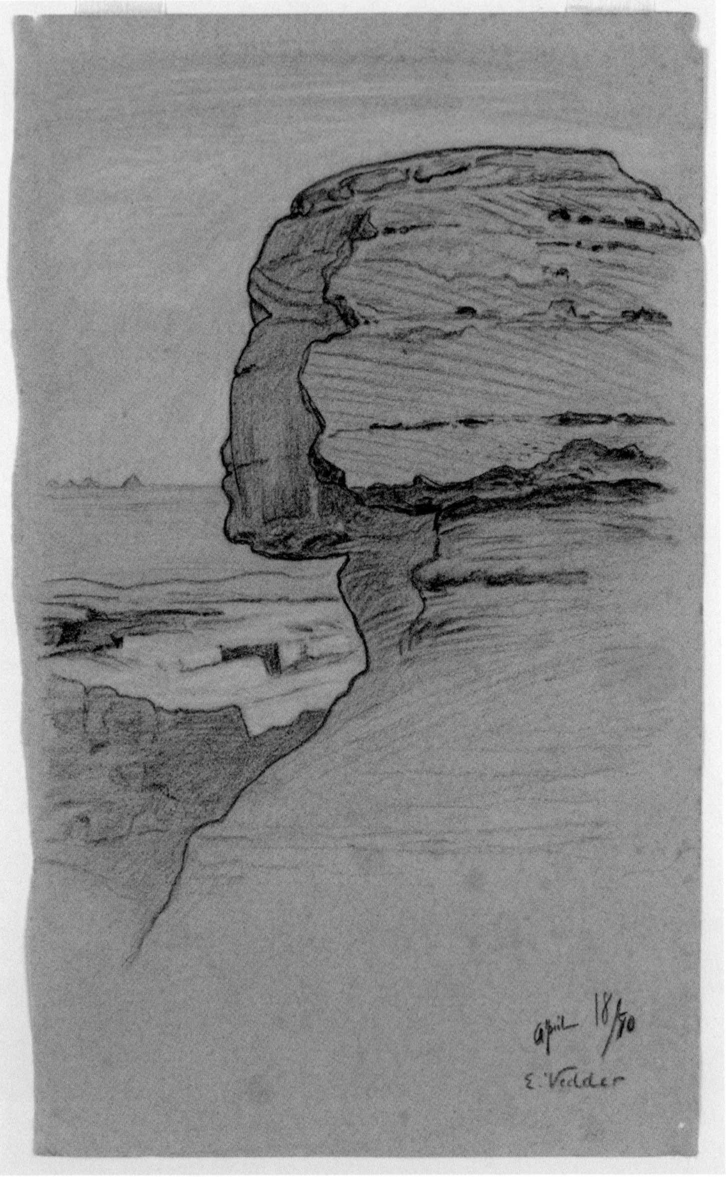

엘리후 베더, 〈드로잉, 스핑크스, 이집트〉,
1890년, 청회색 직물에 검정색 크레용 등, 32.7×19.7㎝, 쿠퍼 휴잇 스미스소니언 디자인 박물관

다. 똑같은 구성만 고집하지도 않았다. 1879년, 그는 〈해변의 스핑크스〉에서 스핑크스를 여성의 상체를 가진 생물체로 표현했다. 백골의 퀴퀴한 냄새가 날릴 듯한 황무지에 핏빛이 섞인 하늘, 으스스한 바다까지 덧붙였다. 덩그러니 놓인 스핑크스가 외로워 보인다. 언젠가 다시 찾아올 햇빛과 꽃, 그리고 문명을 기다리는 것처럼 보이기도 한다.

그에게 1889년 겨울은 특별한 순간이었다. 미국인 부호 조지 콜리스가 이쯤 베더에게 이집트 여행을 제안했다. 여행비도 다 대겠다는 조건이었다. 피라미드와 스핑크스 등 유수의 유적을 직접 관찰할 기회였다. 그는 망설임 없이 승낙했다. 그로서는 너무나도 짧은 5개월여 여행이었지만, 광기 어린 열정으로 200여 점의 작품과 스케치를 그렸다. 꿈에 그리던 스핑크스 또한 직접 보고 그림으로 남길 수 있었다.

"아름답고, 소박하고, 위대하다."

이집트 풍경에 대한 그의 눈물에 찬 소회였다. 그 이후 베더는 종종 미국을 들렀지만, 1906년부터는 쭉 이탈리아에서만 살았다. 그는 문학적 상상력을 화폭에 가득 채웠다는 점에서 분명 선구적인 예술가였다. 동시대 미국인의 사랑을 받았지만, 그럼에도 당시의 인상주의와 현대미술 사조 등에 가려져 천재성 대비 주목을 받지 못한 편이었다.

자극적 소재가 난무하는 요즘 시대에서 베더는 재차 주목받고 있다. 그가 남긴 우아한 상상력, 아울러 〈스핑크스의 질문자〉가 안겨주는 교훈은 인류가 놓아서는 안 될 중요한 자산임이 틀림없다.

피비린내 나는 여섯 점의 초상화

한스 홀바인, 〈헨리 8세〉

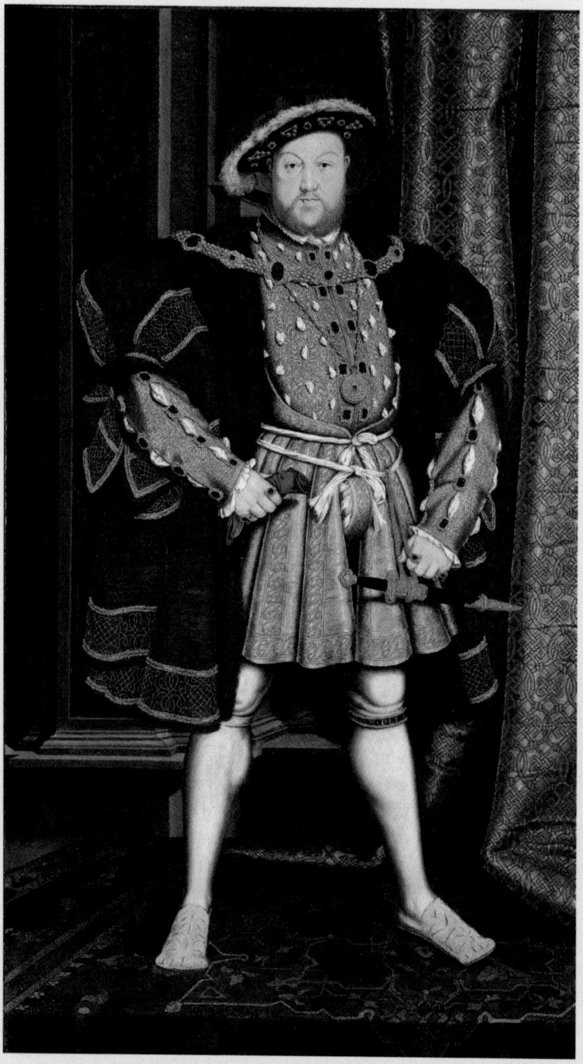

1537년, 캔버스에 유채, 239×134.5㎝, 워커 미술관

⁑ 피의 숙청이 시작되다 ⁑

1526년의 어느 날, 잉글랜드 왕 헨리 8세는 아내 캐서린의 시녀 앤 불린이 유혹하자 정신을 차리지 못했다. 특히 자신과 결혼한다면 왕자를 낳아주겠노라는 말이 결정적이었다. 욕정에 휩싸인 헨리 8세는 무작정 현 왕비인 캐서린과 이혼 절차를 밟기 시작했다.

명분은 어떻게든 쥐어짰다. 헨리 8세는 뜬금없이 옛날 일을 거론했다. 지금은 헨리 8세가 캐서린의 남편이지만, 십수 년 전에는 헨리 8세의 친형이자 적장자였던 아서 왕자가 캐서린의 남편이었다. 아서 왕자가 결혼 후 몇 개월 만에 감기로 죽기 전까지는 그랬다.

1509년 아서 왕자 대신 왕위에 오른 헨리 8세(당시 헨리 왕자)는 직전까지 형수였던 캐서린과 결혼했다. 두 집안 사이 복잡한 외교 문제가 얽혔기에 가능한 일이었다. 물론, 헨리 8세도 캐서린에게 이성적 감정이 있었기에 더욱 매끄럽게 추진할 수 있었다.

시동생과 형수의 결혼 생활은 그나마 순탄할 것으로 보였다. 그러나

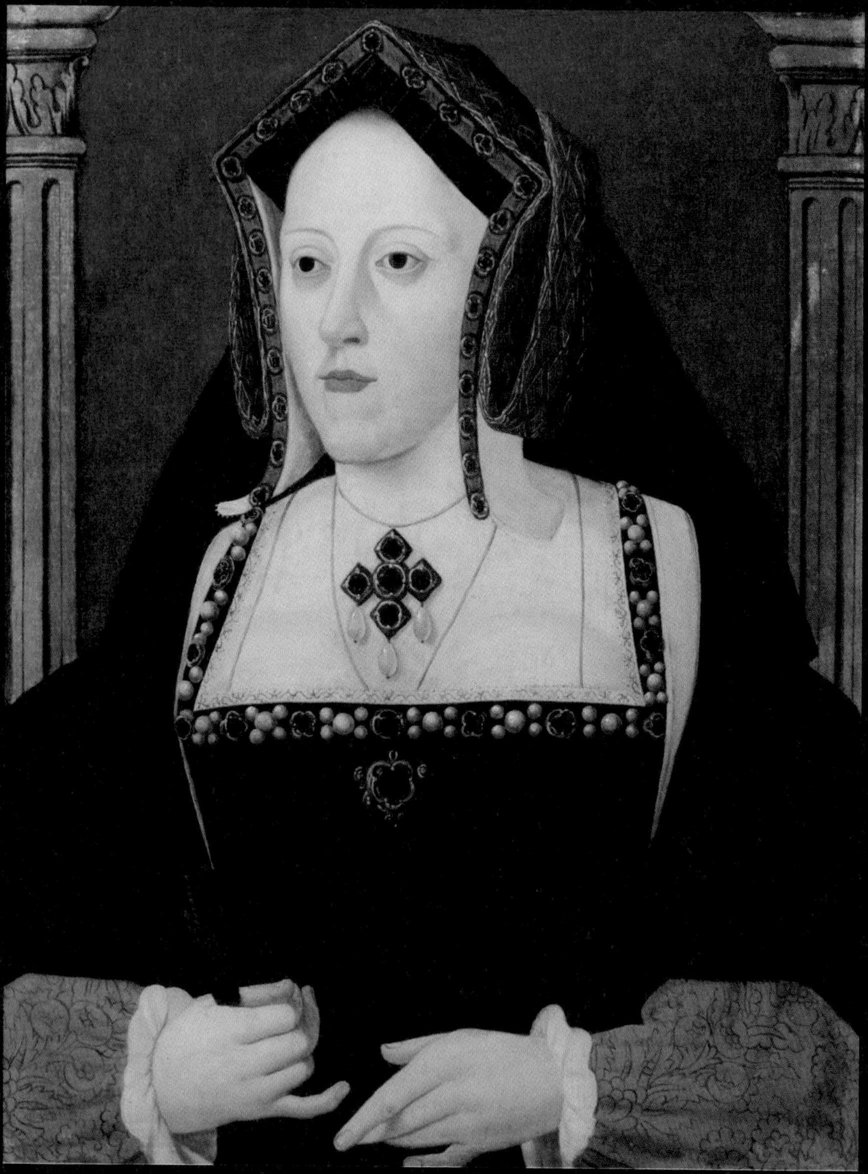

작자 미상, 〈아라곤의 캐서린〉,
연도 미상, 패널에 유채, 55.9×44.5㎝, 런던 국립 초상화 미술관

둘은 곧 뜻밖의 암초를 마주했다. 자식 문제였다. 1511년, 헨리 8세는 그토록 꿈꾸던 아들을 낳은 캐서린을 보고 세상을 다 가진 미소를 지었다. 그러나 이 아이는 걸음마도 떼지 못한 채 죽고 말았다. 캐서린은 이후 다섯 번의 임신을 더 했지만, 끝내 살아남은 건 메리 공주뿐이었다.

이 무렵 캐서린의 초상화를 보면, 당시 그녀 마음이 얼마나 복잡했을지를 짐작할 수 있다. 캐서린은 반짝이는 옷과 장신구를 두르고 있다. 하지만 그녀의 얼굴과 표정은 이 차림새와 어울리지 않는다. 그녀는 아픈 사람처럼 퀭해 보이고, 지친 사람처럼 멍해 보인다. 헨리 8세는 캐서린이 더는 아들을 낳지 못할 것으로 봤다. 이쯤 불린이 눈에 들어왔다.

"저는 아름답고 건강해요. 누구와는 다르게 말이에요."

눈치 빠른 불린은 절망에 빠진 왕을 손쉽게 사로잡았고, 헨리 8세는 한참 전 과거 일을 꺼내면서까지 이혼을 강행했다.

"고작 몇 개월이었다고 하지만, 캐서린이 전남편 아서 왕자와 부부였던 건 사실이지 않은가. 많이 늦은 감이 있으나 이제라도 일을 바로잡아야 한다. 나와 캐서린의 결혼은 애초에 성립되지 않는 것이었다."

헨리 8세는 이 주장을 밀어붙였다.

"헨리 8세와 가약을 맹세하기 앞서 아서 왕자와 부부의 연을 맺었던 건 맞지만, 병약했던 그와는 단 한 번도 관계를 맺은 적이 없다. 고로 이전 결혼은 정당한 사유로 무효가 된 것이었다."

캐서린은 항변했으나 헨리 8세는 묵살했다. 그러고는 로마가톨릭교 교황청에 혼인 무효를 신청했다. 부담을 느낀 교황청은 결정을 계속 미뤘고, 헨리 8세는 속이 탔다. 그는 끝내 교황청과의 관계도 끊기로 했다.

헨리 8세는 새롭게 영국 교회(성공회)라는 신교를 만들고 스스로 수장에 올랐다. 이렇게 해 교황청의 '허락'이 필요 없게 만들었다.

이 과정에서 헨리 8세는 피의 숙청을 일으켰다. 자신의 1대 대법관인 토머스 울지의 관직과 재산을 모두 빼앗았다. 교황청을 설득하지 못했다는 이유였다. 2대 대법관인 토머스 모어는 아예 참수해 버렸다. 헨리 8세가 구교와의 관계를 끊고 신교를 세울 때 비상식적이라며 대립각을 세웠다는 이유였다. 캐서린은 궁에서 내쫓았다. 헨리 8세와 불린의 농간에 당할 수 없다며 끝까지 버틴 탓이었다. 이 밖에도 헨리 8세는 이혼을 가로막는 귀족과 성직자를 모조리 파문하고 처형했다.

1533년, 헨리 8세는 각고의 노력 끝에 드디어 불린을 두 번째 왕비로 맞이할 수 있었다. 사람들은 이번 일이 혈기 왕성한 왕의 처음이자 마지막 일탈일 것으로 봤다. 하지만 헨리 8세의 일탈은 이제 시작이었다.

⁂ 런던탑에서 시작된 첫 번째 숙청 ⁂

헨리 8세도 그 나름대로는 미칠 노릇이었다. 처음에는 불린이 마냥 좋았다. 갸름한 얼굴, 여리여리한 몸의 불린은 귀염성이 있고 재치도 갖췄다. 그 시절 불린의 초상화를 보면 무엇보다도 그녀의 장난기 섞인 두 눈이 시선을 끈다. 당장이라도 웃으며 농담을 걸어올 듯하다.

그런데, 헨리 8세의 얼굴은 얼마 지나지 않아 조금씩 어두워지기 시작했다. 수단 방법을 가리지 않고 불린과 결혼했지만, 그녀 또한 아들을

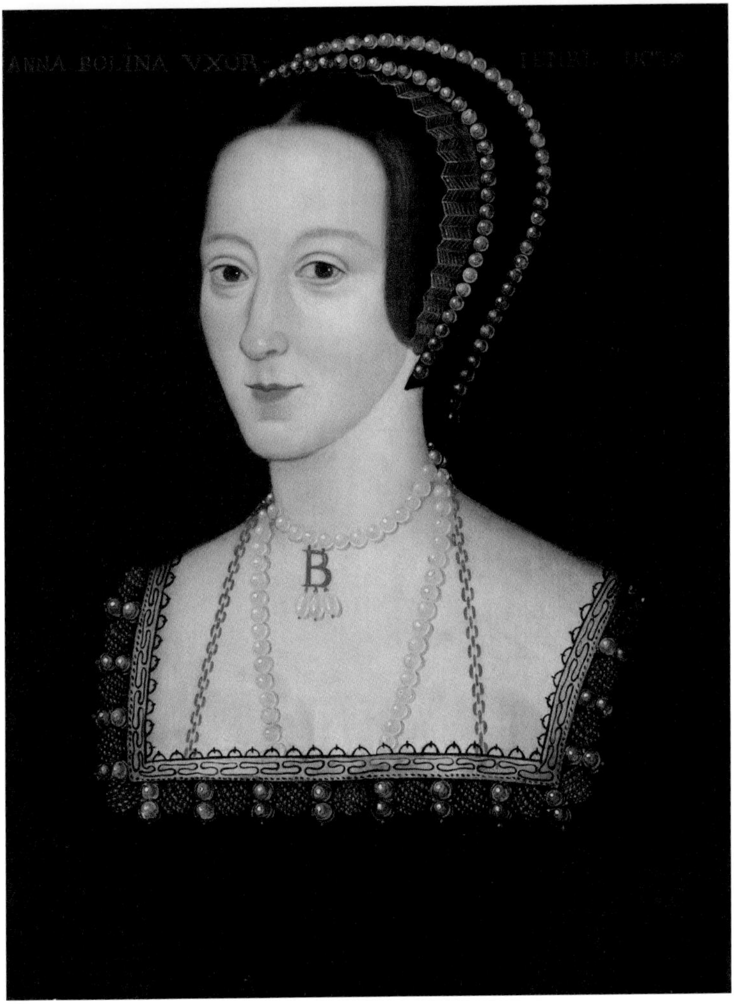

작자 미상, 〈앤 불린〉,
1584~1603년, 패널에 유채, 54.3×41.6㎝, 런던 국립 초상화 미술관

낳지 못하고 있었다. 딸 엘리자베스를 낳은 후부터 유산과 사산만 되풀이할 뿐이었다. 40대 중반을 바라보는 헨리 8세는 초조했다.

'아들을 낳아준다더니…….'

배신감에 젖은 그는 불린도 내쫓기로 했다.

헨리 8세는 가장 쉽고 빠른 방법을 골랐다. 바로 불린을 죄인으로 만드는 것이었다. 불린이 남자 여섯 명과 간통을 했고, 심지어 자기 남동생 조지와도 근친상간을 저질렀다는 식의 고약한 누명을 입혔다. 불린은 끝내 런던탑에 갇혔다. 결혼 3년 만인 1536년, 그녀는 참수대에서 목이 잘렸다. 1년 뒤 헨리 8세가 세 번째 왕비로 맞은 여인은 불린의 시녀 제인 시모어였다. 오직 후사를 보기 위한, 피도 눈물도 없는 행보였다.

한스 홀바인은 이쯤 헨리 8세의 초상화를 그렸다. 독일 태생의 홀바인은 오직 재능과 실력만 갖고서 당시 잉글랜드의 궁정화가직에 올랐다. 헨리 8세를 앞에 둔 홀바인은 언제든 죽을 수 있다는 두려움을 안고 붓을 쥐었다. 그는 여러 차례 피바람을 일으킨 왕이었다. 당장 눈앞의 그림이 마음에 들지 않는다면 그것만으로도 무슨 짓이든 할 수 있는 이였다. 실제로 그림 속 자기가 조금 늙어 보이기만 해도 고래고래 소리를 내지르던 자였다.

번뜩이는 눈, 높은 콧대, 두꺼운 턱과 근엄한 표정……. 홀바인은 헨리 8세의 압도적인 풍채를 강조했다. 직각으로 떨어지는 어깨, 정사각형에 가까운 가슴팍, 굵은 팔뚝, 튼실한 허벅지 등을 표현해 위협적인 분위기도 조성했다. 홀바인은 나아가 팔꿈치 쪽을 크게 부풀린 붉은 겉

옷, 보석이 주렁주렁 달린 금빛 내의를 성심성의껏 그려 그의 재력이 돋보이게 했다.

장갑과 단검, 짧은 스커트 사이로 솟은 코드피스Codpiece를 통해 그의 권력과 열정도 두드러지게 보이게끔 했다. 그는 특히 헨리 8세의 눈에 집중했다. 파충류와 닮은 눈을 정확히 표현해 그가 위압적인, 나아가 위험할 수도 있는 자라는 점을 강조했다. 절대군주의 표상처럼 그려진 이 그림을 놓고 헨리 8세는 호탕하게 웃었다.

안도한 홀바인의 등은 식은땀으로 푹 젖어 있었다.

이 무렵 헨리 8세는 이 일 말고도 웃을 일이 많았다. 금발에 창백한 피부를 가진 시모어는 다정한 성격으로 왕실 분위기를 훈훈하게 했다. 홀바인이 그린 시모어의 초상화를 보면 가장 눈에 띄는 건 그녀의 얌전한 표정이다. 따뜻한 색감의 옷도 그녀의 온화한 성향을 보여주는 듯하다. 그런 시모어가 헨리 8세에게 안긴 가장 큰 선물은 그토록 바란 아들, 에드워드였다. 헨리 8세는 흐느낄 만큼 기뻐했다. 런던탑에서 2,000여 발의 폭죽이 터졌다. 하지만 시모어는 이 축제에 함께 어울리지 못했다.

사흘에 걸쳐 에드워드를 낳았던 시모어는 산욕열로 2주 만에 죽었다. 헨리 8세는 진심으로 애도했다. 자기가 죽으면 시모어 옆에 묻어달라고 할 정도였다. 3년의 세월이 흘렀다. 헨리 8세의 초조함은 또 고개를 들었다. 그는 형 아서 왕자의 허무한 죽음을 두 눈으로 봤다. 그 시절 자식이란 언제, 어떤 이유로 죽을지 모를 존재들이었다. 헨리 8세는 아들 한 명으로는 만족할 수 없었다. 그래서 더 많은 아들을 낳아줄 네 번째 왕비를 찾기 시작했다.

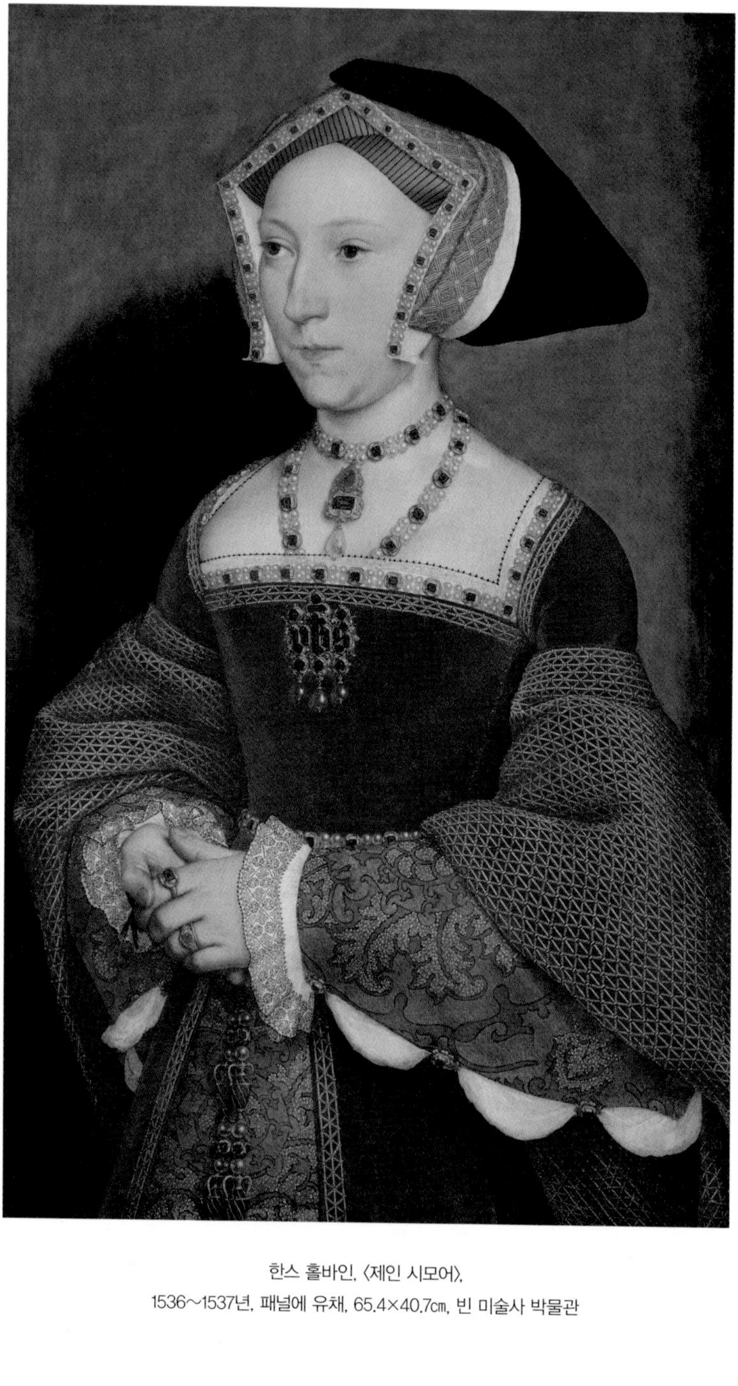

한스 홀바인, 〈제인 시모어〉,
1536~1537년, 패널에 유채, 65.4×40.7㎝, 빈 미술사 박물관

‡ 초상화에 속았다? ‡

"클레베의 앤은 어떠하실지요."

토머스 크롬웰이 헨리 8세에게 제안했다. 비극적 최후를 맞은 토머스 울지, 토머스 모어에 이은 왕의 새로운 오른팔이었다. 앤 불린과의 결혼과 이혼, 시모어와의 결혼 등을 도운 인물이었다. 홀바인의 그림 속 크롬웰은 기회를 노리는 듯, 빈틈을 엿보는 듯 두 눈을 부릅뜨고 있다. 유능한 전략가의 얼굴과 냉혹한 기회주의자의 낯짝이 함께 담긴 모습이다.

"잉글랜드처럼 클레베 공국도 신교 국가입니다. 이번 결혼으로 신교 국가 간의 동맹에 물꼬를 트시는 게 어떻겠습니까."

크롬웰의 말은 일리가 있었다. 헨리 8세의 외교단이 곧 클레베 공국에 도착했다. 이들 틈에는 화구를 챙겨 온 홀바인도 있었다.

홀바인이 그려 온 앤의 초상화를 본 헨리 8세는 흡족한 표정을 지었다. 화폭 속 앤은 세련되지는 않지만, 고귀한 혈통에 걸맞은 우아함과 단정함을 품고 있었다. 시선을 살짝 아래로 둔 눈에서 고상함을, 두 손을 고이 포갠 채 정면을 보는 모습에서 기품을 느낄 수 있었다.

1540년, 헨리 8세는 앤과의 결혼 채비를 서둘렀다. 그런데, 이번에도 문제가 생겼다.

"맙소사. 저 여자가 그 초상화의 주인공이라고?"

헨리 8세는 앤의 실물을 접한 후 경악했다. 그는 홀바인의 그림 속 앤과 직접 만난 앤이 너무 다르다며 울분까지 토했다. 게다가 독일어만 할 줄 알 뿐, 영어와 프랑스어에 익숙하지 않아 의사소통조차 힘들었다. 헨

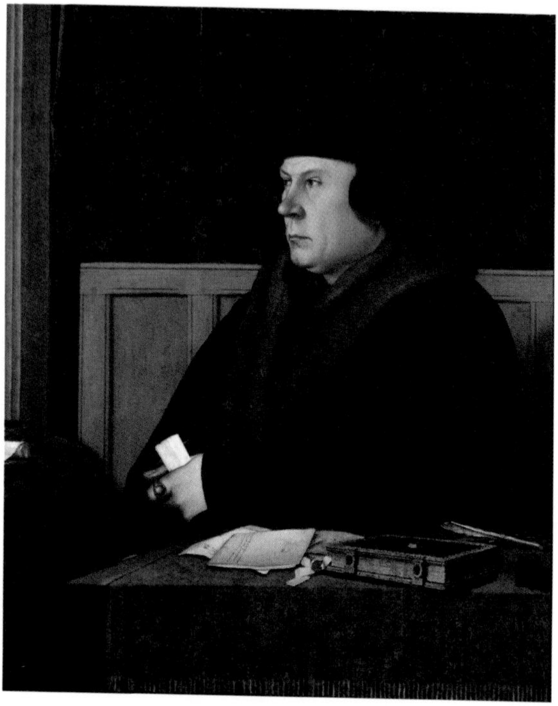

한스 홀바인, 〈토머스 크롬웰〉,
1532~1533년, 패널에 유채, 78.4×64.5㎝, 프릭 컬렉션

리 8세는 억지로 결혼했다. 파혼을 말했다간 구설에 오를 테니 어쩔 수 없었다. 하지만 잠자리는 갖지 않고 버텼다. 그의 인내심은 고작 6개월이었다.

헨리 8세는 또 결혼 무효를 선언했다. 헨리 8세의 해결사로 불린 크롬웰은 이번 일로 그의 신뢰를 완전히 잃었다. 크롬웰은 결국 정적들의 계략에 휘말려 반역과 이단의 죄를 뒤집어썼다. 헨리 8세도 그의 뒤를 봐주지 않았다. 크롬웰은 헨리 8세가 앤과의 결혼을 무효로 한 무렵 단두

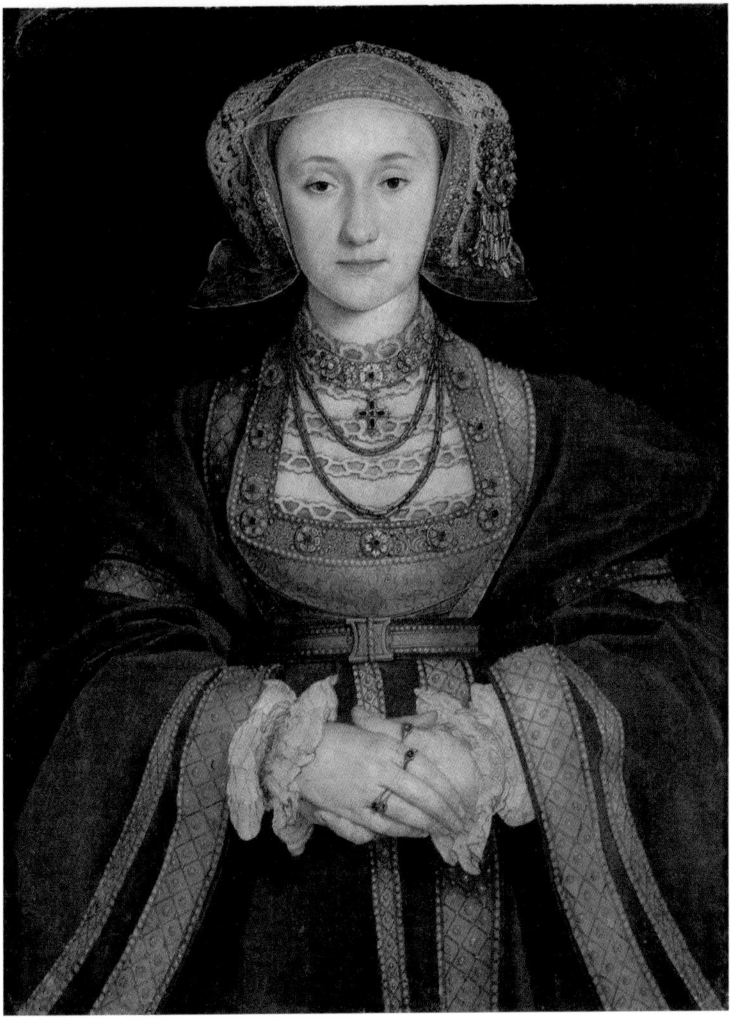

한스 홀바인, 〈클레베의 앤〉,
1539년, 캔버스에 유채 등, 65×48㎝, 루브르 박물관

대에서 최후를 맞았다.

그해 헨리 8세가 새롭게 맞은 왕비는 앤의 시종인 열일곱 살 소녀 캐서린 하워드였다. 헨리 8세는 하워드의 싱그러움을 좋아했다. '앤의 초상화 사건' 후 언제 불똥이 튈까 불안해하던 홀바인이 이번에도 새 왕비의 모습을 그렸다. 무엇보다도 이목구비가 유독 앳돼 보이는 모습이다. 헨리 8세는 그런 하워드가 어지간히 마음에 들었는지 그녀를 '가시 없는 장미'라고 부르며 품에 끼고 살았다. 그가 하워드에게 기대하는 건 하나였다. 나이도 어린 만큼 튼튼한 아들을 빨리, 그리고 많이 낳길 바랐다. 이번에도 문제가 있었다. 이쯤 헨리 8세는 극심한 비만이었다. 허리둘레만 52인치에 이르렀다. 온갖 성인병에 시달리는 건 당연했다. 그래서였을까. 하워드는 좀처럼 임신하지 못했다.

또 싱숭생숭한 날을 보내고 있던 헨리 8세에게 익명의 편지가 왔다. 하워드가 헨리 8세와 결혼하기 전 한 젊은 귀족과 방종한 생활을 했다는 내용이었다. 조사 결과 이는 사실로 밝혀졌다.

충격에 휩싸인 헨리 8세를 절망하게 하는 일이 또 있었다. 이번에는 그와의 결혼 생활 중 하워드가 왕의 시종에게 마음을 줬다는 소문이 퍼졌다. 이 또한 사실로 확인됐다. 헨리 8세는 하워드를 직접 죽이겠다며 격노했다. 헨리 8세는 하워드에게 간통죄를 물어 런던탑에 감금했다. 그리고 결혼 2년 차인 1542년, 망설임 없이 목을 베게 했다. 두 번째 왕비 불린에 대해 참수를 명령한 후 고작 6년 만이었다. 이로써 두 명의 아내를 죽인 셈이었다.

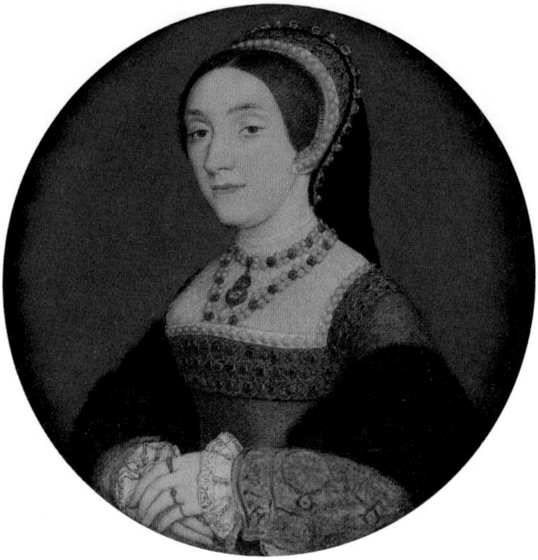

한스 홀바인, 〈캐서린 하워드〉(추정),
1540년경, 지름 6.3㎝, 독피지에 수채 등, 로열 컬렉션

⁑ '건장왕 해리'의 마지막 ⁑

헨리 8세는 지치지 않고 1년 후 또 결혼했다. 여섯 번째 왕비는 당시 왕실 가정 교사로 일한 서른한 살의 캐서린 파였다. 현재 남아 있는 파의 초상화를 보면 그녀 얼굴에서 굳은 결기가 느껴진다. 엄격한 표정에서 그녀 또한 호락호락하지 않은 성격을 가졌음을 엿볼 수 있다.

그간 헨리 8세와 그의 주변 인물들을 그려온 홀바인이 파의 초상화를 그리지는 못했다. 헨리 8세의 무지막지한 여정을 곁에서 지켜봤던 홀바인은 그의 여섯 번째 결혼이 있던 1543년, 마흔여섯 살로 사망했다. 흑사병 탓이었다. 그간의 초상화와 파의 초상화 사이 필치에 차이가 있

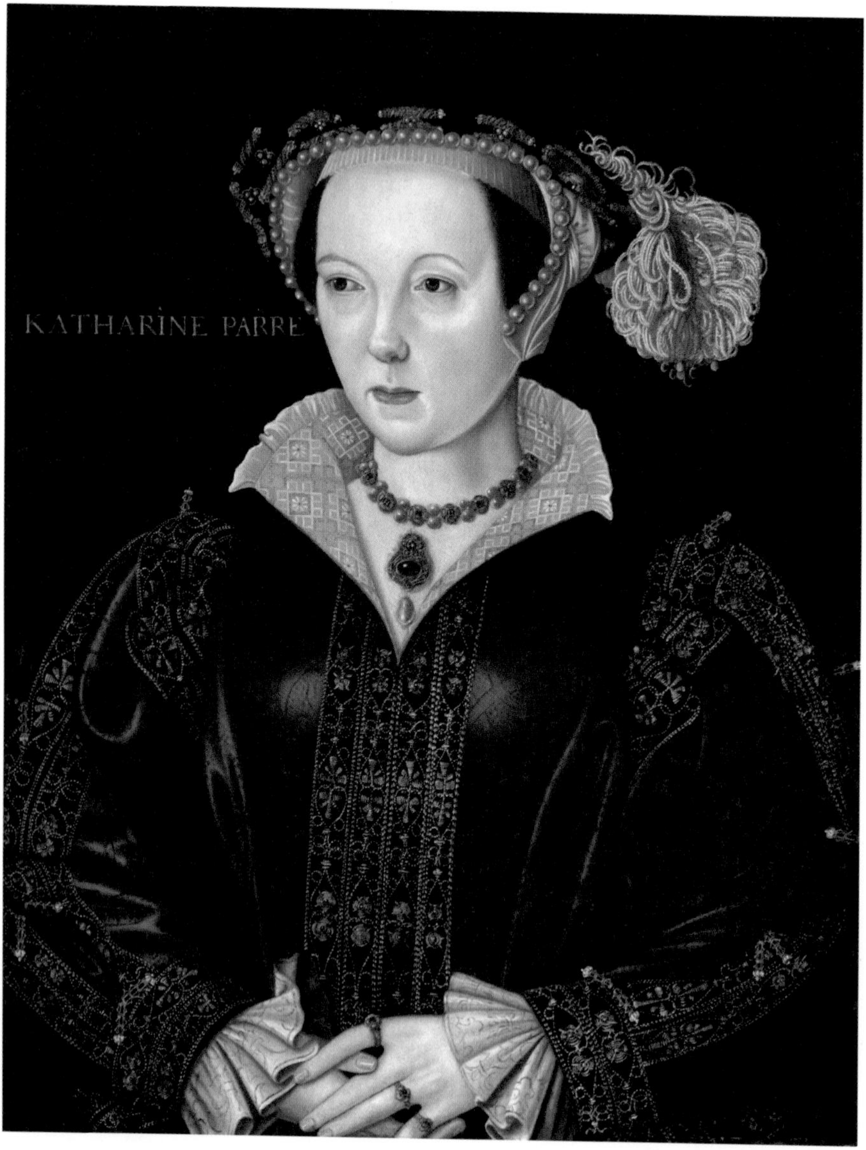

작자 미상, 〈캐서린 파〉,
1545년경, 패널에 유채, 63.5×50.8㎝, 런던 국립 초상화 박물관

는 건 이 때문이다.

말년의 헨리 8세는 육중한 몸 탓에 거의 누워 있었다. 몸은 곪은 종기로 뒤덮였다. 한때 '건장한 왕 해리Burly king Harry'라고 불린 그는 이제 볼품없는 뚱뚱한 늙은이에 불과했다. 헨리 8세는 1547년 1월 에드워드에게 양위한 후 화이트홀 궁전에서 눈을 감았다. 그때 그의 나이 쉰여섯 살이었다. 그토록 바란 또 다른 아들은 보지 못한 채였다. 에드워드는 헨리 8세에 이어 에드워드 6세가 돼 왕좌에 앉았다. 그런 그는 재위한 지 고작 5년 만에 병으로 죽었다.

헨리 8세의 집착은 그를 광기로 이끌었다. 발버둥을 칠수록 비참함만 더해졌다. 헨리 8세는 순리에 굴복할 수 있는 몇 번의 기회가 있었다. 그가 늦게나마 욕심을 접었다면, 삶의 무상함에 고개를 숙였다면 어땠을까.

최악의 약탈자로부터 되찾은 황금빛 유산

구스타프 클림트, 〈아델레 블로흐-바우어의 초상 I〉

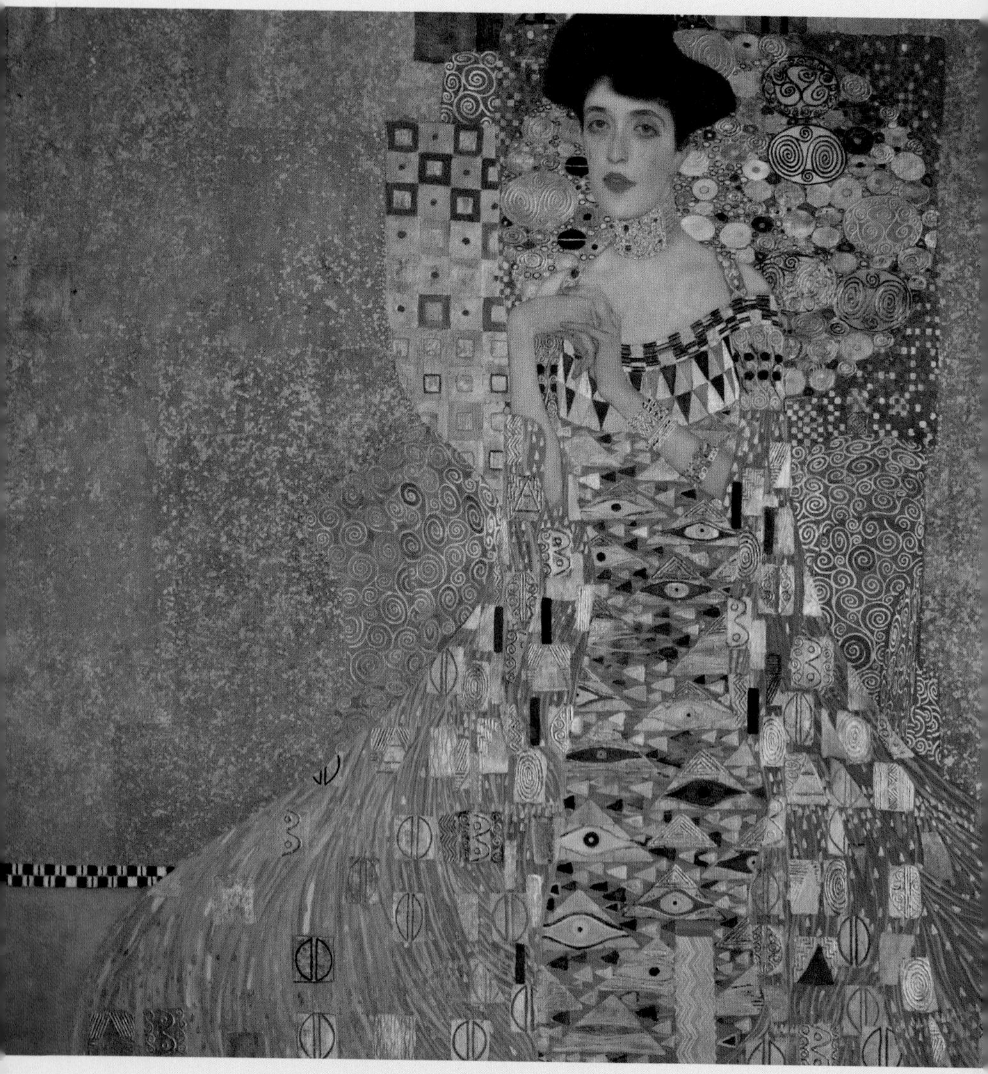

1907년, 캔버스에 금과 은, 유채, 140×140㎝, 노이에 갤러리

⁑ 8년 동안 이어진 싸움 ⁑

8년, 나치가 납치한 숙모를 데려오기 위해 마리아 알트만이 쏟은 세월이었다. 그녀가 품에 안은 숙모는 아델레 블로흐-바우어다. 더 구체적으로는, 구스타프 클림트의 그림 〈아델레 블로흐-바우어의 초상 I〉이었다. 알트만과 오스트리아는 이 초상화의 소유권을 놓고 기나긴 싸움을 이어왔다.

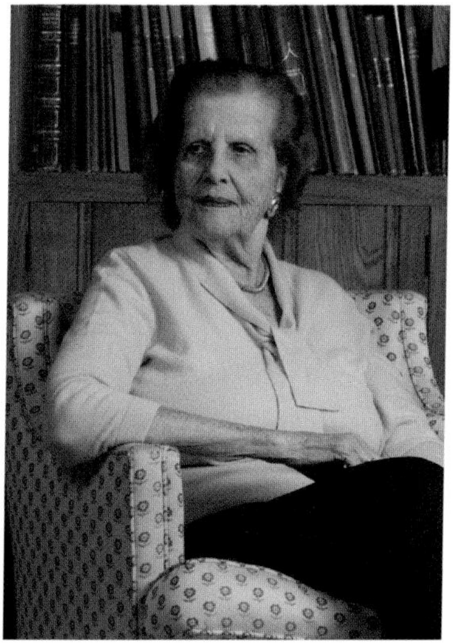

마리아 알트만
촬영 Gregorcollins, 출처 wikimedia

그림은 분명 황홀할 만큼 아름다웠다. 금박과 색색의 유리를 쏟아부은 작품은 눈을 뗄 수 없을 정도로 화려했다. 몽롱한 눈과 상기된 뺨, 가는 손목과 가는 손가락, 가녀린 어깨와

움푹 파인 쇄골의 아델레에게는 성녀와 요녀의 모습이 번갈아 보였다. 형형색색 드레스는 그녀의 우아함과 농염함을 더했다. 이 그림은 틀림없이 세기의 대작이었다. 오스트리아가 꽉 붙잡고 놓지 않은 궁극적인 이유가 여기에 있었다.

참 외로운, 끝없이 지난한 여정이었다. 알트만은 숙모의 초상화를 되찾기가 이렇게나 힘들 줄은 상상도 못 했다. 그녀도 원래 소송까지 갈 생각은 없었다. 조국 오스트리아는 나치에 불법으로 넘겨받은 게 분명하면서도 시치미를 뚝 뗐다.

알트만은 어떻게 그런 국가를 상대로 한 소송에서 이겨 숙모의 초상화를 데려올 수 있었을까. 이보다 앞서, 이 그림에는 무슨 사연이 있기에 이토록 밀도 높은 작품성을 갖고 있을까. 궁금증을 풀기 위해서는 시간을 앞당겨 알트만의 숙모 아델레의 이야기부터 시작해야 한다.

⁑ 찬란한 초상화에 담긴 애틋한 마음 ⁑

금박 속 여인, 아델레는 1881년 오스트리아에 터를 잡은 부유한 유대계 금융업자의 딸로 태어났다. 부모를 따라 요조숙녀로 본분을 다해야 한 아델레는 어릴 적부터 여러 교양을 쌓았다. 그녀는 어머니 손을 잡고 사교계에 데뷔했다. 어느덧 돈 많은 요부의 인상까지 갖추게 되어 혼자 살롱을 꾸릴 만큼 원숙해졌다. 훗날 오스트리아공화국 대통령에 오르는 카를 레너, 유명 작곡가 구스타프 말러 등이 그녀 살롱의 단골이었다고 한다.

그녀는 곧 자기보다 열여덟 살이나 많은 사업가와 결혼했다. 설탕 제조업으로 성공한 페르디난트 블로흐였다. 둘의 공통 관심사는 문화 예술이었다. 돈도 많고, 발도 넓은 둘은 자연스럽게 그 시절 빈에서 가장 유명한 화가와 가까워질 수 있었다. 그가 바로 클림트였다. 강렬한 금박과 화려한 색채로 세상 모든 것을 표현할 수 있는 예술가였다. 부부는 지금도 유명한 이 사내가 훗날에는 더 위대해질 것임을 확신했다.

그간 여러 남자의 추파를 받아봤던 아델레는 클림트 또한 자신에게 남다른 감정을 품고 있다는 걸 알고 있었다. 아델레 역시 싫지만은 않았다. 그녀에게 휘파람을 불던 신사들과 달리 클림트는 말도 어눌하고 글은 더 조악했음에도, 아델레는 클림트의 소년 같은 진솔함이 좋았다. 이미 남편이 있었지만, 어쩔 수 없었다.

"클림트에게 당신의 초상화를 부탁할까 하오."

1899년의 어느 날, 페르디난트가 아델레에게 말했다.

서른일곱의 클림트, 열여덟의 아델레는 그렇게 작업실에서 단둘이 마주할 수 있었다.

1900년부터 1907년. 클림트는 〈아델레 블로흐-바우어의 초상 I〉을 구상하고 완성하는 데 무려 7년의 세월을 썼다. 쉬엄쉬엄 그리지 않았다. 외려 선 하나, 칠 한 번도 허투루 하지 않았다. 본격적으로 그리기 시작한 1903년을 전후로 그가 내놓은 예비 스케치만 100점이 넘었다. 그렇기에 이만큼의 세월이 걸렸다.

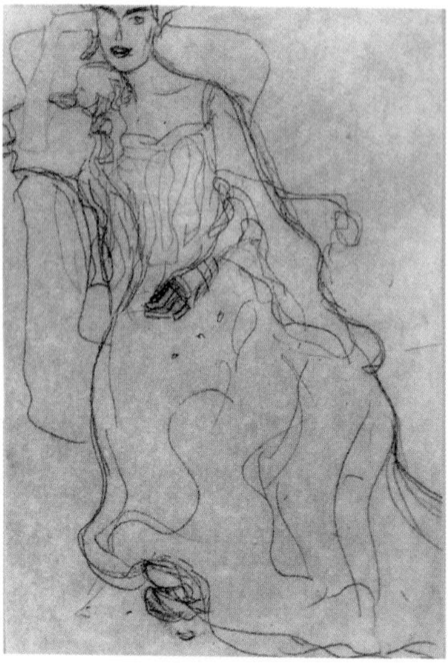
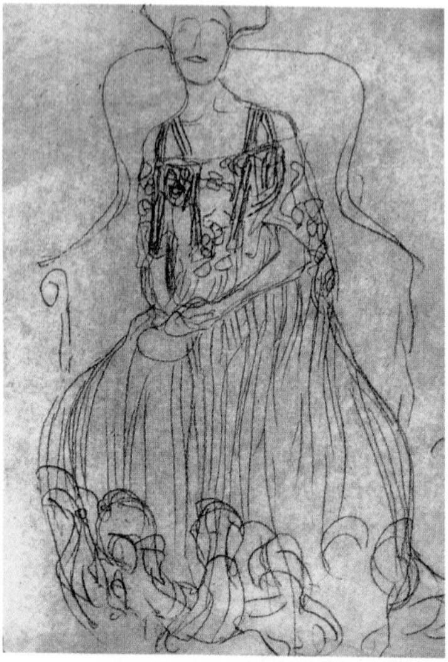
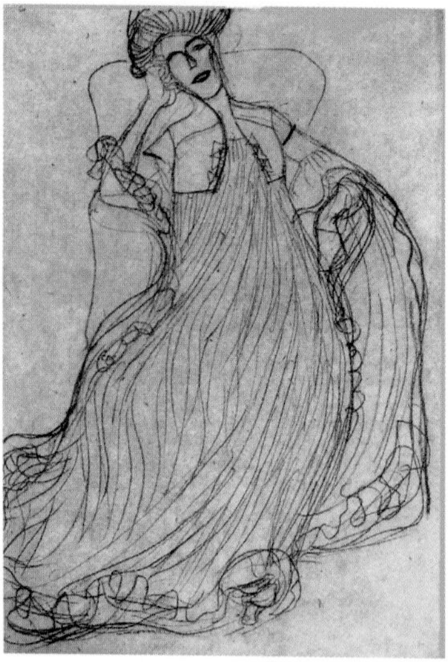
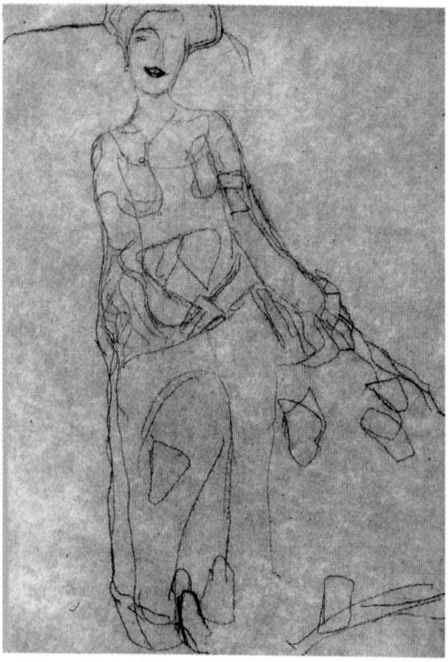

구스타프 클림트, 〈아델레 블로흐-바우어의 초상 I에 대한 연구〉, 1903년, 45.3×31.7㎝, 종이에 검은 분필, 소장처 미상

구스타프 클림트, 〈아델레 블로흐-바우어의 초상 I에 대한 연구 2〉, 1903년, 45×32㎝, 종이에 검은 분필, 소장처 미상

구스타프 클림트, 〈아델레 블로흐-바우어의 초상 I에 대한 연구 3〉, 1903년, 45×32㎝, 종이에 검은 분필, 소장처 미상

구스타프 클림트, 〈아델레 블로흐-바우어의 초상 I에 대한 연구 4〉, 1903년, 45.3×31.2㎝, 종이에 검은 분필, 소장처 미상

오스트리아 최고의 화가였던 클림트는 1년에도 그럴듯한 그림을 수십 점씩 그릴 수 있었다. 그런 그가 왜 이 작품에는 각별한 정성을 쏟았을까. 화가가 모델과 사랑에 빠졌고, 모델 또한 화가를 사랑하게 된 탓일 터였다.

애초 서로에게 호감이 있던 둘이었다. 오직 서로가 서로만 봐야 하는 공간에서 그 이상의 감정을 품게 되는 건 시간문제였다. 증거도 있다. 클림트의 1901년 작 〈유디트 I〉이다. 클림트는 그녀의 초상화를 그리며 동시에 아델레를 모델로 〈유디트 I〉도 작업했다.

구약성서 속 등장하는 유대인 과부 유디트는 아시리아군에 포위된 마을을 구하고자 적장 홀로페르네스를 유혹해 암살하는 여인이다. 과거 대부분의 화가는 그런 유디트를 고귀하고 충성스러운 여성으로 그렸다. 고혹적인 눈과 풀어헤친 앞섶, 투명한 옷 등 유디트를 이렇게까지 팜 파탈로 묘사하는 일은 없었다. 클림트가 모델로 선 아델레에게 성적 매력을 느낀 게 아니라면 설명할 길이 없다. 아델레 또한 클림트에 대한 사랑이 있었기에 이런 파격적인 포즈를 취했을 것이다.

클림트와 아델레가 보통 관계가 아니었다는 건 〈아델레 블로흐-바우어의 초상 I〉 안에서도 엿볼 수 있다. 아델레는 어릴 적 사고로 생긴 오른쪽 가운뎃손가락 장애를 콤플렉스로 여겼다. 클림트는 아델레의 왼손으로 오른손을 감싸며 그 부분을 덮어줬다. 따뜻한 배려였다.

클림트가 아델레의 드레스에 가득 칠한 '호루스의 눈' 문양도 눈여겨볼 만하다. 이집트 신인 호루스의 눈 표식은 행운과 보호를 상징한다.

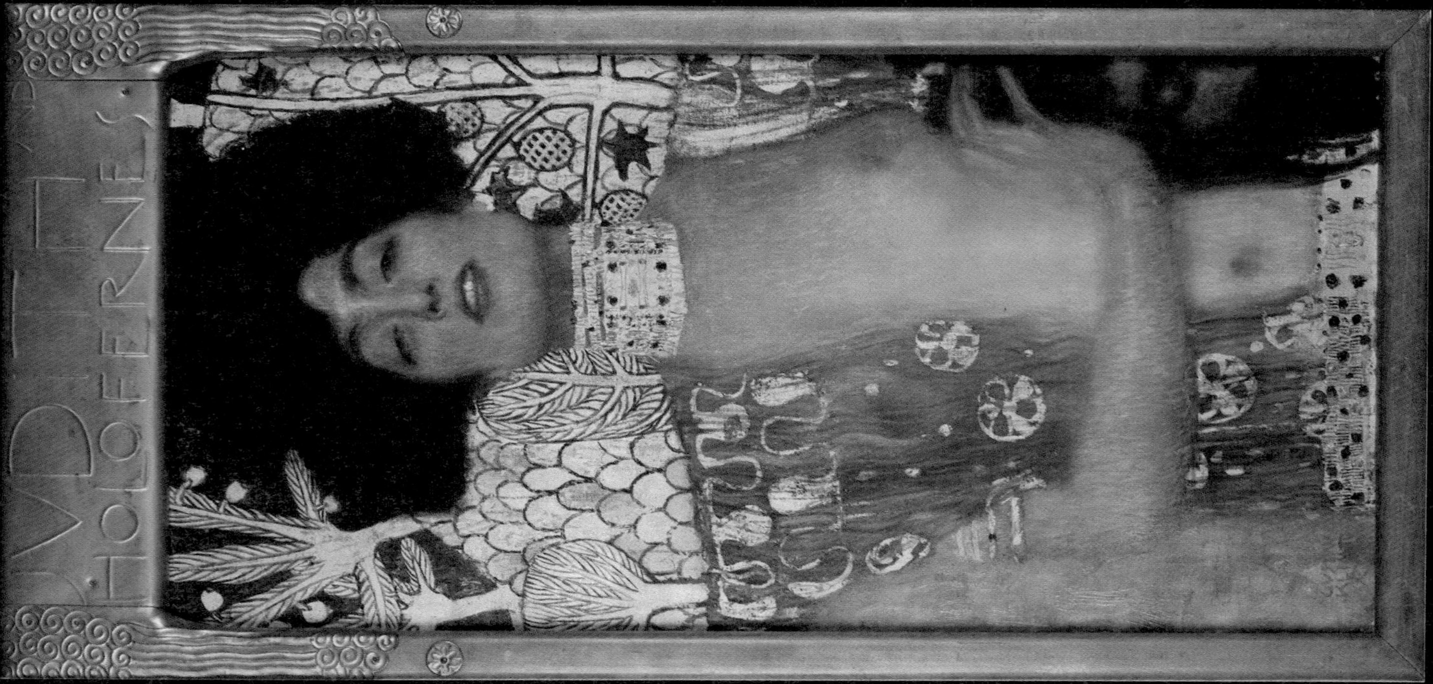

구스타프 클림트, 〈유디트 I〉,
1901년, 캔버스에 금과 유채, 84×42㎝, 벨베데레 미술관

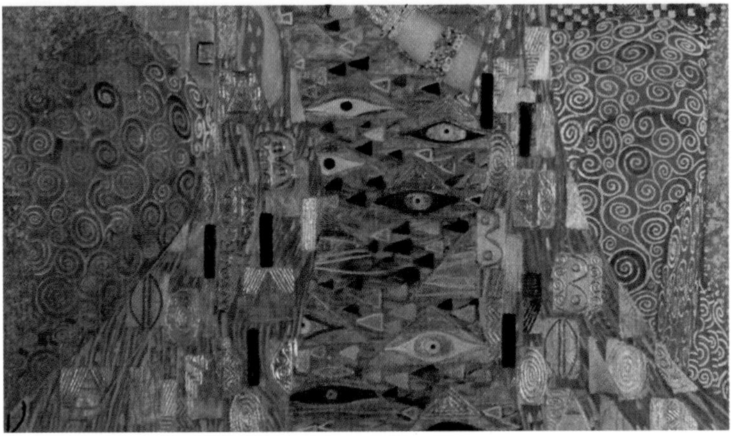

〈아델레 블로흐-바우어의 초상 I〉에서 호루스의 눈 부분

아델레에 대한 농밀한 감정이 없었다면 굳이 수고스럽게 이 눈을 화폭에 잔뜩 채울 필요가 없을 터였다.

클림트와 아델레의 관계는 10년 넘게 지속됐다. 쉽게 질려하는 클림트도 당돌한 아델레를 두고는 매번 새로운 영감을 얻었다. 남편 페르디난트가 아내 아델레를 자유롭게 풀어준 점 또한 만남이 이어지는 데 영향을 줬다. 클림트는 1918년 쉰여섯 살로 먼저 죽었다. 뒤이어 아델레는 1925년 마흔네 살 나이로 눈을 감았다. 그녀는 〈아델레 블로흐-바우어의 초상 I〉과 함께 풍경화 등 클림트의 그림을 다섯 점가량 갖고 있었다.

"저는 제 남편 페르디난트를 제 모든 재산의 포괄적 수증자受贈者로 정합니다. 남편이 죽으면, 클림트가 그린 내 초상화는 빈에 있는 국립 미술관에 기증해주기를 부탁합니다."

아델레의 유언이었다.

⁑ 역사의 소용돌이 속 요동치는 명작의 운명 ⁑

페르디난트는 아델레에 대해 아무런 구속도 하지 않았지만, 그렇다고 그가 그녀를 사랑하지 않는 건 아니었다. 페르디난트는 온기 없는 아델레의 방을 한참 동안 그대로 둘 만큼 아내를 그리워했다. 방에 걸린 아델레의 초상화도 손대지 않고, 생각날 때마다 찾아와 멍하니 쳐다봤다고 한다.

그러니까, 이렇게만 조용히 시간이 흘렀으면 그녀의 요청이 자연스럽게 지켜졌을지도 모른다. 하지만 어디까지나 가정일 뿐이다. 결과적으로는 모두 강제로 빼앗기고 말았다. 20세기 최악의 예술품 약탈 집단, 나치의 손아귀에 잡히고 만 것이었다.

2차 세계대전이 터지기 1년 전인 1938년, 나치 독일은 오스트리아와 합병 절차를 밟았다. 유대인을 증오한 나치는 곧장 오스트리아 내 인종 청소에 나섰다. 돈 많은 유대인이었던 페르디난트와 그의 가문은 당연히 핵심 표적이었다.

거듭되는 압박에 페르디난트는 결국 클림트의 그림 등 가진 대부분을 놔둔 채 스위스로 피신했다. 나치는 그런 페르디난트에게 세금 횡령 혐의를 씌웠다. 이를 명분 삼아 그가 남긴 자산을 집어삼켰다.

페르디난트의 물품을 챙기러 온 나치 일당들의 입이 떡 벌어졌다. 그의 저택과 창고에서 나온 잘 닦인 클림트의 그림은 이들 눈에도 놀라웠다. 당시 전체주의 기조의 나치는 개성 강한 예술에 '퇴폐'라는 꼬리표를 달고 조롱했다. 거기서 멈추지 않았다. 마구 찢고, 밟고, 불태웠다. 클림트의 뜻을 따른 에곤 실레, 오스카어 코코슈카의 작품이 대표적인 희생양이었다.

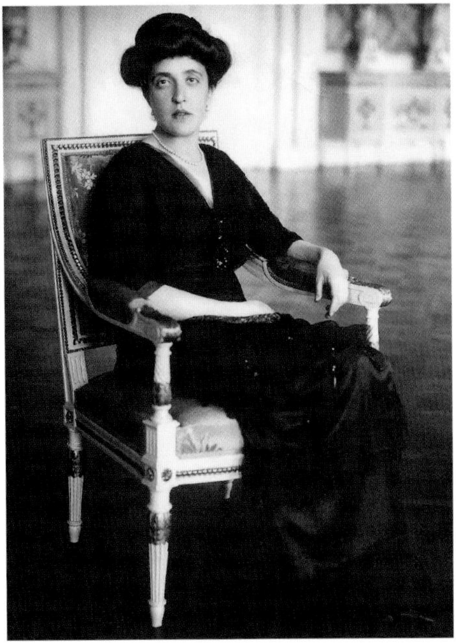

아델레 블로흐-바우어

그런 나치도 페르디난트가 갖고 있던 클림트의 그림은 살려줬다. 이에 대해선 나치의 수뇌부가 이 작품들을 각별히 여겼다는 설이 있다. 다만, 그림을 그대로 두지는 않았다. 나치는 〈아델레 블로흐-바우어의 초상 I〉의 제목을 바꿨다. 유대인 여인의 이름이 쓰였다는 이유였다. 〈우먼 인 골드〉. 이런 담담한 제목을 붙인 뒤 만족해했다.

무자비한 나치 독일의 시대가 영원할 리 없었다. 1945년 4월, 궁지에 몰린 나치의 수장 아돌프 히틀러가 극단적 선택을 했다. 그렇게 나치는 패망했다. 2차 대전도 사실상 막을 내렸다. 이쯤 페르디난트는 나치의 약탈품을 되찾기 위해 사방팔방 쏘다녔다.

특히, 그리운 옛 부인의 모습이 담긴 〈아델레 블로흐-바우어의 초상 I〉 등 빼앗긴 클림트의 그림을 돌려받기 위해 변호사도 선임했다. 그러나 나치는 페르디난트가 그토록 돌려받고 싶어 한 그림을 제자리에

두지 않았다. 나치는 클림트의 작품을 오스트리아 정부에 줬다. 오스트리아 정부는 이를 벨베데레 국립 미술관에 걸어버렸다.

페르디난트는 결국 아내의 초상화를 다시 보지 못한 채 같은 해 11월에 생을 마감했다.

"내 모든 자산은 조카들에게 남긴다."

그의 유언이었다.

이제 공은 후세로 넘어갔다. 하지만 페르디난트와 클림트의 그림 사이 어떤 사연이 있는지 구구절절 아는 이는 없었다. 그렇게 모든 일이 차츰 묻히는 듯했다.

반세기의 세월이 흘렀다. 아델레의 조카였던 마리아 알트만이 여기서부터 새로운 주연으로 등장한다. 알트만은 2차 대전이 한창이던 당시 오스트리아에서 미국으로 망명했다. 이후 패션 사업을 일궈 크게 성공했다. 알트만은 여든두 살이 된 1998년의 어느 날, 한 뉴스를 접했다. 오스트리아 정부가 나치에 몰수된 예술품을 원래 주인에게 돌려주는 법(문화재 환수법)을 통과시켰다는 내용이었다.

그러고 보니……. 이 소식을 읽고 있는 알트만에게 흐릿한 옛 기억이 스쳐 갔다. 나치의 총성이 일기 전 평화로웠던 때 빈에서 가득 쌓은 추억들이었다. 그 시절 알트만은 자녀 없이 살았던 페르디난트와 아델레의 사랑을 듬뿍 받았다. 특히 숙모 아델레는 알트만을 친딸처럼 예뻐하며 보듬었다. 알트만은 그런 숙모의 초상화가 그간 무슨 수모를 겪었고, 당장은 어떤 처지에 놓여 있는지 어렴풋이 알고 있었다. 페르디난트가 유언장에 쓴 아델레의 조카 중 몸소 행동에 나설 만큼 재력과 여유가 있는 이는 자기뿐이라는 점도 인지하고 있었다.

⁑ 이렇게까지 소송이 길어질 줄은 ⁑

알트만은 오스트리아의 이번 법 제정을 신호로 봤다. 사실 알트만은 〈아델레 블로흐-바우어의 초상 I〉 등 빼앗긴 클림트의 그림을 완전히 돌려받을 생각을 한 건 아니었다. 알트만은 오스트리아 정부가 이 작품들을 한 가족에게서 불법 취득했다는 걸 인정하길 바랐다. 사과와 나름의 사례만 한다면 그것으로 충분했다.

하지만 오스트리아 정부는 알트만의 말을 무시했다. 정부는 "남편이 죽으면 내 초상화는 국립 미술관에 기증해달라"는 아델레의 유언을 앞세워 소유의 정당성을 주장했다.

하지만 아델레가 죽은 후 그림의 실소유자가 된 페르디난트는 모든 유산을 조카들에게 남긴다고 분명히 밝혔다. 이를 오스트리아 정부 측에도 명백히 통보한 터였다. 백번 양보해 아델레의 유언에 더 중점을 둔다 해도 이 내용은 애초 지켜지지 못했다. 때가 돼 실소유자가 직접 기증하는 것, 약탈당한 뒤 실소유자 뜻과는 상관없이 갑자기 기증되는 것은 전혀 다른 얘기였다.

망명한 미국에서 계속 살아온 알트만은 2000년, 결국 미국 캘리포니아 법원을 찾았다. 오스트리아 정부를 상대로 빈 벨베데레 미술관에 있는 클림트의 그림 반환을 요청하는 소송을 걸었다. 오스트리아 정부는 미국 법원이 이 소송에 나설 수 없다는 취지의 진정서를 즉각 제출했다. 분쟁이 이어졌다.

여러 요건을 따진 미국 연방 대법원은 4년이 흐른 2004년, 이 소송을 미국에서 진행할 수 있다고 판결했다. 그사이 여러 매체가 알트만과 오스트리아 정부 사이 다툼을 조명했다. 여론은 알트만 뒤에 섰다. 오스트리아 정부는 억지를 부린다는 식의 국제적 비난에 직면했다.

결국 미국 연방 대법원은 2006년 1월 17일, 〈아델레 블로흐-바우어의 초상 I〉 등 클림트 그림 다섯 점에 대한 소유권이 알트만에게 있다고 판결했다. 오스트리아 정부를 향해 이 작품들을 즉각 반환할 것을 명령했다.

그렇게 분쟁 8년 만에, 나치에 강탈되고 68년 만에 그림은 진짜 주인에게 돌아갈 수 있었다.

⁑ 조카의 한을 풀어준 숙모 ⁑

알트만은 세기의 재판을 승리로 이끌었다. 그런 그녀는, 얼마 뒤 다시 세상을 떠들썩하게 만들었다. 오스트리아 정부로부터 〈아델레 블로흐-바우어의 초상 I〉을 넘겨받은 이후, 이 그림을 얼마간은 로스앤젤레스 카운티 미술관에서 전시되도록 했다. 그리고 얼마 후 이 그림을 팔았다.

힘겹게 받아낸 작품을 다시 판매한 데 대해 또 이목이 쏠렸다. 사들인 이는 클림트 마니아로 알려진 미국 화장품 회사 에스티로더 창업자

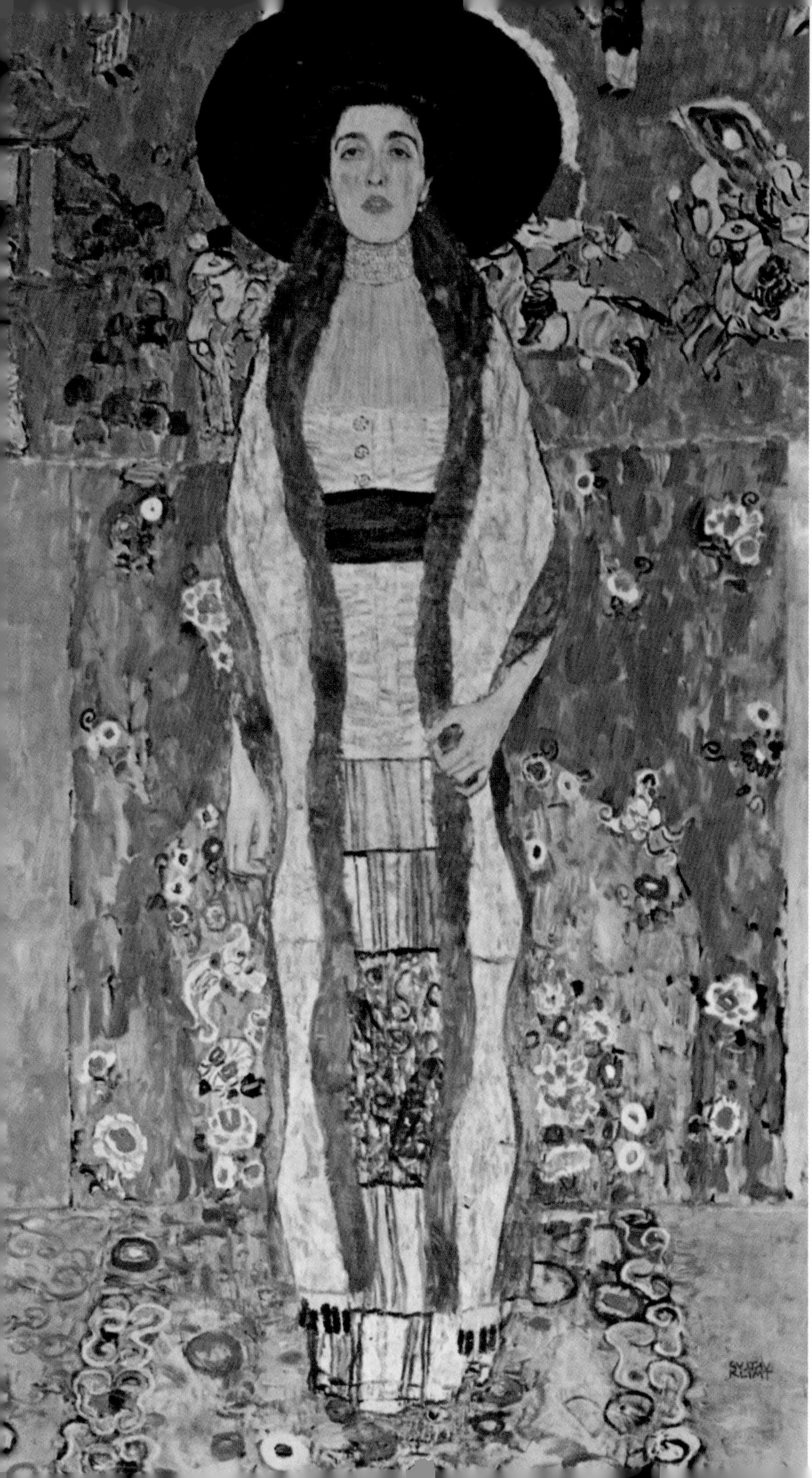

구스타프 클림트, 〈아델레 블로흐-바우어의 초상 II〉,
1912년, 캔버스에 유채, 190×120㎝, 개인 소장

의 아들 로널드 로더였다. 판매가는 1억 3500만 달러(당시 약 1,500억 원)였다. 당시 미술품 거래 사상 최고가였다.

알트만은 힘들게 품에 안은 숙모를 왜 다시 팔았을까. 이미 늙었던 알트만은 지난한 재판을 겪으며 더 연로해졌다. 그녀는 자기가 앞으로 얼마 살 수 없다는 걸 직감하고 있었다. 알트만은 그 전에 꼭 하고 싶은 일이 있었다. 하나는 로스앤젤레스 홀로코스트 박물관을 후원하는 일, 또 하나는 마리아 알트만 가족 재단을 설립해 공공·자선기관을 지원하는 일이었다.

알트만은 그림을 팔고 받은 돈 일부로 기금을 마련했다. 그렇게 그녀는 끝내 한을 풀고 2011년 자택에서 숨졌다. 향년 아흔다섯 살이었다. 알트만은 〈아델레 블로흐-바우어의 초상화 I〉을 로더에게 넘기기 전 "그림을 반드시 대중에게 공개하라"는 조건을 걸었다고 한다. 이 그림은 로더가 공동투자했던 뉴욕 노이에 갤러리에서 볼 수 있다.

300년 만에 복원한 명작 속 놀라운 진실

렘브란트 판레인, 〈야경〉

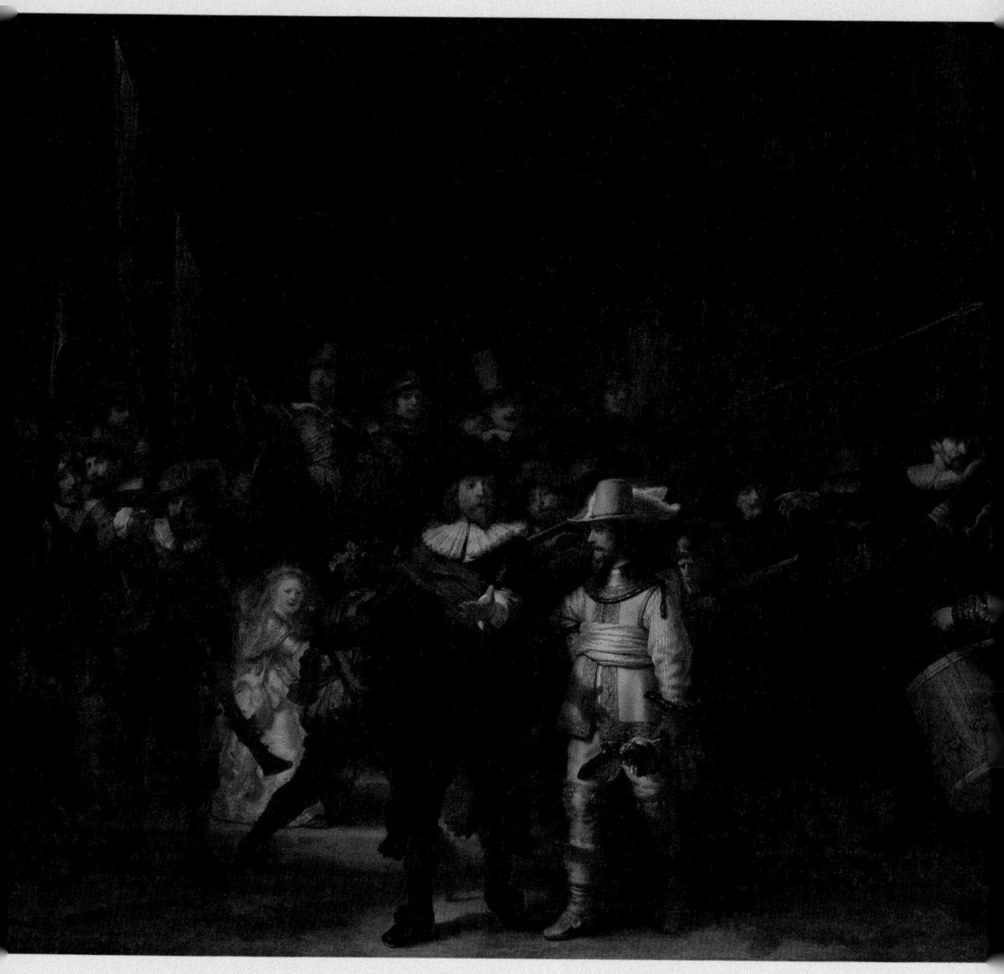

1642년, 캔버스에 유채, 363×437㎝, 암스테르담 국립 미술관

⁑ 걸작의 굴욕 ⁑

민병대장 프란스 반닝 코크 대위는 아무 대가 없이 도시를 지키고 있다는 데 자부심이 컸다. 그와 함께하는 민병대원들 또한 같은 마음이었다. 이들은 매주 일요일이 되면 무장한 채 네덜란드 암스테르담을 행진했다. 마을 곳곳을 돌며 위세를 떨쳤다. 그럴 때면 코크는 깔끔한 검은색 모자와 옷, 흰색 벨벳으로 멋을 냈다. 코크 옆에는 그의 심복 빌럼 판 루이텐부르크 중위가 함께했다.

보직에 맞춰 칼과 창, 총을 든 민병대원들도 저마다 방식으로 위용을 과시했다. 누군가는 빡빡 광을 낸 투구를 썼고, 또 누군가는 번쩍이는 갑옷까지 챙겨 왔다. 자기 몸통만 한 북을 메고 와 틈만 나면 둥둥 두드리는 이도 있었다. 주민에게 이런 민병대원의 순찰은 흥미로운 구경거리였다. 성인들은 물론 어린애부터 동네 강아지까지 우르르 몰려들어, 어느새 서로 뒤엉켜선 시장통처럼 될 때도 많았다.

"대위와 중위는 맨 앞에 그렸고……. 어디 보자. 빨간 옷을 즐겨 입는

얀 씨도 넣었고, 길쭉한 모자를 좋아하는 바렌트 씨까지 담았으니……. 이제 명단에 들어간 사람은 다 표현했군."

렘브란트 판레인은 길게 늘어진 종이를 보며 혼잣말을 했다.

"이들을 꼭 넣으시오. 당신에게 줄 그림 값을 '더치페이'로 낼 사람들이오."

코크가 당부하며 안긴 이 종이에는 그를 포함, 열여덟의 민병대원 이름이 빼곡히 적혀 있었다. 렘브란트가 다 그린 그림을 포장해 다음 날 코크에게 갖다 주면 거래는 끝이었다. 렘브란트는 그때만 해도 이 그림이 품은 기구한 운명을 알 수 없었다.

무엇보다도 〈야경夜警〉이라니, 후세 사람들이 그림과는 아예 상관도 없는 이름을 붙이곤 2세기 반가량을 그렇게 부를 줄은 꿈에도 몰랐다. 혼을 실은 이 작품이 등장부터 욕먹고, 잘리고, 말려지고, 난도질당하고, 심지어 염산까지 뿌려지게 될 줄도 당연히 상상하지 못했다. 당시 유럽 최고로 잘 나가는 화가의 이 걸작이 왜 굴욕을 겪어야 했을까. 사실, 알고 보면 렘브란트가 자초한 게 대부분이었다.

⁑ 기회의 땅에 꽃피운 예술 ⁑

17세기 네덜란드는 그간 없던 황금기를 누리고 있었다. 본래 스페인 국왕 펠리페 2세에게 종속돼 있던 네덜란드는 끈질긴 독립전쟁 끝에 자유를 쥐었다. 유럽 각지에 흩어져 산 유대인들이 그런 네덜란드를 기회의 땅으로 보고 이주했다. 독립 국가의 의욕, 유대인의 수완이 맞물린 네덜란드는 단숨에 금융업, 무역업의 중심 국가로 자리매김했다. 정치, 경제, 종교 등 모든 면에서 최전성기였다. 먹고살 만해진 네덜란드 국민들이 관심을 둔 게 예술이었다.

"……제빵사와 푸줏간 주인들도 상점을 예쁘게 하려고 애쓴다. 이 나라의 모든 국민은 그림을 갖고자 하는 욕망이 있다."

1641년 네덜란드를 찾은 한 영국인의 기록이었다. 그래서 초상화도 크게 유행했다. 특히 회비를 넉넉하게 걷을 수 있는 소모임, 동호회 등은 경쟁적으로 대형 크기의 단체 초상화를 주문했다. 민병대원 열일곱 명을 거느린 코크도 이 분위기에 올라탔다. 자신들의 봉사를 렘브란트에게 맡겨 그림으로 기록하자고, 비용은 똑같이 나누어내자고 대원들에게 제안했다.

"그 유명한 사람한테 의뢰를 할 수 있다고요?"

모두가 놀랐다. 그 이름을 듣고 토를 다는 이는 한 명도 없었다. 그 시절 렘브란트는 그런 존재였다. 정치, 경제와 함께 예술 또한 황금기를 맞은, 재능 있는 예술가가 한 집 건너 살고 있던 당시 네덜란드 암스테르담에서도 이견 없이 '회화의 왕'으로 칭해지던 화가였다.

⁑ 원래는 낮이 배경이었다? ⁑

"……이게 그 말로만 듣던 렘브란트의 그림이 맞나?"

전령에게 완성작을 건네받은 코크의 표정이 일그러졌다. 코크와 그의 대원들은 오와 열이 맞는 깔끔한 그림을 원했다. 위엄 있는 군사 조직인 만큼, 더욱 보수적인 분위기를 풍기길 원했다. 이런 자유분방한 서커스단 같은 구성을 생각한 게 아니었다. 그런가 하면, 대원들은 모두가 최소한 비슷한 비중으로 그려지길 원했을 터였다. 다들 같은 돈을 냈으니 당연한 바람이었다.

하지만 그림은 그렇지 않았다. 눈코입만 다 나와도 감지덕지했다. 누군가는 두 눈만 겨우 나왔다. 누군가는 아예 코만 두드러진 채 등장했다.

의아한 점은 또 있었다. 민병대는 코크를 포함해 열여덟 명이었다. 그림에는 서른네 명이 모습을 보였다. 나머지 사람들은 이 세상에 없는 상상의 존재였다. 심지어 그런 가상의 인물에 가려진 민병대원도 있었다.

뜬금없이 등장하는 예닐곱 살 정도의 흰옷 소녀는 또 누구인가. 렘브란트가 자기 아내 사스키아를 그렸다는 말이 곧 퍼졌다. 렘브란트가 이 그림을 그리는 중 사스키아가 죽었는데, 화가 멋대로 이 안에 그녀를 넣어 애도를 표했다는 소문이었다. 사실이라면 기본적인 공과 사도 지키지 않은 셈이었다. 실제로 렘브란트가 자신과 사스키아를 그린 〈선술집의 방탕아〉를 보면 그녀와 그림 속 소녀가 닮아 보이기도 한다.

"저는 어디에 그려졌어요? 몸통은커녕 얼굴도 다 나오질 않는데요!"

곳곳에서 불만도 이어졌다. 이따위에 돈을 낼 수 없으니 그림을 받으면 안 된다는 목소리도 컸다. 렘브란트는 이들의 비난을 못 들은 척했다. 이 그림은 회화의 정점을 찍은 자기만이 선보일 수 있는 새로운 실험

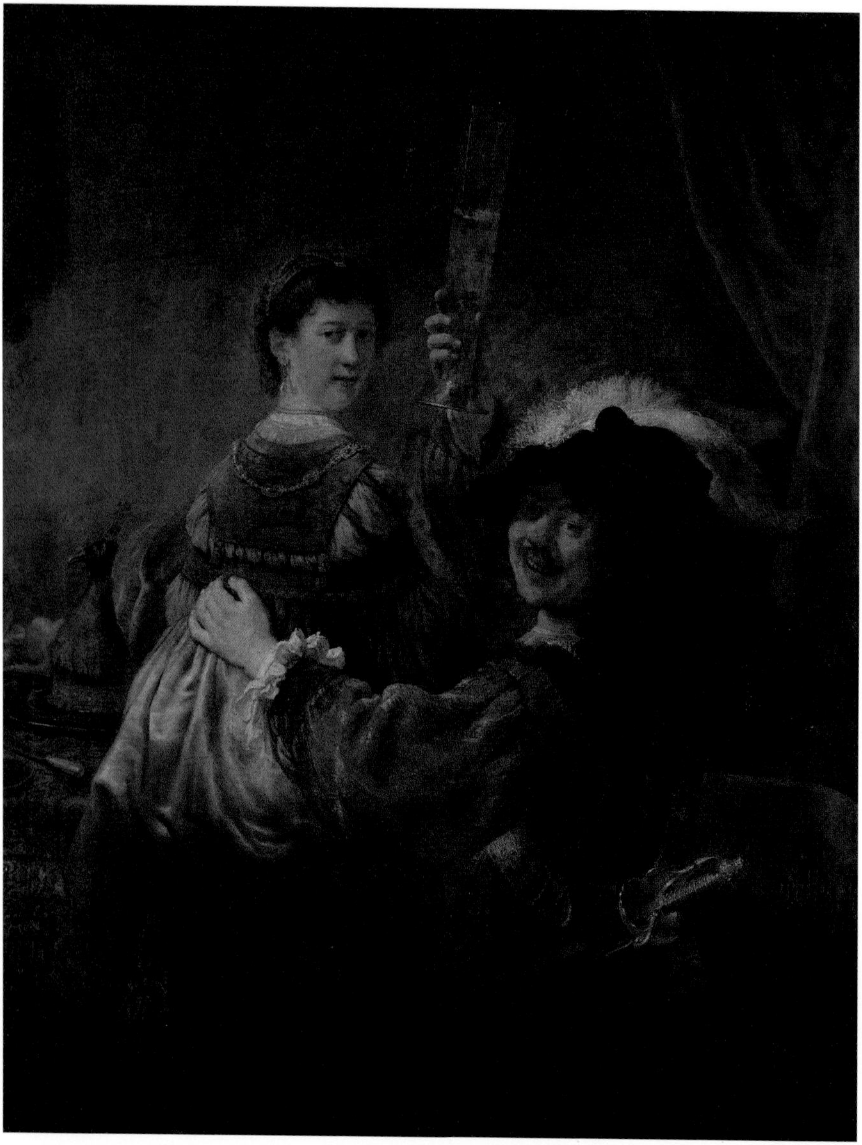

렘브란트 판레인, 〈선술집의 방탕아〉,
1635년, 캔버스에 유채, 161×131㎝, 드레스덴 국립 미술관

작이라고 생각했다. 그에게 민병대원들의 항의는 뭘 모르는 이들의 투정과 다를 바 없었다. 외려 이들이 자기한테 고마워해야 한다는 게 그의 생각이었다.

"원래 그림이란 화가가 끝났다고 말한 순간 끝난 거예요."

수정 요청을 받은 렘브란트의 응수는 오만하기까지 했다.

그런데 이때만 해도 이 그림은 환했다. 그러니까, 그림 속 배경은 원래 낮이었다. 해가 중천에 뜬 시간에 출동하는 민병대를 그린 것이었다. 초기에 붙은 제목 또한 〈프란스 반닝 코크 대위의 민병대〉였다.

감싸고 있던 마법이 풀리듯, 이 그림에는 서서히 어둠이 깔렸다. 알고 보면 다 이유가 있었다. 먼저 태생적 요인이 있었다. 렘브란트는 붓질을 끝낸 후 평소처럼 보호제(니스)로 마감 처리를 했다. 화폭에 현장감을 더하기 위해 은은한 흙색이 도는 보호제를 발랐다. 이게 시간이 흐를수록 변색해 짙어졌다.

훗날 렘브란트가 죽은 후 그림 소유자가 보호제를 덧칠했는데, 이 과정이 잘못돼 작품이 어두워졌다는 설도 있다. 환경적 요인도 한몫했다. 렘브란트는 이 그림에 흰색과 노란색 물감을 상당량 찍어 발랐다. 렘브란트가 즐겨 쓴 두 물감에는 특히나 납 성분이 많았다고 한다.

민병대는 그런 그림을 달리 방도가 없어 받긴 받았다. 렘브란트의 거만함을 생각하면 당연히 그의 그림 또한 고이 모실 생각은 없었다. 민병대는 그림을 부대에 걸었다. 이들은 이 앞에서 파이프 담배를 뻑뻑 피웠다. 엄청난 그을음을 내는 이탄泥炭 난로도 옆에 뒀다. 그림에 덕지덕지

묻어 있는 납이 견딜 줄 모르는 연기 속 황 성분을 만나 검은색을 띠는 황화납으로 변했다는 분석이다.

훗날 한 세기 후 사람들이 아무 배경지식 없이 〈프란스 반닝 코크 대위의 민병대〉를 접했을 때, 이 그림은 겹겹이 이어진 변색과 화학작용 등으로 까맣게 변한 후였다. 그렇기에 '한밤중 민병대가 순찰하는 모습'으로 오해해 〈야경〉이라는 제목을 붙인 것이었다.

이러한 〈야경〉의 실체는 1940년 이 그림의 보호제를 새로 칠하던 중 확인할 수 있었다. 그때까지 거의 2세기 반 동안 엉뚱한 이름으로 불리는 수모를 겪은 셈이었다.

❊ 기적적으로 살아남은 그림 ❊

사실, 〈야경〉이 한평생 겪은 고난을 짚어보면 제목이 잘못 불린 일은 그저 해프닝처럼 보이기도 한다. 어떻게 보면 〈야경〉은 지금껏 살아남은 게 용할 지경이다.

민병대 본부에 걸려 있던 〈야경〉은 곧 암스테르담 시청사로 집을 옮겼다. 문제는 크기였다. 세로 4.5*m*, 가로 5*m*가량의 거대한 그림을 걸 곳이 마땅치 않았다. 그나마 두 개의 문 사이 빈 벽을 찾았다. 이 또한 면적이 한 뼘 부족했다. 결국 담당자는 가장 쉬운 길을 찾았다. 그림을 싹둑 잘라 억지로 걸었다. 자른 원본은 쓰레기통에 구겨 넣었는지, 그대로 영영 모습을 감춰버렸다.

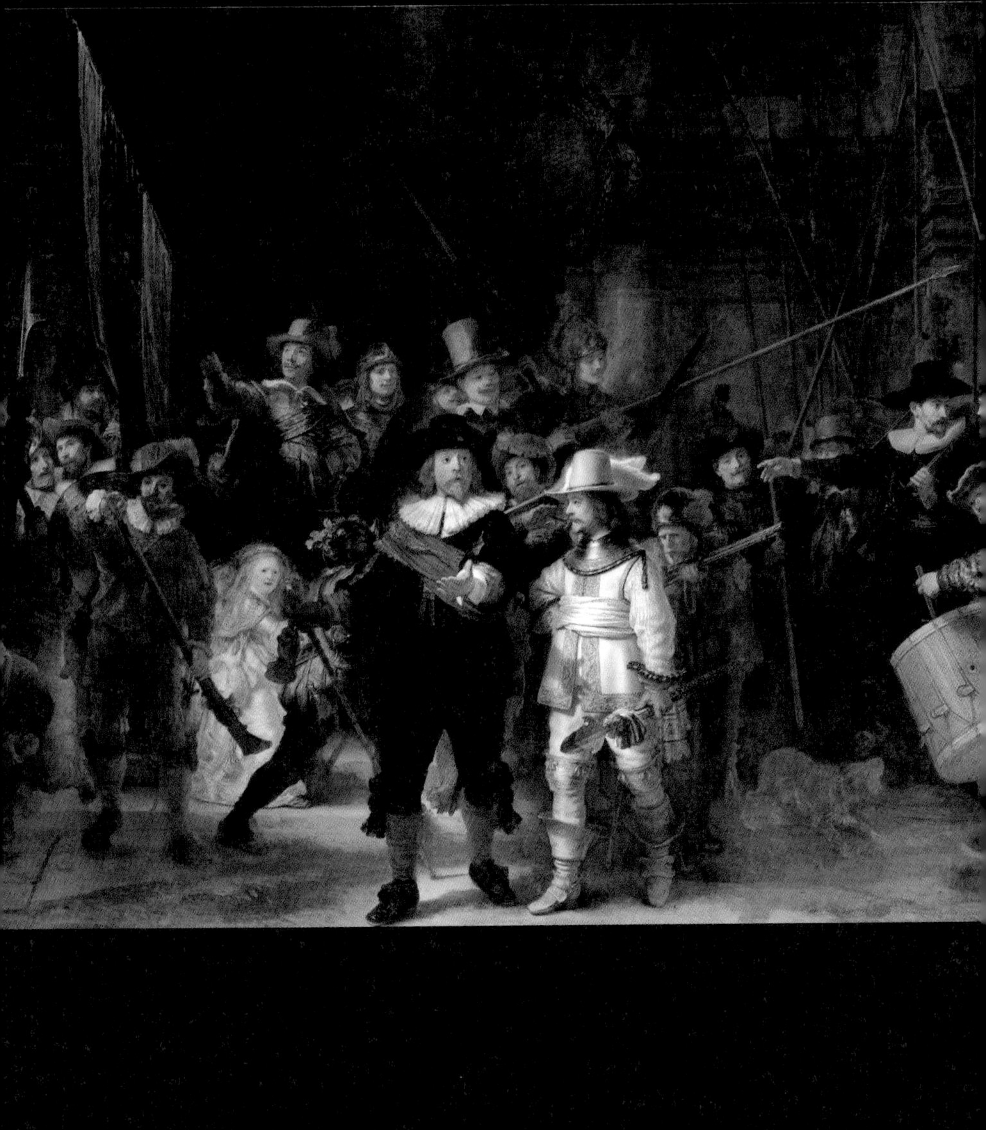

밝기를 복원한 〈야경〉

20세기 들어서도 〈야경〉은 수난의 연속이었다. 제2차 세계대전 당시 〈야경〉은 나치의 침공을 피해 돌돌 말린 채로 북해 연안 지하실에 처박혔다. 그곳까지 포화가 닿자 마스트리흐트 근처 방공호로 또 옮겨졌다. 이 과정에서 〈야경〉은 구겨졌다. 공기가 통하지 않으면서 색도 변했다.

전쟁 이후에는 암스테르담 국립 미술관에 걸렸다. 이제야 쉴 수 있을까 했지만, 역경은 아직도 있었다.

1975년, 한 남성이 그림 앞에 섰다. 자세히 보니 칼을 쥐고 있었다. 휙. 난데없이 그림 속 코크 대위를 향해 그었다. 또 한 번, 다시 한 번……. 그는 주변 사람들의 비명에도 아랑곳하지 않고 흉기를 계속 휘둘렀다. 서른 번가량 난도질했다. 〈야경〉은 처참하게 찢어졌다. 50㎝ 정도의 큰 상처가 생겼다.

퇴직 교사였던 이 남성은 작품 속 코크가 악마의 화신이라고 주장했다. 〈야경〉은 4년여에 걸친 대수술 끝에 다시 세상 빛을 볼 수 있었다. 사고는 15년 뒤 또 발생했다. 이번에는 정신이 온전치 않은 한 남성이 그림 속 사스키아로 추정되는 소녀에게 염산을 뿌렸다. 다행히 경비원이 응급조치를 해 큰 훼손은 막을 수 있었다. 지금의 〈야경〉은 그런 모든 역경을 딛고서 살아남은 기적 그 자체인 셈이다.

암스테르담 국립 미술관은 2019년, 렘브란트 별세 350주년을 맞아 흉터투성이 〈야경〉의 대대적 복원에 나섰다. 이른바 '야경 작전'이었다. 암스테르담 국립 미술관은 이 작업에 헤리트 룬덴스의 그림 〈야경〉을 활용했다. 룬덴스는 생전에 발 빠르게 〈야경〉을 베껴 그렸다. 그 덕에 암

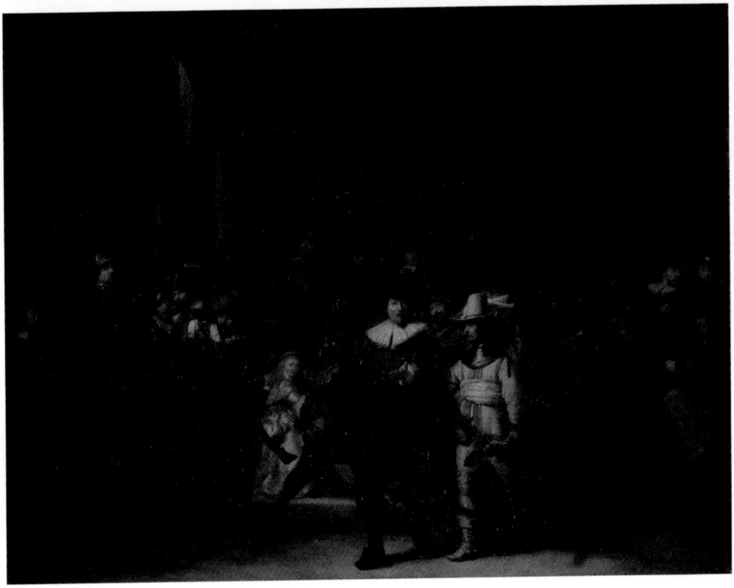

헤리트 룬덴스, 〈야경〉(모작),
1642년 이후, 오크 나무에 유채, 66.5×85.5㎝, 내셔널 갤러리

스테르담 시청사 담당자의 가위질도 당하기 전인 생생한 〈야경〉 모습이 모작으로 그대로 남아 있게 됐다. 인공지능이 이를 기초 자료로 삼아 〈야경〉의 흠집 난 부분을 복원해, 과거에 쭉 찢어진 부분까지 살릴 수 있었다. 이번 수술은 전 세계로 생중계됐다.

2021년, 드디어 완전체로 재현에 성공했다. 하지만 어쨌든 렘브란트의 혼이 아닌 인공지능의 기술이 되살린 것으로, 사람들이 이 그림을 원본으로 착각하지 않도록 인공지능 복원 그림은 3개월가량만 전시됐다.

그림 한 점에 이렇게 많은 이야기가 녹아들 수 있을까. 그렇기에 네덜란드 국민의 〈야경〉 사랑은 더더욱 각별하다. 프랑스 루브르 박물관이

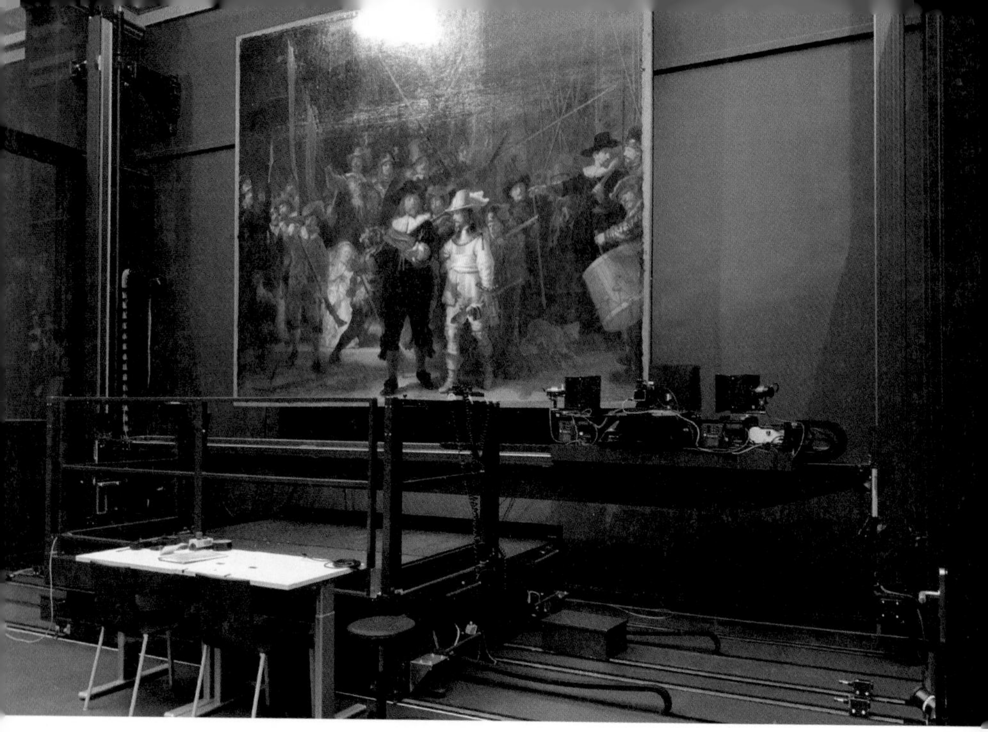

2019년 네덜란드 암스테르담 국립 미술관에서 진행한 렘브란트 판레인의 〈야경〉 복원 작업

대표작으로 〈모나리자〉, 이탈리아 우피치 미술관이 대표작으로 〈비너스의 탄생〉을 꼽을 때, 암스테르담 국립 미술관도 당당히 옆에 선 채 〈야경〉을 대표작으로 말할 수 있는 이유이기도 하다.

⁑ 파산한 거장 ⁑

그런데, 민병대의 항의에도 끝까지 당당했던 렘브란트는 〈야경〉 이후 어떻게 살았을까.

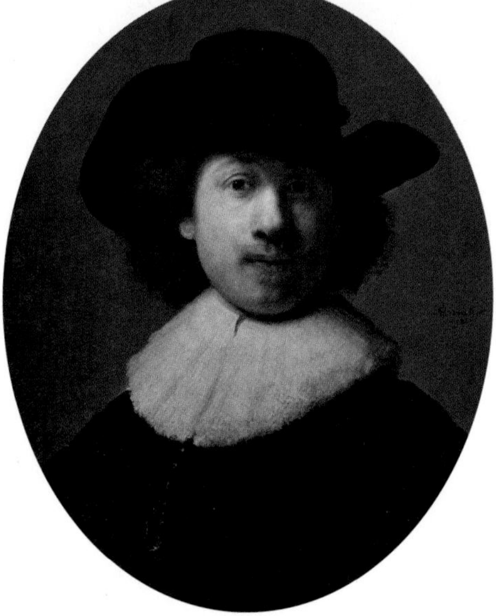

렘브란트 판레인, 〈자화상〉,
1632년, 오크 나무에 유채, 64.4×47.6㎝, 뷰렐 컬렉션

그 무렵부터 렘브란트는 그의 그림만큼이나 우여곡절을 겪었다. 어린 나이부터 큰돈을 번 렘브란트는 씀씀이가 헤펐다. 그는 버는 만큼 탕진했다. 별명이 아예 경매 중독자였다. 미덥지 않은 렘브란트 대신 아내 사스키아가 가계부를 쓴 덕분에 겨우 버틸 수 있었다.

그런 사스키아가 〈야경〉 작업 중 죽었다. 이 말은 즉, 그의 폭주를 막을 이가 더는 없다는 걸 뜻했다. 지금껏 그래왔듯 돈을 엄청나게 번다면 펑펑 써도 상관없을 일이었다.

문제가 또 생겼다. 코크의 주문 후 그림 의뢰가 눈에 띄게 줄었다. 렘브란트의 오만함에 질린 민병대원들이 악평을 돌리고 다녔다는 설이 있

렘브란트 판레인, 〈자화상〉,
1669년, 캔버스에 유채, 86×70.5㎝, 내셔널 갤러리

다. 그러나 이보다 더 결정적인 게 있었다. 하녀와의 추문이었다.

건방진 데다 무도하기까지 한 인간으로 낙인찍힌 그에게 작품 제안을 할 이는 거의 없었다. 그쯤 미술 유행까지 바뀌었다. 렘브란트의 장기였던 중후한 바로크풍 그림보다, 화려한 로코코풍 그림이 인기를 끌기 시작한 것이었다. 렘브란트에게 일거리가 완전히 끊긴 적은 없었다. 하지만 전성기와 견줘서는 주문량도, 그림값도 미미했다.

한창 잘 나갈 때 렘브란트에게는 저택이 있었다. 그 안에는 웬만한 박물관 만큼의 예술품과 희귀한 물건이 깔려 있었다. 자금난을 못 버틴 렘브란트는 결국 쉰 살이 된 1656년, 파산을 선언했다. 집도 팔고, 그걸로 모자라 사스키아의 묘지 터까지 포기했다.

스물여섯 살의 혈기 왕성한 렘브란트는 암스테르담에 온 직후인 1632년 자화상 한 점을 그렸다. 진한 두 눈, 두툼한 코, 멋스럽게 쓴 모자에서 자신감을 엿볼 수 있다. 그런데, 파산 후 골목길의 낡은 집에서 살게 된 그의 예순세 살 자화상을 보면 같은 사람으로 보기 힘들 만큼 늙고 찌들었다. 그는 이 그림을 그린 1669년 쓸쓸히 숨을 거뒀다. 비참한 죽음이었다.

누군가는 그의 내리막길이 시작된 시기를 따져 〈야경〉의 저주라고 말하기도 한다. 하지만, 굳이 〈야경〉이 없었어도 그의 최후는 달라지지 않았을 터였다.

3장

잔혹과 슬픔 사이

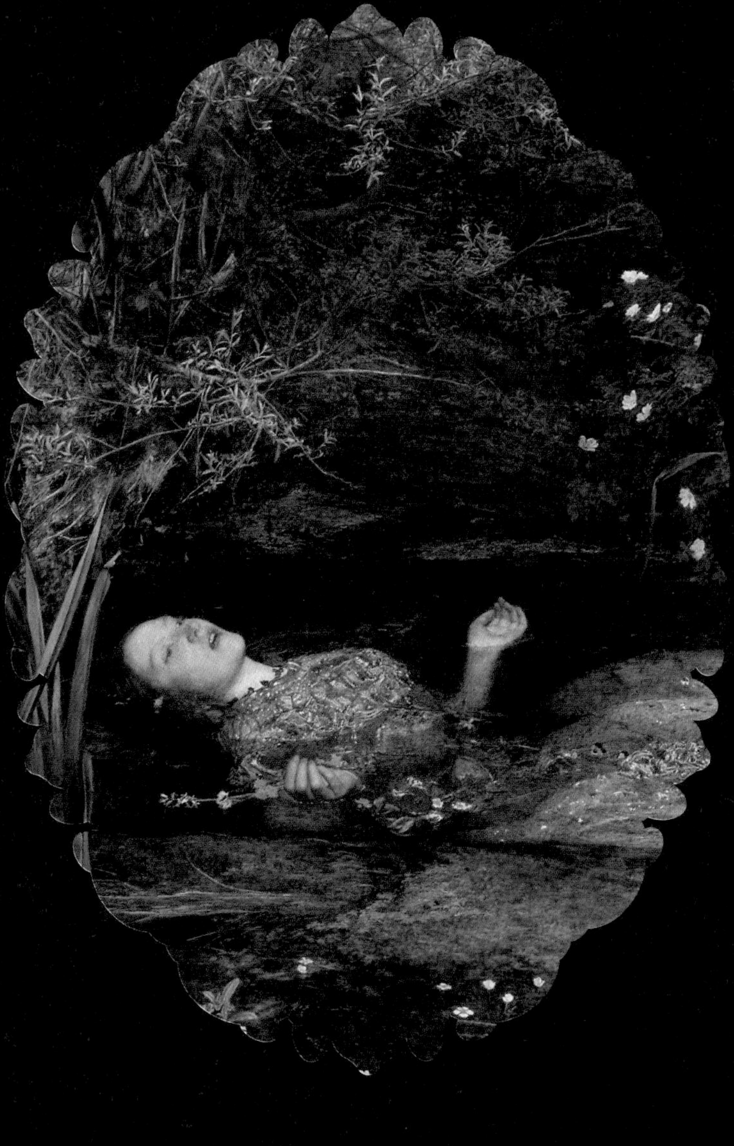

소녀에게 그의 목이 꼭 필요했던 이유

귀스타브 모로, 〈유령〉

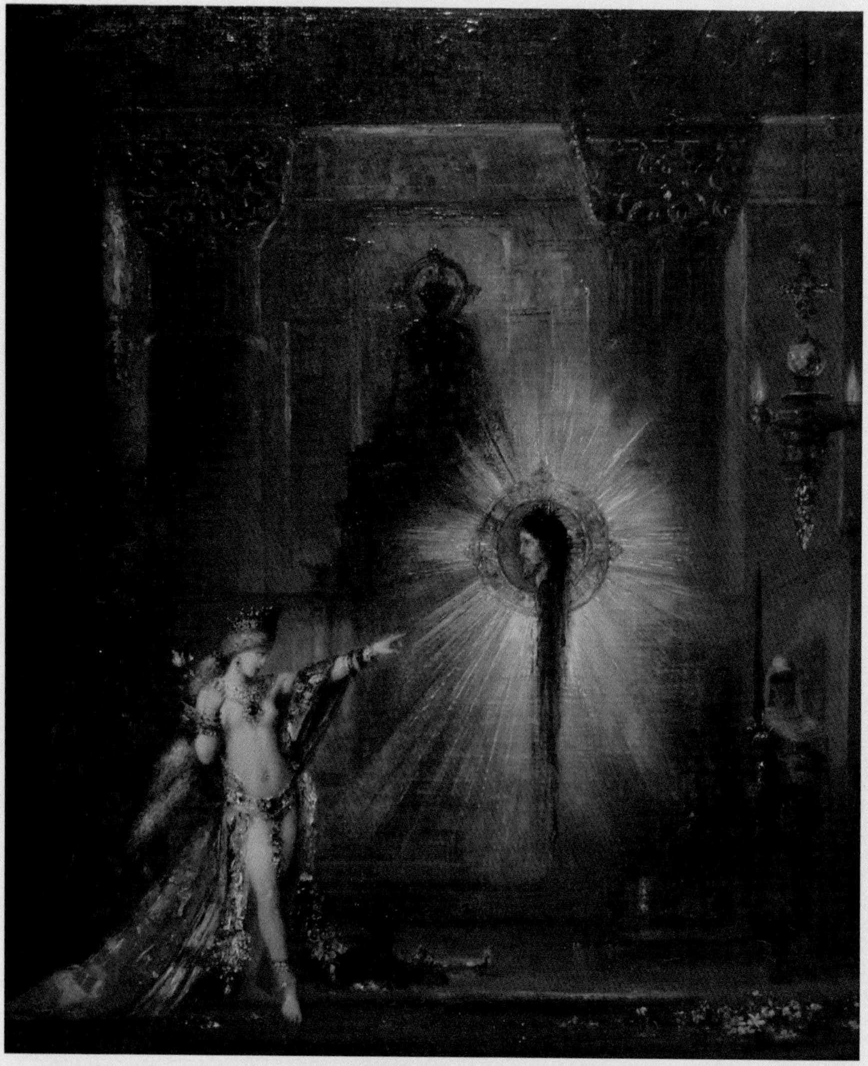

1876~1877년, 캔버스에 유채, 55.9×46.7㎝, 포그 박물관

⁑ 우리가 알던 성경 속 이야기와 다르다 ⁑

헤로디아에게 요한은 눈엣가시였다. 요한은 남편 헤롯 왕과 자신 사이의 은밀한 부정不正을 속속 꿰어 거리낌 없이 폭로하고, 망설임 없이 비난했다. 헤로디아는 진심으로 요한을 죽여서라도 그의 입을 막고 싶어 했다.

헤로디아에게는 껄끄러운 과거가 있었다. 원래 헤로디아는 헤롯의 이복동생인 빌립의 아내였다. 그녀의 미모에 반한 헤롯이 어느 날 남몰래 찾아왔다.

"빌립에게 벗어나 내게 오면 부와 권력을 다 주리다."

헤로디아는 그의 꼬드김을 못 이기는 척 받아들였다. 헤로디아는 망설임 없이 빌립을 버렸다. 얼마 후 시치미를 뚝 떼고는 헤롯과 재혼했다. 헤로디아는 화려한 집과 반짝이는 보석을 마음껏 즐길 수 있었다.

요한이 등장한 건 그쯤이었다. 헤진 낙타 털옷을 걸친 요한은 범상치 않은 분위기를 풍겼다. 사람들은 그를 신의 사자使者 내지 예언자로 불렀다. 모두가 요한에게 주목했다. 온 백성이 그의 말을 계시처럼 받아들였다. 메뚜기와 들꿀만 먹으며 떠돌던 요한의 발걸음은 왕궁 앞에서 멈췄다.

"부정의 포도주를 든 이들은 심판을 받으리라."

그는 헤롯과 헤로디아의 침실이 있는 쪽을 또렷이 노려보며 말했다. 사람들은 술렁였다.

뜨끔한 헤롯과 헤로디아는 요한을 체포했다. 요한은 굴하지 않았다. 그 입만 다물면 풀어주겠다는 회유에도 계속 소리쳤다. 혈육의 아내를 빼앗은 자, 사치에 홀려 남편을 버린 자는 벌을 받을 것이라고 밤새워 저주했다. 헤롯은 요한을 죽이지 못했다. 목을 베면 화가 닥칠까 봐 두려웠다. 그런 헤롯을 답답하게 여긴 헤로디아에게 마침내 기회가 왔다. 헤롯의 생일날이었다.

"소원을 말하거라. 무엇이든 들어주마."

거나하게 취한 헤롯은 헤로디아의 딸, 자신에게는 수양딸이 되는 살로메 공주에게 약속했다. 왕의 생일을 맞아 화려한 춤을 춰준 데 따른 선물이었다.

원하는 것은 다름 아닌 '요한의 머리'라는 수양딸의 예상치 못한 말에 헤롯은 얼어붙었다. 그러나 수백 명이 보는 앞에서 한 약속을 어길 수 없었다.

"……요한의 목을 베라. 머리통을 갖고 오거라."

곧 무언가가 복도 바닥에 가차 없이 떨어지는 소리가 들렸다. 그녀가 받은 은접시에는 요한의 머리가 올려져 있었다. 살로메는 비틀대며 미소를 참고 있는 헤로디아에게 이를 갖다줬다.

《성경》 마태복음 14장 1~12절에는 영악한 헤로디아가 어떻게 요한의 목을 얻게 되는지가 쓰여 있다. 소원을 말하라는 왕 앞에 선 어린 딸을 꾀어 끝내 원하는 바를 이뤘다는 이야기다.

프랑스 화가 귀스타브 모로는 살로메가 요한의 목을 얻는 그 순간을 표현했다. 제목은 〈유령〉이다. 그런데, 모로가 그린 그림은 마태복음에 담긴 이야기와는 분위기가 사뭇 다르다. 그림에서 눈길을 끄는 건 살로메와 요한이다.

모로는 어머니 말을 잘 듣는 순진한 살로메를 마성의 여인처럼 그렸다. 비단, 보석으로 치장한 살로메는 이국적 장식이 가득한 무대에서 헐벗은 채 섰다. 순결의 상징인 연꽃을 꼭 쥐고 있다. 그러고는 잔뜩 욕망하는 표정으로 팔을 뻗고 있다.

피를 철철 흘리며 떠 있는 요한의 유령은 그런 살로메가 혐오스럽다는 듯 싫은 표정을 짓고 있다. 끝내 이렇게까지 해야 했느냐는 원망, 그럼에도 내 존엄은 훼손할 수 없을 것이라는 저항의 기운도 느껴진다.

살로메 뒤 왕좌에 앉아 있는 헤롯은 존재감이 없다. 헤로디아는 아예 보이지도 않는다. 모로는 왜 헤롯과 헤로디아가 아닌 살로메를 힘줘 그렸을까. 살로메를 이처럼 요염하게, 어이없게 죽은 요한을 이토록 기괴하게 표현한 이유는 무엇일까.

⁂ 순진한 살로메의 재발견 ⁂

모로도 알고 있었다. 이야기의 주인공은 분명 헤롯과 헤로디아, 그리고 세례자 요한이었다. 그러나 모로가 가장 큰 매력을 느낀 이는 살로메였다. 어머니를 닮아 해사했을 외모, 수백 명의 사람들 앞에서 췄을 매혹적인 춤, 앳된 입에서 나오는 충격적인 요구……. 살로메는 찰나의 등장으로도 깊은 인상을 남겼다. 순수하면서도 도발적인, 고상하면서도 치명적인 그녀는 탐나는 뮤즈였다.

살로메에게 빠진 예술가는 과거에도 많았다. 15세기 이탈리아 화가 베노초 고촐리도 살로메를 주연으로 삼아 그림 〈살로메의 춤〉을 그렸

베노초 고촐리, 〈살로메의 춤〉,
1461~1462년, 패널에 템페라, 23.8×34.3㎝, 워싱턴 내셔널 갤러리

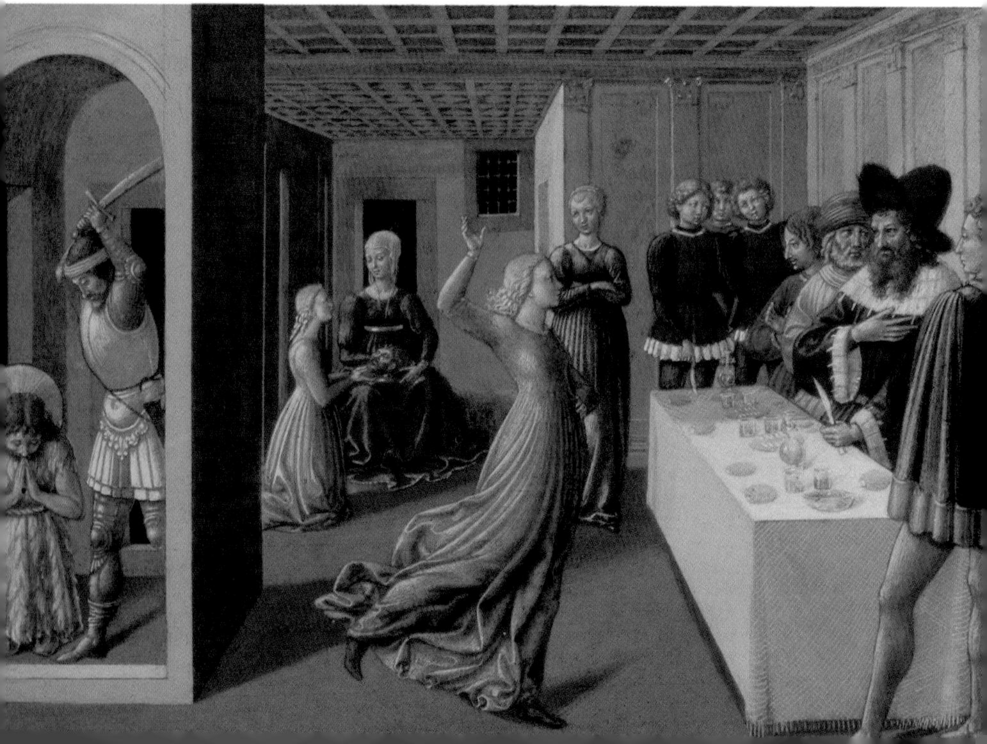

다. 금발의 살로메가 헤롯 앞에서 춤을 추는 순간, 요한이 처형되는 모습, 살로메가 그의 머리를 헤로디아에게 전하는 장면을 화폭에 담았다.

17세기 이탈리아 화가 카를로 돌치는 우아한 자태의 살로메가 요한 목이 담긴 은쟁반을 든 모습을 표현했다. 시선 둘 곳을 잃은 살로메의 눈은 불안해 보인다. 어서 헤로디아에게 안겨준 후 자리를 뜨고 싶어 하는 듯도 하다.

모로는 그런 살로메를 상징주의자의 시선에서 재해석했다. 19세기 말 프랑스에서 유행한 상징주의는 신화와 전설 등 허구 이야기를 은은한 색채, 장식적인 세부 묘사로 표현하는 화풍이었다. 현실을 있는 그대로 묘사하는 사실주의의 반작용으로 등장한 흐름이었다.

환상을 그릴 때 빼놓을 수 없는 주제가 있었다. 성적 로망이었다. 그렇기에 상징주의 회화의 단골 소재는 여러 이야기 속 요부였다. 살롱에 모인 예술가와 지식인들은 삼손을 꾀어 그의 약점을 들춘 데릴라, 홀로페르네스를 꼬셔 목을 벤 유디트, 현혹의 노래로 뱃사람을 잡아먹은 세이렌 등의 이야기에 밤새워가며 심취했다.

모로는 살로메도 이들 못지않은 팜 파탈로 다시 창조할 수 있을 것 같았다. 당시 유럽에서 팽배하던 세기말 분위기도 모로의 창작욕을 부추겼다. 사람들은 19세기 말에 가까워질수록 더 긴장하고, 더 불안해했다. 살아서 한 세기의 끝을 목도해야 한다는 건 생각보다 큰 공포였다.

훗날 데카당스Décadence 시대로 칭해지는 그 시절 사람들은 당장의 쾌락에 기대 초조함과 허무함을 떨치려고 했다. 자연스럽게 더 향락적

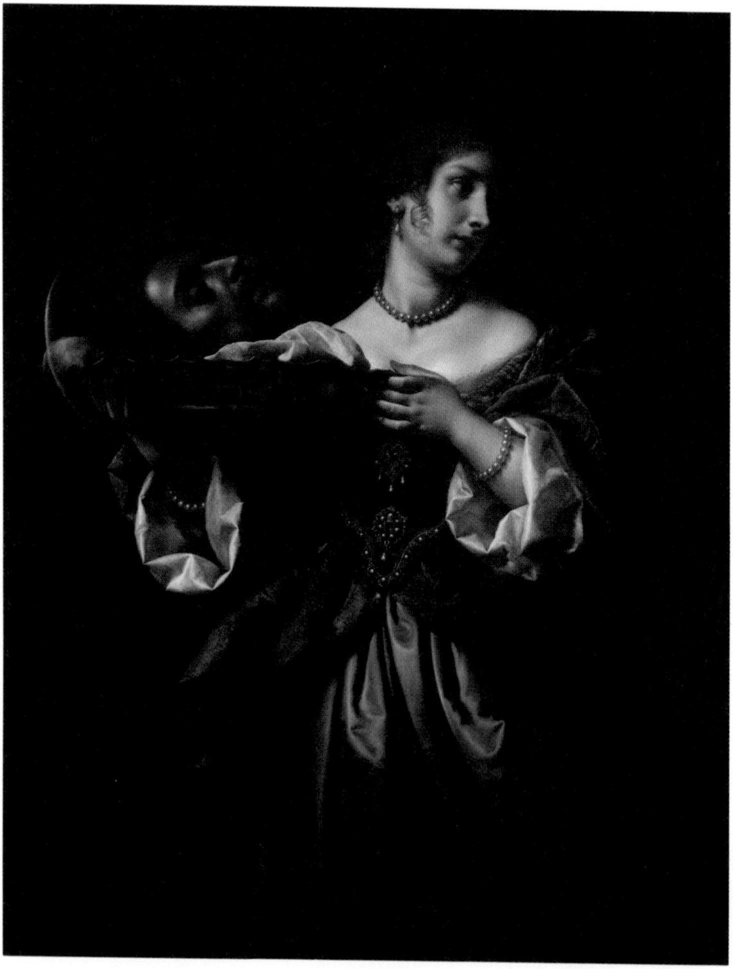

카를로 돌치, 〈요한의 머리를 들고 있는 살로메〉,
1665~1670년, 캔버스에 유채, 122.6×96.5㎝, 윈저성

인 예술을 찾았다. 퇴폐미 가득한 악녀가 인기 소재로 떠올랐다. 그렇기에 모로는 망설임 없이 붓을 쥘 수 있었다.

⁑ 모로의 붓끝에서 다시 태어나다 ⁑

살로메라면 어땠을까. 모로는 그녀에 대한 연작을 그리며 수백 번은 되뇐 말이었다.

미인 어머니 밑에서 큰 살로메는 자기도 그녀만큼 아름답다는 걸 분명 알고 있었다. 그런 살로메에게 철인 같은 요한의 등장은 흥미로운 일이었을 것이다. 하지만 요한은 부정한 여자의 딸과는 말도 섞기 싫다며 입을 다물었을 가능성이 크다. 자존심에 상처를 입은 살로메는 요한에 대한 승부욕을 불태웠을 터였다.

살로메가 헤롯 앞에서 춤을 추며 그를 홀린 일도 계획된 일이 아닐까. 절대 권력을 쥔 왕을 이용하면 강제로라도 요한을 가질 수 있을 것이라는 마음을 품지 않았을까. 모로의 그림 〈헤롯 앞에서 춤추는 살로메〉 속 살로메는 작정하고 가장 좋은 옷과 장신구로 치장한 듯 보인다.

은은하게 빛을 받고 있는 그녀는 화려한 장식품으로 가득한 파티장 안에서도 단연 돋보인다. 헤롯은 단상 위에 얌전히 앉아 있다. 살로메는 핑그르르 돌면서 한 겹씩 옷을 벗기 시작한다. 〈문신을 한 살로메〉에서 그려진 살로메의 알몸에는 퇴폐미가 느껴지는 문신이 가득하다.

마침내, 넋이 나간 헤롯에게서 "무슨 소원이든 들어주겠다"는 말이

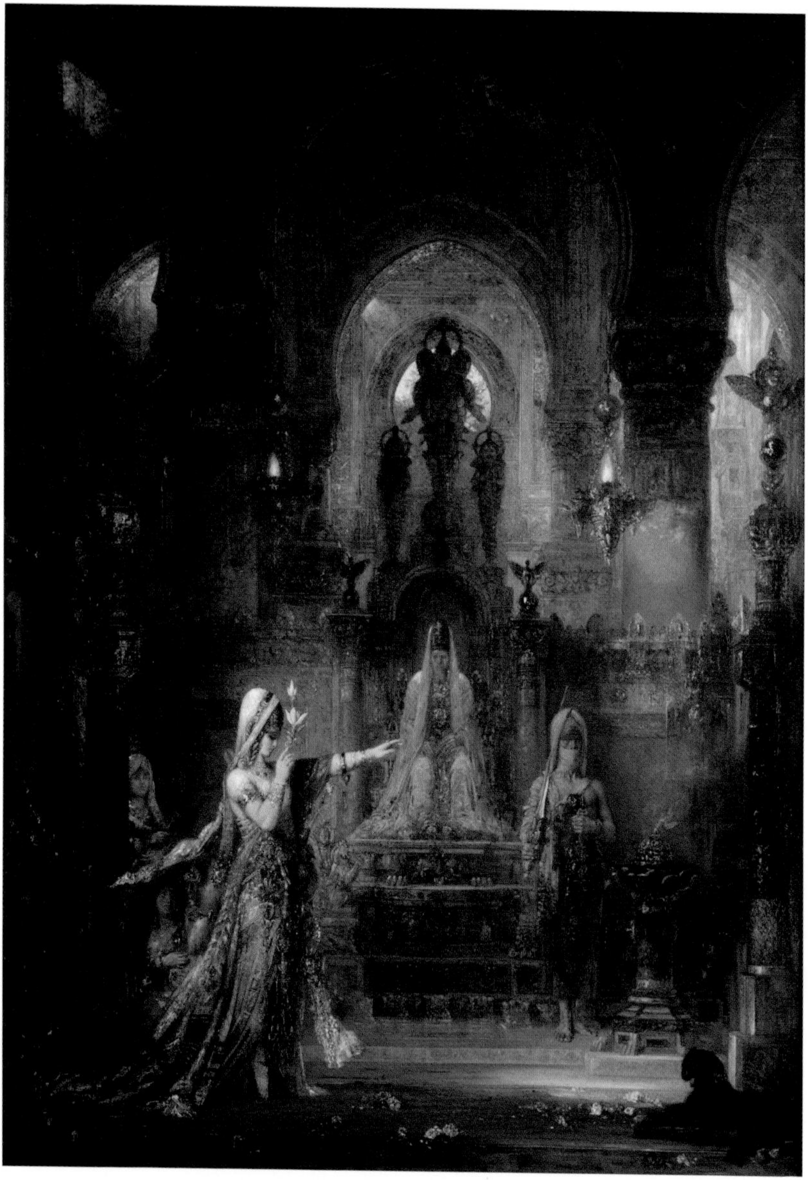

귀스타브 모로, 〈헤롯 앞에서 춤추는 살로메〉,
1876년, 캔버스에 유채, 143.5×104.3㎝, 해머 박물관

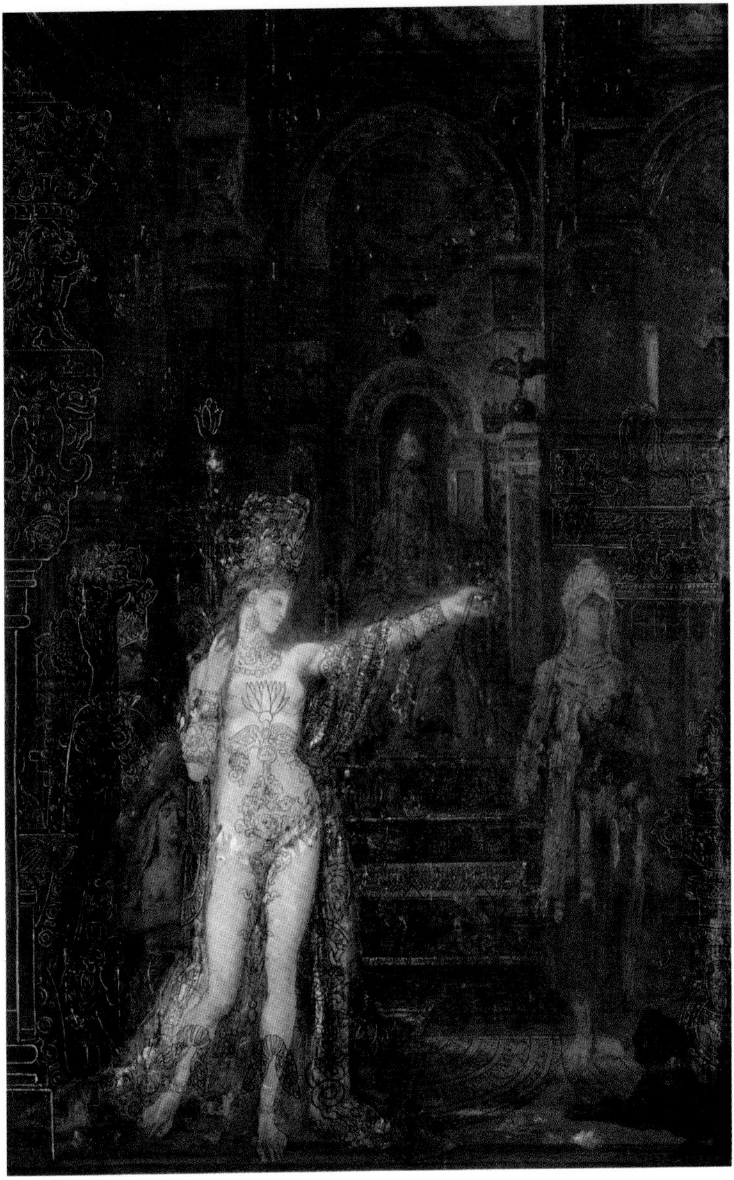

귀스타브 모로, 〈문신을 한 살로메〉,
1871년, 캔버스에 유채, 92×60㎝, 귀스타브 모로 박물관

떨어진다. 살로메는 끔찍하지만 어머니를 위한 일이라는 양 요한의 목을 달라고 한다. 그렇게 요한을 죽이고 머리를 가질 수 있다면, 자신에게 모욕을 준 그 남자를 영원히 굴종시킬 수 있을 것이라는 마음으로.

〈감옥에 있는 살로메〉에 있는 살로메는 요한의 목이 바닥에 떨어지기만을 기다리는 것처럼 보인다. 벽 뒤에서는 사형 집행인이 무릎 꿇은 요한을 처형하기 위해 칼을 휘두르는 중이다.

모로가 그린 살로메들을 보며 이런 이야기를 유추한 후 다시 〈유령〉을 보면, 더 풍부한 감정과 이야기를 느낄 수 있다.

이제 희대의 요부처럼 그려진 살로메의 모습은 외려 자연스러워 보인다. 살로메는 목이 잘린 요한의 유령에 대고 굴복을 요구하고 있다. 내 치명적인 매력에 이제라도 항복하라는 듯 노려보고 있다. 살로메의 어긋난 욕망 탓에 죽은 걸 아는 요한은 그런 그녀가 밉고도 딱하다. 광기 어린 그녀가 한심한 듯 내려다보고 있다.

모로의 그림 〈세례 요한의 머리를 쟁반에 담아 들고 있는 살로메〉 속 살로메는 드디어 요한의 머리를 쟁취했다. 그녀는 전리품을 든 전사처럼 당당해 보인다. "뭘 보세요?" 옆을 돌아보는 그녀는 주변 사람들에게 당장이라도 이렇게 말할 듯하다. 모로가 재해석한 살로메는 전시장에 걸림과 동시에 반향을 일으켰다. 마성의 여인이 된 그녀를 보기 위해 사람들이 몰려왔다.

1884년, 조리스 카를 위스망스는 소설 《거꾸로》에서 살로메 그림을 이렇게 평가했다.

"도저히 파괴할 수 없는 육욕의 화신, 불멸의 광기를 지닌 여신, 저주

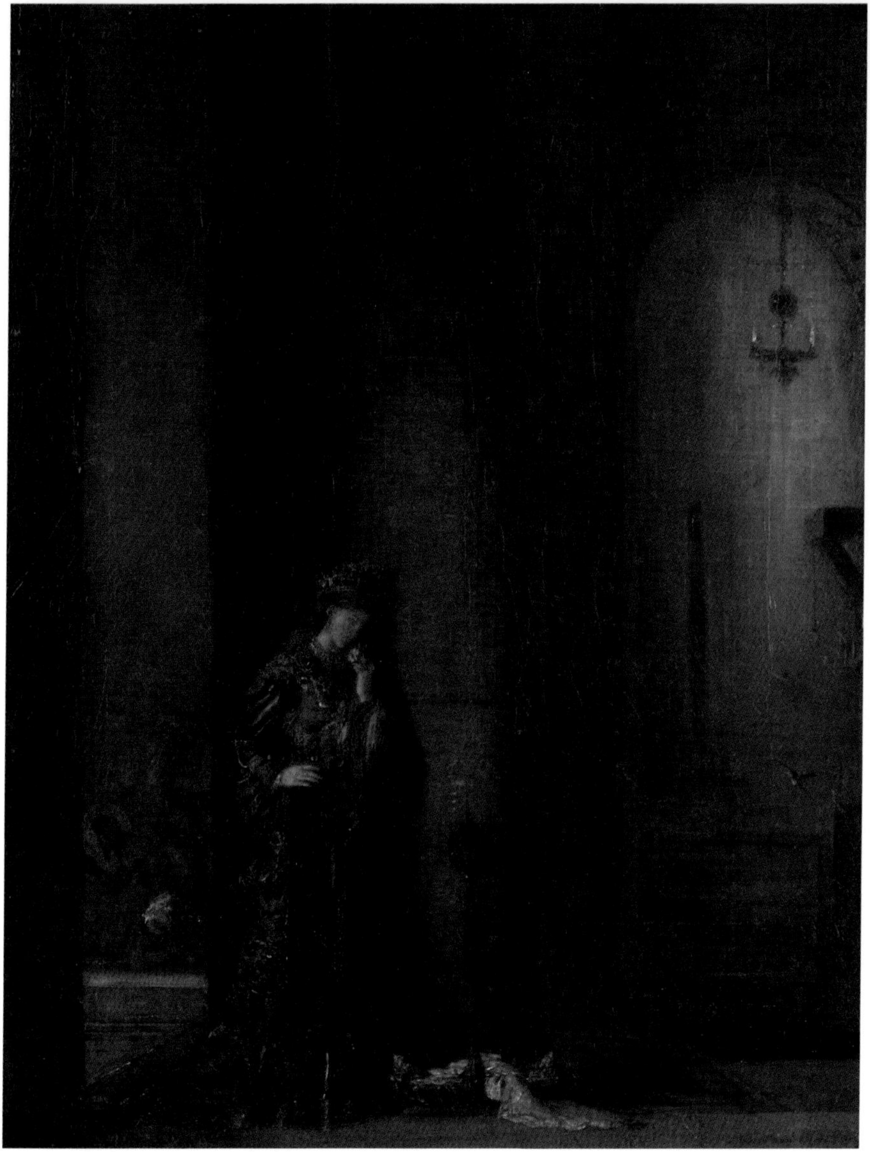

귀스타브 모로, 〈감옥에 있는 살로메〉,
1873~1876년, 캔버스에 유채 등, 40×32㎝, 도쿄 국립 서양 미술관

귀스타브 모로, 〈세례 요한의 머리를 쟁반에 담아 들고 있는 살로메〉,
1876년, 나무에 유채, 21.6×21.1㎝, 메트로폴리탄 미술관

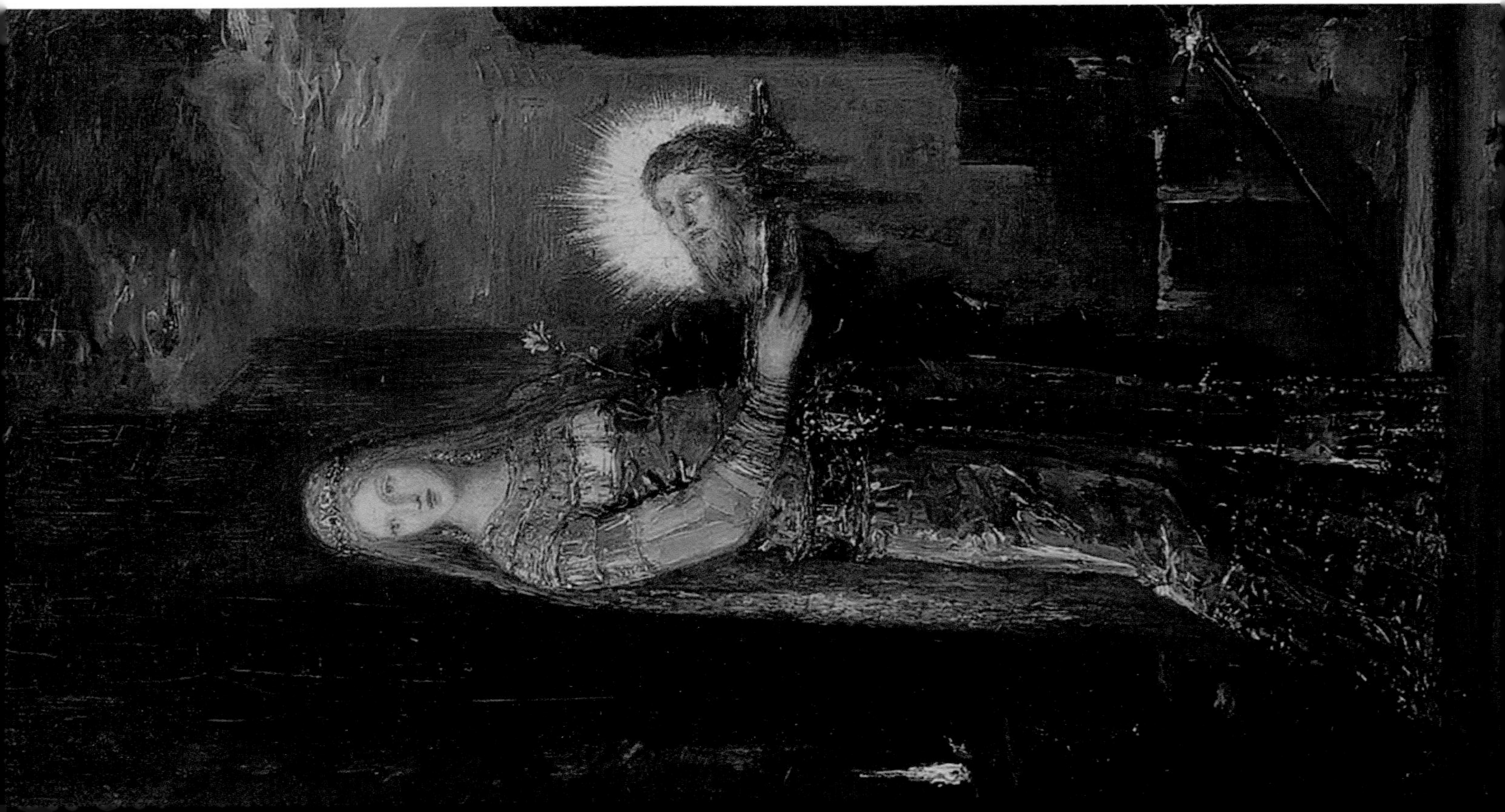

받은 아름다움을 지닌 여인이여."

⁂ 번아웃의 늪에서 꺼내준 구세주 ⁂

1826년 파리의 중산층 집안에서 출생한 모로는 건축가 아버지와 음악가 어머니 밑에서 어릴 적부터 예술을 접했다. 미술에 두각을 보인 모로는 부모의 지원으로 엘리트 코스를 밟을 수 있었다. 모로의 스승은 특유의 밀도 높은 표현력을 가진 프랑수아 에두아르 피코였다. 명문 파리 국립고등미술학교에 다닌 모로의 절친은 관능적인 여성화의 대가 테오도르 샤세리오였다.

1856년, 모로가 제2의 스승처럼 대한 샤세리오가 요절했다. 상실감에 젖은 모로는 그다음 해에 파리를 떠나 이탈리아 곳곳을 여행했다. 레오나르도 다빈치와 티치아노 베첼리오 등에게 영감을 받은 그는 이때부터 본격적으로 환상적 이야기와 극적이고 뇌쇄적인 화풍의 결합을 꿈꿨다.

그렇게 2년을 보낸 후 파리에 돌아온 모로는 1864년 〈오이디푸스와 스핑크스〉로 살롱전에서 입상했다. 정상에 오른 모로는 곧 슬럼프를 겪었다. 작품 발표까지 멈춘 그는 은신과 칩거, 내성과 인내의 기간을 보냈다. 그런 그가 1876년 살롱전에 출품한 그림이 〈유령〉 등 살로메 연작이었다. 모로는 그녀 덕에 재기에 성공했다. 그림 속 살로메는 요부였지만, 모로에게 살로메는 번아웃의 늪에서 그를 꺼내준 은인이었다.

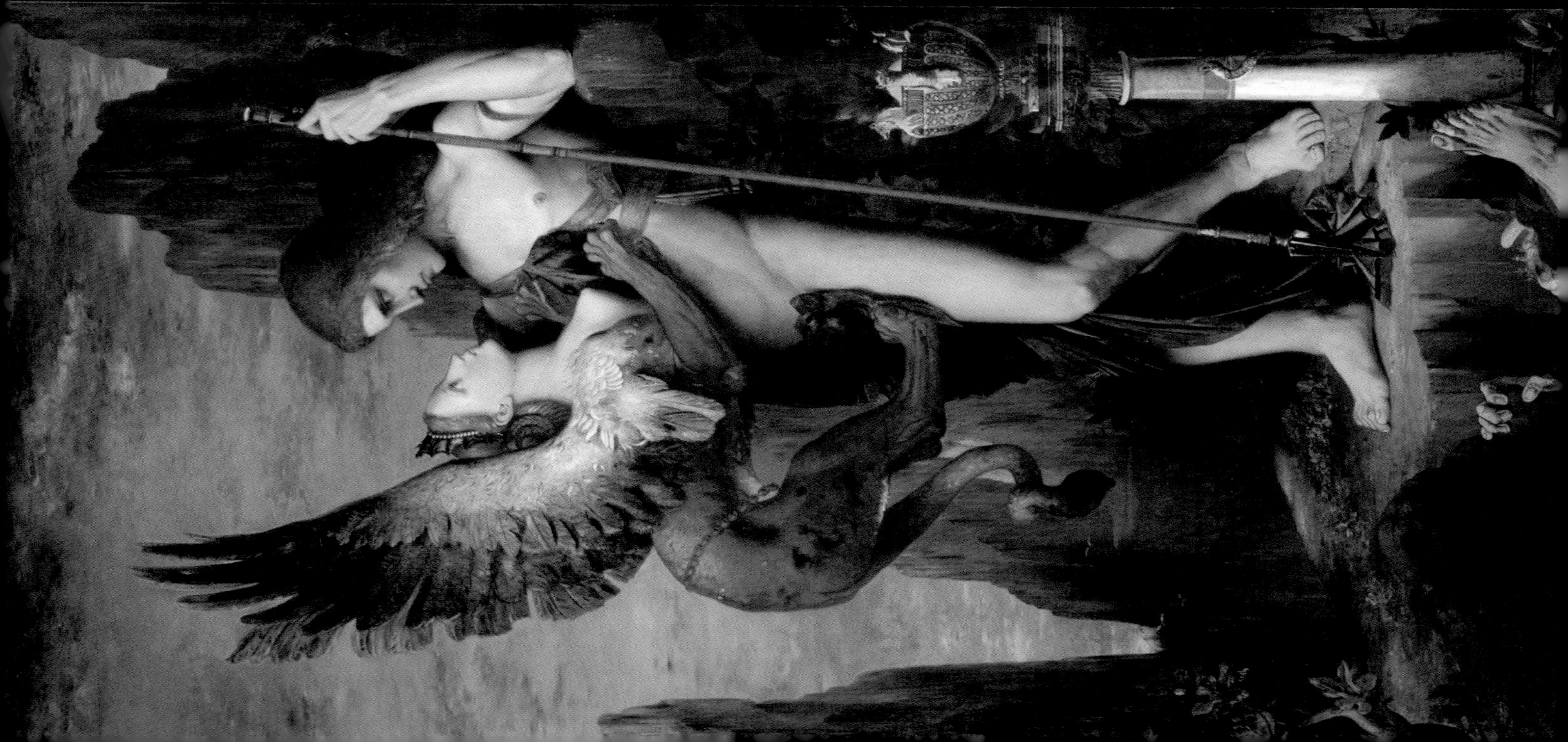

귀스타브 모로, 〈오이디푸스와 스핑크스〉,
1864년, 캔버스에 유채, 206.4×104.8㎝, 메트로폴리탄 미술관

그 이후 대중과 평론가의 관심을 몰고 다니던 모로는 1880년을 끝으로 살롱전 출품을 멈췄다. 1892년부터는 교육자로 새로운 삶을 시작했다. 그는 학생으로 다녔던 파리 국립고등미술학교에 교수로 부임했다. 예순여섯 나이였다. 부드러운 성격의 모로는 제자들에게 인기가 많았다. 그 자신도 개성의 화신이었던 만큼, 학생들도 독자적인 길을 찾을 수 있도록 독려했다. 그는 상징주의 화가 페르낭 크노프, 야수주의 거장 앙리 마티스와 조르주 루오 등을 가르쳤다.

"모로는 우리가 상상하게끔 만들었다."

모로를 존경한 마티스의 평가였다. 그가 살던 집은 지금도 모로 박물관으로 운영되고 있다.

"영원히 남는 그림은 생각과 꿈, 마음으로 만들 수 있다. 손재주로 할 수 있는 게 아니다."

이곳에서는 그의 철학이 물씬 묻은 유화 850점, 수채화 350점 등을 지금도 볼 수 있다.

깊은 숲속에서 발견된 '그것'의 정체

귀스타브 도레, 〈어두운 숲〉

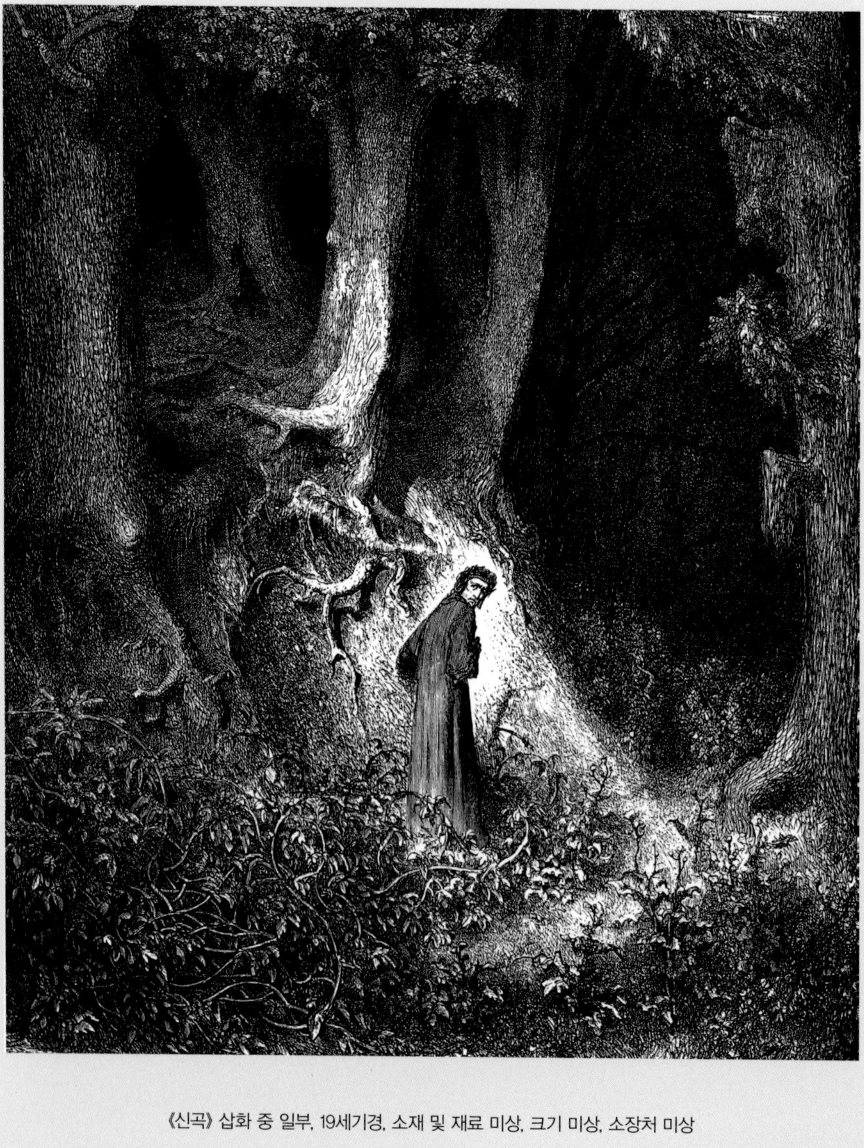

《신곡》 삽화 중 일부, 19세기경, 소재 및 재료 미상, 크기 미상, 소장처 미상

⁑ 미지의 검은 숲에서 시작된 신비한 이야기 ⁑

⚜

미칠 노릇이었다. 훤했던 대낮에 거짓말처럼 어둠이 깔렸다. 갑자기 한기가 물밀듯 밀려왔다. 그는 낯선 이곳을 더듬더듬 살펴봤다. 우뚝 솟은 나무들이 숲의 정령처럼 섰다. 구불구불한 뿌리와 잡풀은 당장 몸을 휘감을 듯했다. 정체 모를 풀벌레는 발 주변을 마구 뛰어다녔다.

그는 두 팔을 휘휘 저으며 걸었다. 돌부리에 걸려 몇 번이나 넘어질 뻔했지만, 이대로 주저앉을 수는 없었다. 이곳에 머물면 죽는다. 본능이 전하는 경고였다.

'……그런데, 여기는 대체 어디야?'

훗날《신곡》의 작가로 유명해지는 단테 알리기에리는 당황스러웠다. 그 또한 자기가 왜 이런 숲에 있는지 알지 못했다. 단테는 사색에 잠긴 채 걷고 있었다. 그런 그는 딱 한 번, 그간 가던 길에서 벗어나 샛길을 택했을 뿐이었다. 혼자만의 생각이 너무 깊었던 게 문제였을까. 정신 차려 보니 이곳이었다. 어디로 들어왔는지도, 어떻게 나가야 할지도 모를 곳이었다. 갑자기 맹수의 포효가 울려퍼졌다. 네 발 달린 산짐승이 수풀을 가르고 있었다. 얼룩무늬 표범, 금빛 갈기의 굶주린 사자, 말라깽이 암늑대가 천천히 다가왔다. 녀석들이 가까워질수록 역한 냄새가 짙어졌다. 얼어붙은 단테를 깨운 건 천둥 같은 목소리였다.

"뛰어, 당장! 앞에 있는 수풀을 뚫고 가!"

엉거주춤 내달리는 단테에게 이번에는 벼락같은 명령이 떨어졌다. 그는 정신을 차렸다. 비틀대며 겨우 탈출했다. 힘이 풀린 단테는 고개를 푹 숙인 채 헐떡였다. 이때, 누군가 그에게 손을 내밀었다. 그가 가장 존경하는 옛 위인, 베르길리우스였다. 그는 기원전 고대 로마에 살았던 최고의 시인이었다.

"위대한 스승이시여. 부디 저를 구원해 주십시오."

단테는 통성명도 못한 채 애원했다. 이때 베르길리우스의 인자한 목소리가 귓가에 닿았다.

"그대가 다시 세속의 진흙탕으로 갈 수는 없을 테니, 지금부터는 내가 인도해 주리다. 저 멀리 빛이 있는 언덕으로 가길 원한다면 말일세. 그대가 나를 따른다면, 가장 먼저 지옥을 거쳐 갈 걸세. 그런 뒤 연옥을 돌게 될 것이고……."

의지할 곳 없는 단테는 베르길리우스의 말이 끝나기도 전에 그의 손을 잡았다. 단테의 대서사시 《신곡》은 이렇게 막이 오른다.

귀스타브 도레의 《신곡》 삽화 중 〈어두운 숲〉은 길을 잃은 단테가 주변을 둘러보는 모습을 담고 있다. 울창한 숲 어딘가에 놓인 단테의 모습에선 불안감만 역력하다. 나무와 풀은 각각이 움직이는 동물인 양 존재감을 내뿜는데, 이들 또한 단테를 불청객으로 보는 듯하다. 뒤에서는 위협적인 산짐승이 다가오고 있다. 녀석들을 피해 나아갈 길은 지금보다 더 짙은 어둠의 통로뿐이다.

단테는 앞으로 무슨 일을 겪을까. 삽화를 보는 이가 외려 가슴을 졸인 채 염려하게 된다. 어느새 그의 뒤에 바짝 붙은 투명 동반자가 돼 숲 속을 함께 뛰게 된다.

⁑ 생생한 삽화로 구현된 으스스한 지옥도 ⁑

도레는 1855년, 스물세 살에 《신곡》을 접했다. 살면서 이런 책은 처음이었다. 그는 갈고닦은 문장이 전하는 감동에 깊이 젖었다. 단테가 1308년부터 쓰고 죽기 1년 전 1320년에 탈고한 《신곡》은 도레의 시대인 19세기에도 위대한 고전으로 평가받았다.

전설적 시인 베르길리우스, 아름다운 여인 베아트리체 포르티나리의 인도를 받는 단테가 저승에서 겪은 일을 담은 《신곡》은 지옥, 연옥, 천국 편으로 갈라지는 가상 여행기다. 구체적 풍경 묘사, 신화와 역사 속 인물과의 실감 나는 대화, 철학과 윤리에 대한 고찰은 그 시절 사람들에게도 큰 울림을 줬다.

'……내가 《신곡》의 주요 장면을 삽화로 그려볼까?'

1857년의 어느 날, 여전히 《신곡》에 파묻혀 살던 도레는 이런 뜻을

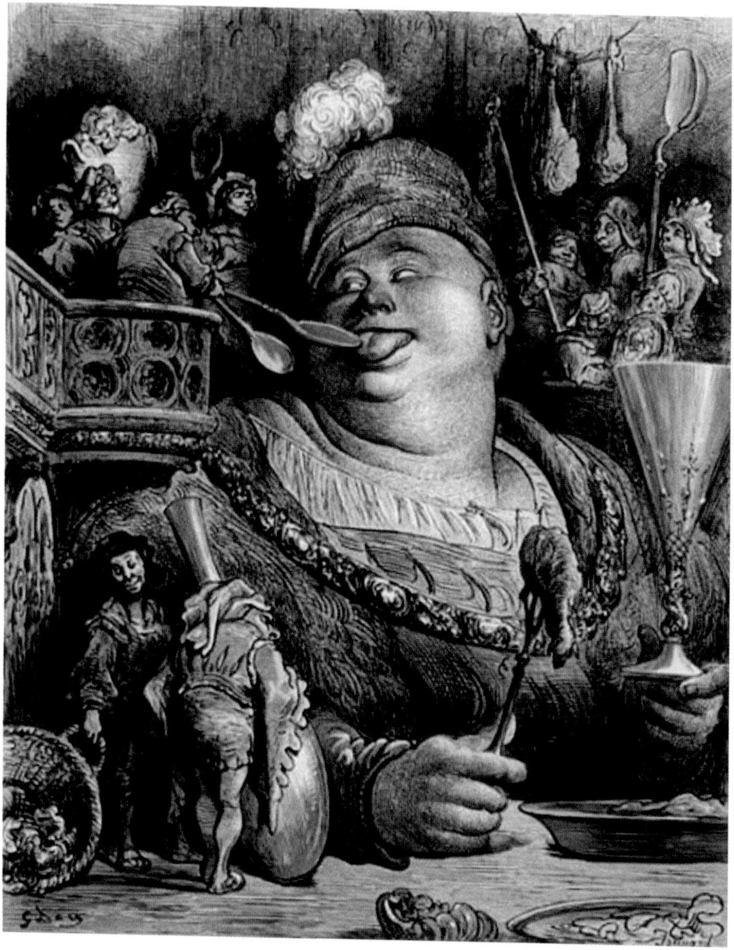

귀스타브 도레, 〈가르강튀아의 식사〉(《가르강튀아와 팡타그뤼엘》 삽화 중 일부),
19세기경, 소재 및 재료 미상, 크기 미상, 소장처 미상

품었다. 도레는 완벽한 《신곡》에 딱 하나 치명적인 단점이 있다고 생각했다. 그것은 1만 4,233행에 이르는 엄청난 분량, 1,000여 명의 등장인물로 채워지는 복잡한 서사였다. 당연히 많은 이가 책을 펼치기에 겁부터 먹었다. 겨우 읽다가도 포기자가 속출했다. 도레는 그게 아쉬웠다. 인류 문학사의 보물을 더 널리 알리고 싶었다.

《신곡》의 이해를 돕는 직관적인 삽화가 있다면 이 두꺼운 작품이 더 대중적 인기를 누릴 것으로 확신했다. 도레는 그 마음으로 화구를 꺼냈다. 독자가 단테의 여정에 더욱 몰입할 수 있도록 책 속 풍경 묘사에 나섰다. 이미 프랑수아 라블레의 《가르강튀아와 팡타그뤼엘》, 오노레 드 발자크의 《기이한 이야기들Les Contes Drolatiques》 등 도서의 삽화가로 성공한 그였기에 자신도 있었다.

《신곡》 속 단테는 베르길리우스 손에 이끌려 먼저 지옥 세계를 돈다.

"여기에 들어오는 그대여. 모든 희망을 버려라."

단테는 이런 글이 쓰인 지옥의 문을 덜덜 떨며 지나간다. 그런 그에게는 지하 9층 규모의 지옥이 펼쳐진다. 1층에선 꼬리 달린 괴물 미노스가 영혼을 심판한다. 음욕의 죄부터 배신의 죄까지 그 무게를 따져 보낼 곳을 결정한다. 죗값이 무거울수록 더 깊은 곳에 잡아넣는 식이다. 미노스는 뱀 같은 꼬리로 죄인의 몸을 휘감는다. 영혼이 가야 할 층은 그 꼬리가 감기는 횟수대로 정해진다.

도레의 삽화 〈미노스 왕〉 속 미노스는 굵직한 자기 꼬리를 과시하듯 쥐고 있다. 그 앞에 선 영혼들은 저마다의 자세로 절망하는 모습이다.

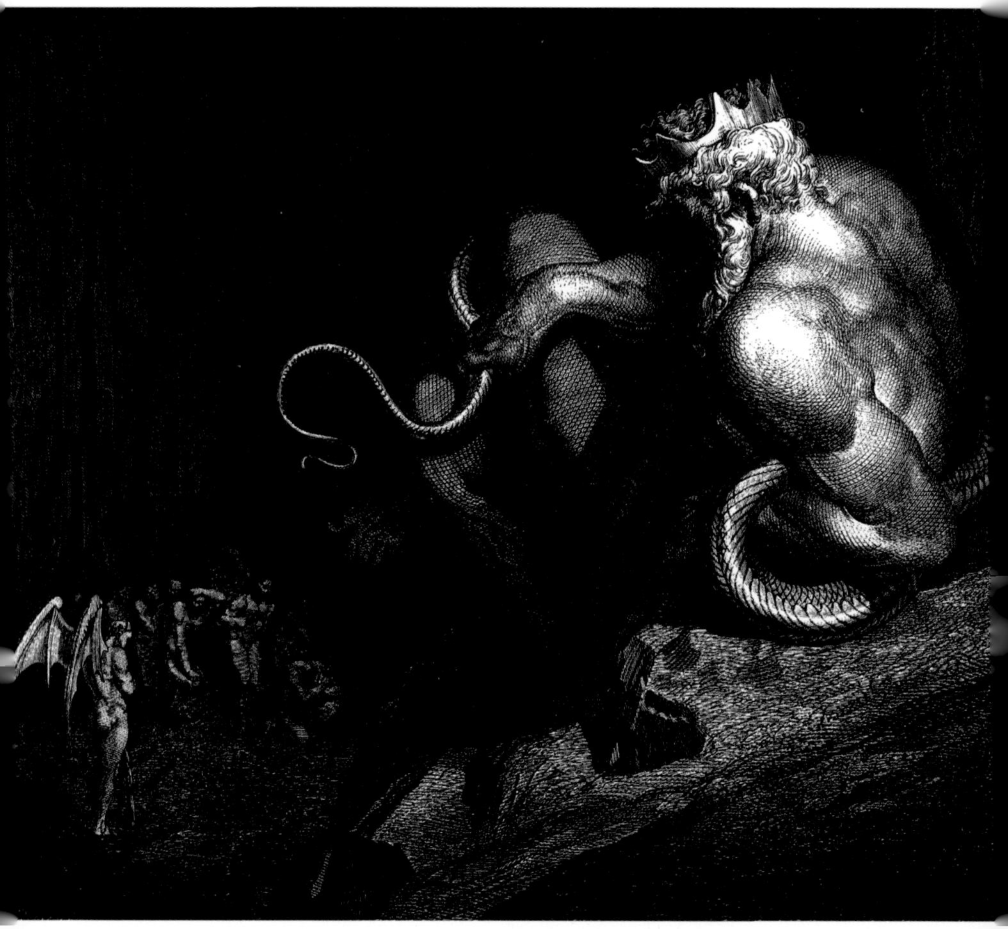

귀스타브 도레, 〈미노스 왕〉(《신곡》 삽화 중 일부),
19세기경, 소재 및 재료 미상, 크기 미상, 소장처 미상

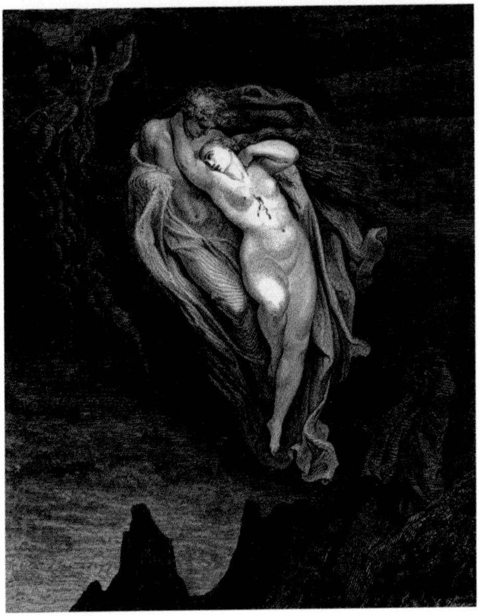

귀스타브 도레, 〈파올로와 프란체스카의 영혼〉(《신곡》 삽화 중 일부),
19세기경, 소재 및 재료 미상, 크기 미상, 소장처 미상

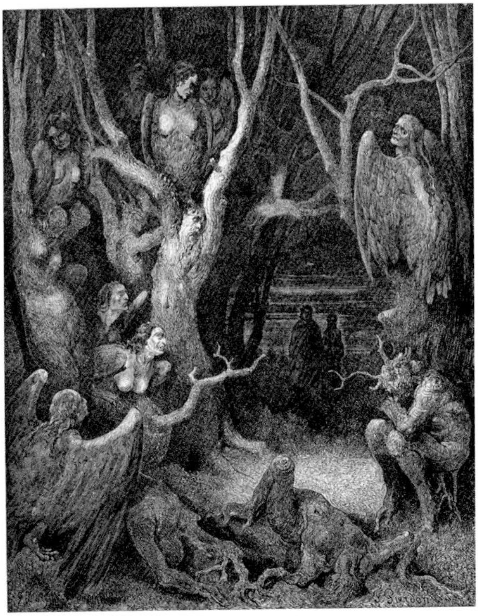

귀스타브 도레, 〈하피〉(《신곡》 삽화 중 일부),
19세기경, 소재 및 재료 미상, 크기 미상, 소장처 미상

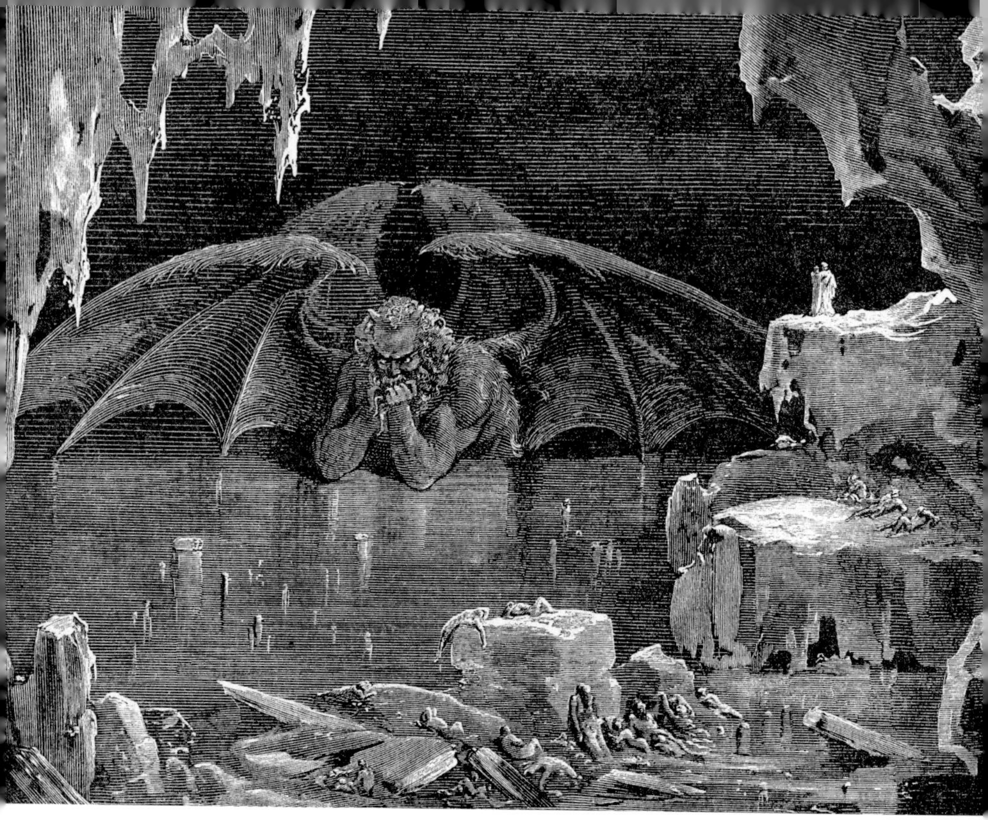

귀스타브 도레, 〈지옥의 왕 루시퍼〉(《신곡》 삽화 중 일부),
19세기경, 소재 및 재료 미상, 크기 미상, 소장처 미상

이와 함께 도레는 단테가 본 지옥을 둘러보며 본 여러 참상을 실감 나게 표현했다. 특히 불륜의 죄로 2층 음욕 지옥에 갇힌 파올로 말라테스타와 프란체스카 다 리미니가 영원한 폭풍우에 휩쓸리는 모습, 극단적 선택을 한 죄로 7층 폭력 지옥에 갇힌 이들이 나무가 돼 괴물새 하피에 평생 쪼이는 장면 등을 충격적일 만큼 세밀하게 묘사했다.

도레는 지옥 가장 밑바닥에 있는 대악마 루시퍼 또한 심혈을 기울여 완성했다. 냉기만 가득할 것 같은 이곳에서 루시퍼는 날개를 펼친 채 사람 셋을 씹어 먹고 있다. 이들의 정체는 예수를 등진 이스가리옷 유다, 율리우스 카이사르 암살을 주도한 마르쿠스 브루투스와 가이우스 카시우스 롱기누스다. 그 주변 영혼들은 지옥의 문이 경고한 그대로 모든 희망을 버린 채 널브러져 있다. 단테와 베르길리우스는 루시퍼의 몸 아래로 내려가 드디어 지옥에서 벗어난다.

⁑ 성공과 명성을 안겨준 열정 ⁑

도레가 《신곡》에서 가장 좋아한 이야기가 '지옥' 편이었다. 도레는 지옥의 모습을 담은 삽화 75점 작업부터 우선 마무리했다. 그런 다음 1861년, 도레는 프랑스 파리의 출판업자 루이 아셰트에게 자기 삽화가 실린 《신곡》 출간을 제안했다.

"제 작품을 함께 봐야 하니 무조건 큰 판형이어야 해요."

도레의 조건은 이게 끝이었다. 하지만 아셰트는 높은 제작비를 이유로 냉정하게 거절했다. 오기가 생긴 도레는 끝내 자비로 책을 펴냈다. 도레의 결단은 그에게 큰 성공을 안겼다. 그의 삽화가 담긴 《신곡》은 급속도로 입소문을 탔다. 몇 주 만에 3,000권이 팔리는 기염을 토했다. 영국 런던, 독일 베를린, 이탈리아 밀라노 등 수출길도 열렸다. 도레는 이 흐름을 타고 국제적 명성을 얻을 수 있었다. 도레는 이어 1864년부터 3년간 《신곡》 연옥 편에 담을 삽화 42점, 천국 편에 실릴 삽화 18점을 추가 제작했다. 그렇게 도레는 《신곡》만 갖고 135점의 작품을 완성했다.

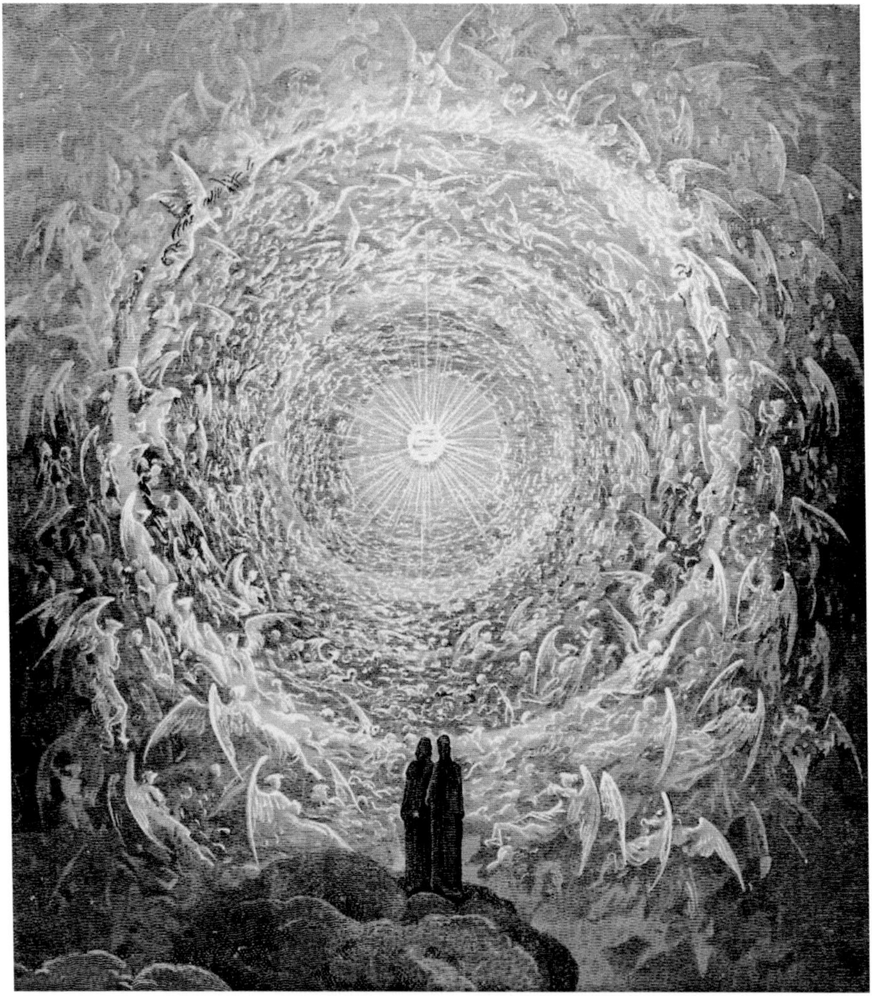

귀스타브 도레, 〈천국〉(《신곡》 삽화 중 일부),
19세기경, 소재 및 재료 미상, 크기 미상, 소장처 미상

단테의《신곡》에서 '연옥'과 '천국' 편은 잘 알려지지 않은 편이다. 이 두 곳을 무대로 하는 이야기는 도레의 혼을 실은 삽화로도 쉽게 이해하기 어려울 만큼 난해하다. 특히 수비학數秘學적 묘사, 신비주의적 관점으로 풀어가는 천국 편을 놓곤 이를 쓴 단테조차 "읽기가 쉽지 않을 것"이라고 경고했었다.

내용은 이렇다. 지옥에서 빠져나온 단테는 베르길리우스를 따라 연옥으로 간다. 연옥은 7층 구조의 산으로, 이곳의 영혼 또한 죄에 따라 고통받지만, 지옥 속 영혼과 달리 죗값만 다 치르면 천국으로 갈 수 있다. 단테는 베르길리우스와 함께 연옥 꼭대기에 오른다. 겨우 천국의 문 앞에 선다. 그런데, 세례를 받지 못한 베르길리우스는 천국 문턱을 넘을 자격이 없었다. 둘은 천국을 앞에 두고 이별할 수밖에 없었다.

울고 있는 단테에게 새로운 인도자가 등장한다. 그가 지상 세계에서 평생을 두고 사모한 상대, 베아트리체였다. 단테는 이제 그녀 손을 잡고 천국을 순례한다. 드디어 하느님까지 마주한 단테에게 지상 세계로 갈 수 있는 길이 열린다. 단테는 자기가 본 저승 세계의 장면들을 시로 남길 수 있도록 해달라고 호소했고, 그 결과물이 바로《신곡》이다.

단테와 베아트리체가 최고 높은 하늘Empyrean에 올라선 모습을 담은 도레의 작품이 천국 편을 담은 삽화 중에서는 가장 유명한 축에 속한다. 압도적인 수의 천사들은 꽃을 본 꿀벌처럼 원을 그리며 비행한다. 가장 빛나는 별을 향해 차츰 모여들고 있다. 언덕에 선 두 사람은 이 눈부신 광경을 넋 놓고 쳐다보고 있다. 이는 단테가 하느님을 만나기 직전의 모습이다.

⁑ 정식 교육은 받지 않았지만 ⁑

특유의 몽환적 분위기, 세밀한 장면 묘사, 압도적인 몰입감…….《신곡》 삽화에서 짐작할 수 있듯, 도레는 작품 의뢰가 끊이질 않았을 만큼 실력 있는 삽화가 겸 판화가였다.《신곡》 삽화와 함께 평생 1만여 점의 완성도 있는 작품을 내놓을 만큼 재능, 성실함을 모두 갖춘 천상 예술가였다.

도레는 1832년 프랑스 스트라스부르에서 태어났다. 애초에 타고난 소질이 있었다. 미술 교육을 받은 적도 없는 그였지만, 열다섯의 어린 나이부터 미술로 돈을 벌 수 있었다. 이때 이미 그의 삽화가 들어간 책《가르강튀아와 팡타그뤼엘》이 서점에 깔릴 정도였다.

도레는 제대로 회화를 배우지 않았기에 더 자유롭게 상상력을 펼칠 수 있었다. 사람들은 그런 도레의 개성 있는 예술 세계에 열광했다. 그는 성인도 되기 전에 프랑스에서 가장 돈 잘 버는 삽화가로 자리매김했다. 파리를 주 무대로 활동한 도레는 엄청나게 많은 판화를 찍어냈다.

윌리엄 셰익스피어, 빅토르 위고, 에드거 앨런 포 등의 작품에도 삽화를 얹었다. 정교한 선, 꼼꼼한 터치로 이뤄진 그의 작품은 거장들의 걸작을 더욱 돋보이게 했다. 그는 자신의 판화 작업을 도울 목판 조각가만 마흔 명 넘게 고용했다. 이러한 수완으로 도레는 1860년쯤부터 그의 작품이 담긴 책이 8일에 한 권씩 출판되게끔 했다.

❖ 화단의 이단아에서 개성 넘치는 예술가로 ❖

도레의 또 다른 대표작은 1863년에 완성한 미구엘 드 세르반테스의 소설《돈키호테》삽화 시리즈다. 책에는 기사도 소설에 심취한 시골 지주가 자신을 기사 '돈키호테 데 라만차'로 착각하고, 세상에 있지도 않은 공주를 구하러 떠나는 모험담을 담겨 있다. 최초의 근대 소설인《돈키호테》는《신곡》과 함께 그때부터도 전 세계 문학사를 대표하는 고전 중 고전이었다.

도레의《돈키호테》삽화 중 가장 유명한 건 골방에 틀어박힌 돈키호테다. 그는 등받이 의자에 앉은 채 기사도 소설의 문장을 큰소리로 읽고 있다. 기름기가 흐르는 머리, 제멋대로 자란 수염, 비쩍 마른 팔다리 등 행색은 볼품없는 노인이다. 스스로는 위엄 있는 기사의 자아를 갖고서 찌르기용 칼을 들고 있지만, 이는 그저 서글프게만 보일 뿐이다.

돈키호테 주변에는 동료와 라이벌, 적과 괴물이 가득하다. 온갖 기사도 소설을 닳도록 읽은 그가 만들어낸 환상일 터였다. 자기만의 세상에 갇힌 돈키호테는 곧 볼품없는 말 로시난테를 잡아탄 채 모험에 나설 것이다. 도레는 이 삽화를 통해 사람들이 돈키호테의 광기를 생생히 엿보는 기분을 느끼게끔 했다.

도레는《성서》삽화 작업에도 온 힘을 쏟았다. 1865년, 크리스마스를 앞둔 12월. 도레는 프랑스 투르에서 그의 삽화 228점이 담긴 성서를 선보였다. 이 작품은 출간 직후 재인쇄에 들어갈 만큼 호응을 얻었다. 곧 삽화 두 점을 더해 230점을 수록한《성서》를 내놓았는데, 이는 유럽을

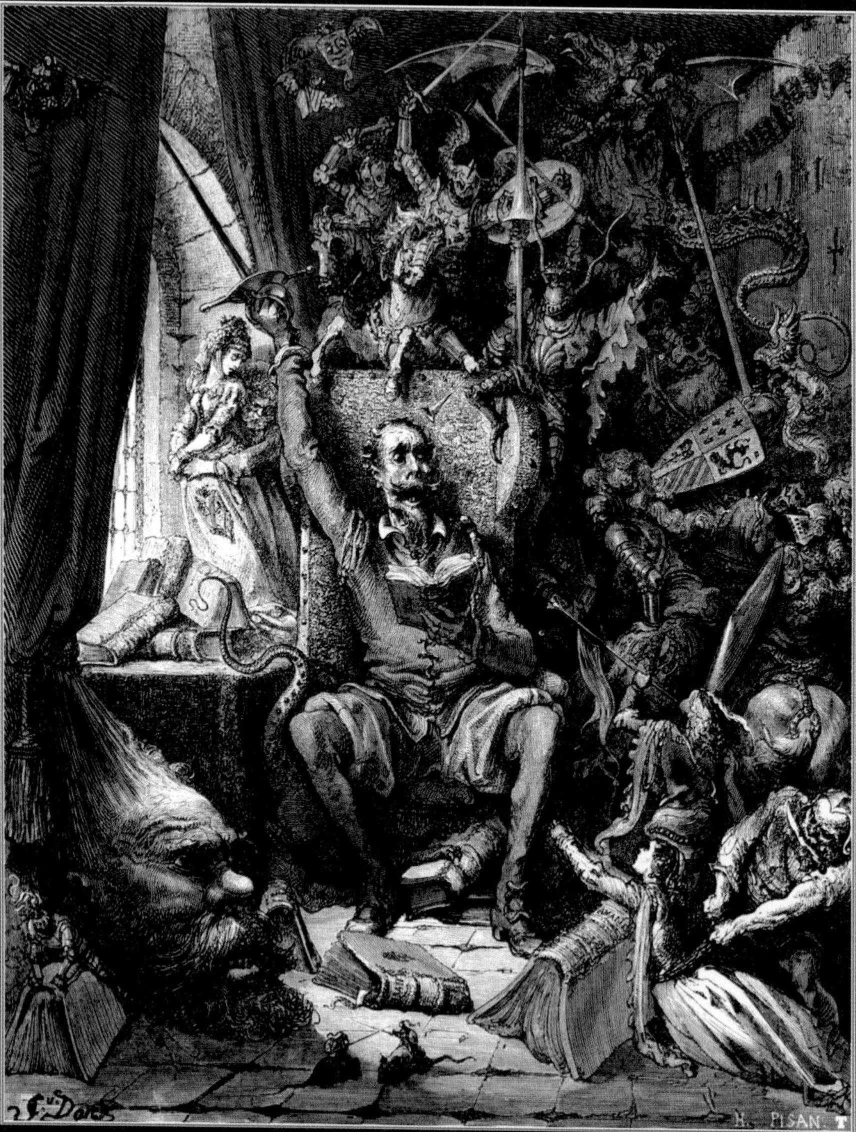

귀스타브 도레, 〈돈키호테〉(《돈키호테》 삽화 중 일부).

넘어 미국에서도 발행될 만큼 인기를 끌었다. 열광적인 반응 속 도레는 1867년 영국 런던에서 대규모 전시회도 열 수 있었다.

런던에 애정을 느낀 그는 1872년에는 삽화 180여 점을 담은《런던: 순례 여행》도 출간했다. 가난에 찌든 런던 내 뒷골목까지 가감 없이 표현한 이 작업물 또한 큰 주목을 받았다.

도레는 그간의 업적을 인정받아 1879년 프랑스 정부에 레지옹 도뇌르 훈장을 받았다. 다만, 도레는 순수 미술 영역에서는 크게 운이 따르지 않았다. 도레는 열여섯 살 때부터 파리 살롱전에 유화 등 작품을 출품했다. 하지만 큰 성과는 없었다. 당대 프랑스 화단은 도레를 이단아로 봤다. 자신들과 다른 결의 상업적인 기술자로 취급했다. 도레는 유명 미술학교 출신도 아니었고, 심사위원단이 높이 쳐주던 신고전주의풍의 역사화를 그리지도 않았다. 예술가로서 거의 모든 꿈을 이룬 도레가 딱 하나 이루지 못한 게 있다면, 그것은 살롱전 제패였다.

1883년, 도레는 쉰한 살 나이로 파리에서 영영 눈을 감았다. 사망 직전에도 그는 윌리엄 셰익스피어 희곡 판의 삽화 작업을 하고 있었다고 한다. 그가 남긴 개성 넘치는 작품들은 예술가의 주관성이 강조되는 현대 예술계에서 중요한 교본으로 활용되고 있다.

너무 아름다워서 어딘가 섬찟한 그림

존 에버렛 밀레이, 〈오필리아〉

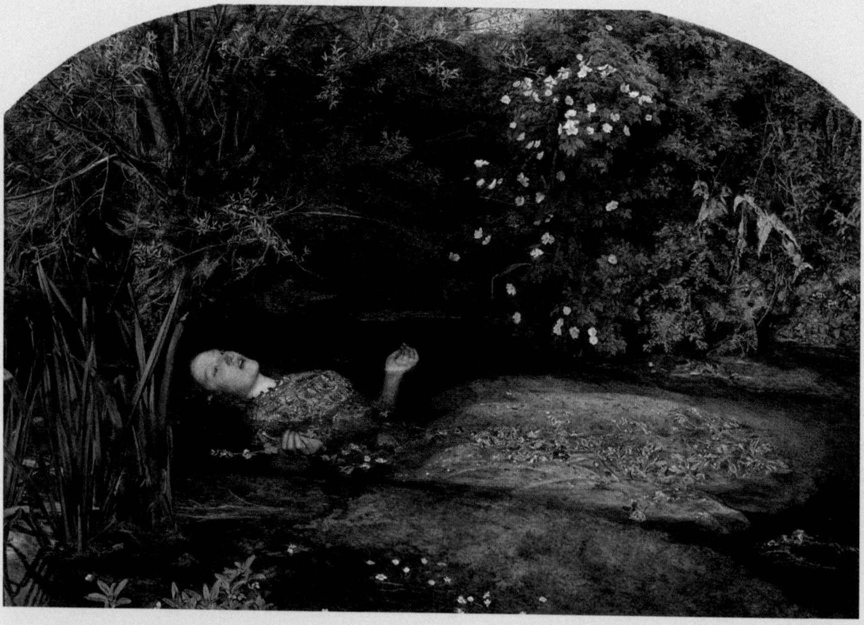

1852년, 캔버스에 유채, 76.2×111.8㎝, 테이트 브리튼

늘 사랑을 속삭이던 그가 돌연 저주의 말을 퍼부었다.

'결혼을 하려거든 바보에게나 가라고? 아니, 그냥 결혼 따위 집어치우고 수녀원으로 떠나라고?'

오필리아는 웅크린 채 울었다. 사실 햄릿 왕자의 말은 진심이 아니었다. 배신으로 얼룩진 자신의 참혹한 가족사를 알게 된 뒤 홧김에 한 폭언이었다.

하지만 순수한 이 소녀가 사정을 알 리 없었다. 오필리아는 그날 이후 급격히 생기를 잃었다. 싱그러운 아름다움은 눈에 띄게 시들었다. 그런 그녀 앞에 곧 새로운 소식이 놓였다. 바로 아버지 폴로니어스가 햄릿의 칼에 맞아 성 안에서 사망했다는 것이었다. 그리고 햄릿이 급하게 덴마크를 떠나 영국으로 향했다는 소식도 뒤이어 들어왔다.

믿을 수 없었지만 사실이었다. 첫 소식은 사랑하는 가족과의 영원한 이별, 두 번째 소식은 사랑했던 연인과의 영원한 결별을 뜻했다. 오필리아는 이번에는 울지 않았다. 외려 웃었다.

결국 오필리아는 실성했다. 산발이 된 그녀는 매일 숲속 골짜기를 쏘다녔다. 웃고, 울고, 노래를 부르고, 그대로 주저앉아 흐느꼈다. 어느 날 오필리아는 꽃을 여러 송이 꺾었다. 그녀는 이를 엮어 꽃다발로 만들었다. 그러고는 개울가에 비스듬히 누운 버드나무 가지로 걸어갔다. 꽃다발을 가지 끝에 걸어둘 참이었다.

얄궂게도 그때 가지가 꺾이고 말았다. 오필리아는 시냇물에 빠졌다. 그녀는 놀라지 않았다. 그저 부르던 노래나 부르며 가만히 떠 있었다. 물 밑 진흙으로 끌려가도 상관없다는 양 얌전히 흘러갔다. 그녀는 차츰 물에 삼켜졌다. 윌리엄 셰익스피어의 작품《햄릿》에 등장하는 그녀는 이렇게 생을 마감했다.

존 에버렛 밀레이의 〈오필리아〉는 언뜻 보면 아름답기만 한 그림이다. 하지만 알고 보면 기구한 여인의 비극적 죽음을 담은 작품인 것이다. 밀레이는 이런 암담한 장면을 왜 이토록 생생하게, 왜 이렇게까지 강렬하게 그렸을까.

❖ 박쥐 같은 요정? ❖

〈오필리아〉의 완성도로 볼 수 있듯, 밀레이는 미술 재능을 타고난 사람이었다.

온 가족이 그의 될성부른 떡잎을 믿고 런던으로 이사를 올 정도였다.

밀레이도 그 기대에 부응했다. 그는 1840년에 런던 왕립예술원에 입학했다. 고작 열한 살, 예술원 역사상 최연소였다. 최고의 학교에 온 밀레이는 기대에 부풀었다.

하지만 이는 곧 실망으로 바뀌었다. 이곳에선 르네상스 회화를 항상 최고로 쳤다. 이는 인간과 자연을 실제보다 아름답게 표현하는 화풍이었다. 가령 인간을 그린다면 미켈란젤로 부오나로티를 흉내내 근육 묘사에 각별히 힘 쏟아야 했다. 자연을 그린다면 라파엘로 산치오를 따라해 구도와 조화를 맞추기에 정신을 기울여야 했다. 그러기 위해선 과장과 생략이 필수적이었다.

밀레이는 그게 싫었다. 그가 볼 때 이런 식의 그림은 부자연스러웠다. 생생하지도 않고, 인상적이지도 않았다. 밀레이는 예술원에서 단테 가브리엘 로제티, 윌리엄 홀먼 헌트와 친해졌다. 이들도 같은 문제의식을 느끼고 있었다.

"우리가 아예 새로운 조직을 꾸려볼까?"

세 사람은 그렇게 의기투합했다. 1848년, 라파엘전파前派가 탄생하는 순간이었다. 밀레이와 그의 친구들은 작업실 문을 열었다. 이젤을 들고 현장에 직접 뛰어들었다. 눈에 보이는 만큼 세밀하게 표현했고, 보이는 대로 풍부하게 색칠했다. 인간만큼 꽃 한 송이, 풀 한 포기도 있는 그대로 묘사했다. 인위적인 근육, 인공적인 구도 모두 뒤로 밀어냈다. 라파엘로가 태어나기 전 유행했던 꾸밈없이 솔직한, 자연 앞에서 겸손한 화풍을 다시 따른 것이었다.

예컨대 밀레이의 〈공기 요정에게 유혹당하는 페르디난드〉를 보면 현

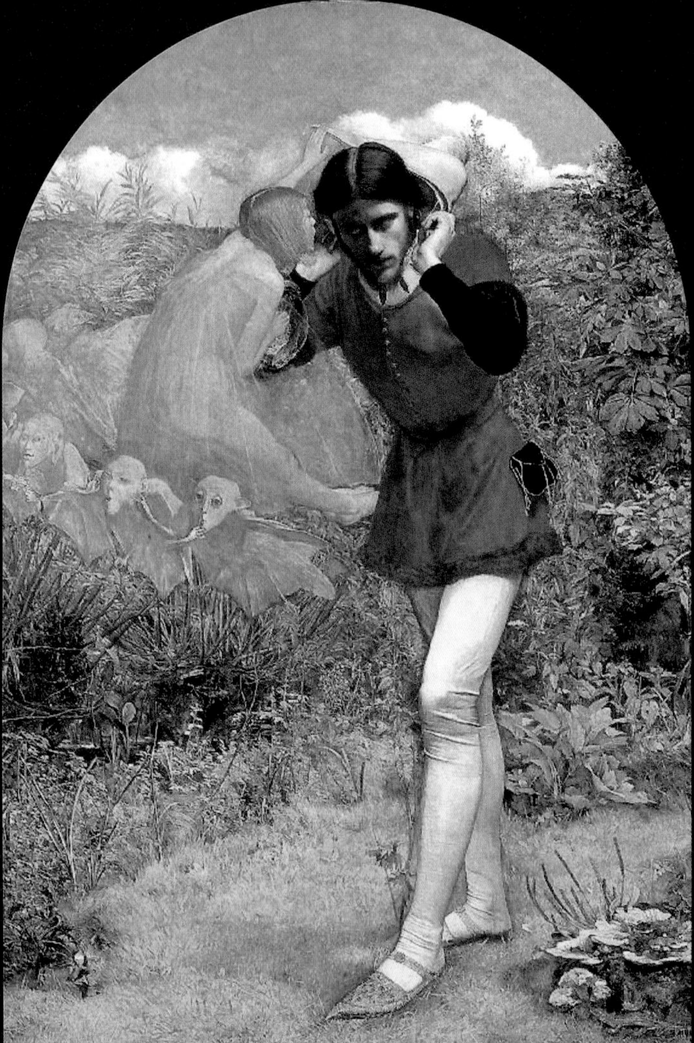

존 에버렛 밀레이, 〈공기 요정에게 유혹당하는 페르디난드〉,
1849~1850년, 패널에 유채, 64.8×50.8㎝, 개인 소장

장의 냄새가 성큼 다가온다. 셰익스피어의 희곡《템페스트》에서 영감을 얻은 이 작품에는 근육질이 아닌 비교적 평범한 체형의 페르디난드가 등장한다. 사람만큼 주변의 자연 또한 맑고 뚜렷하다.

특히 눈에 띄는 건 요정이다. 그는 요정마저 '현실적'으로 그렸다. 당시 학교의 가르침에 맞춰 예쁘고 아담하게 그리기를 거부했다. 실제 요정이 있다면 그 존재 중 다수는 박쥐와 비슷할 것으로 생각한 듯하다. 반항의 깃발을 든 밀레이는 이런 식으로 기성 화단에 맞서기 시작했다.

⁑ 예수마저도 평범하게 ⁑

밀레이는 라파엘전파의 표본이 될 그림의 필요성을 절감했다. 그는 조직을 꾸린 다음 해부터 모두에게 익숙한 소재를 골라 작업에 나섰다. '성가족Holy Family'이었다. 그는 곧 〈부모 집에 있는 그리스도〉를 완성했다. 성 요셉과 성모 마리아, 예수가 있는 장면은 당시 성가족이란 이름으로 흔히 다뤄지는 회화 주제였다. 이들을 더 고결하게, 더욱 성스럽게 그리는 일이 그 시절 암묵적 합의였다.

하지만 밀레이는 그러지 않았다. 일단 배경부터 독특했다. 동네에서 흔히 볼 수 있는 목공소였다. 아름다운 초원도, 예스러운 건물 안도 아니었다. 그런 다음 성가족을 평범한 목수 가족으로 표현했다. 이들 모습 또한 거룩함과는 거리가 멀었다.

투박한 목수 요셉과 남루한 옷을 입은 마리아, 아직 약하고 여려 보

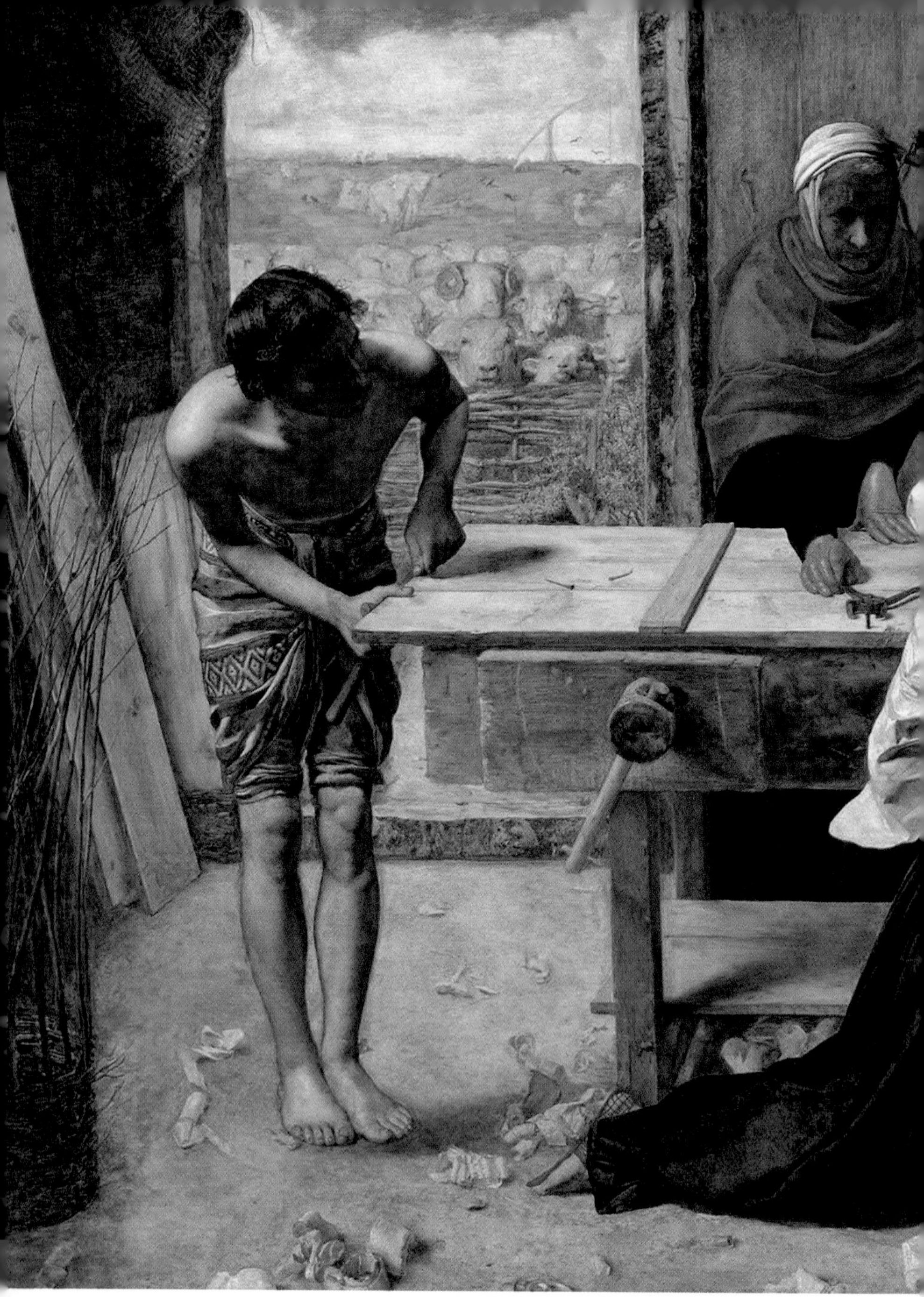

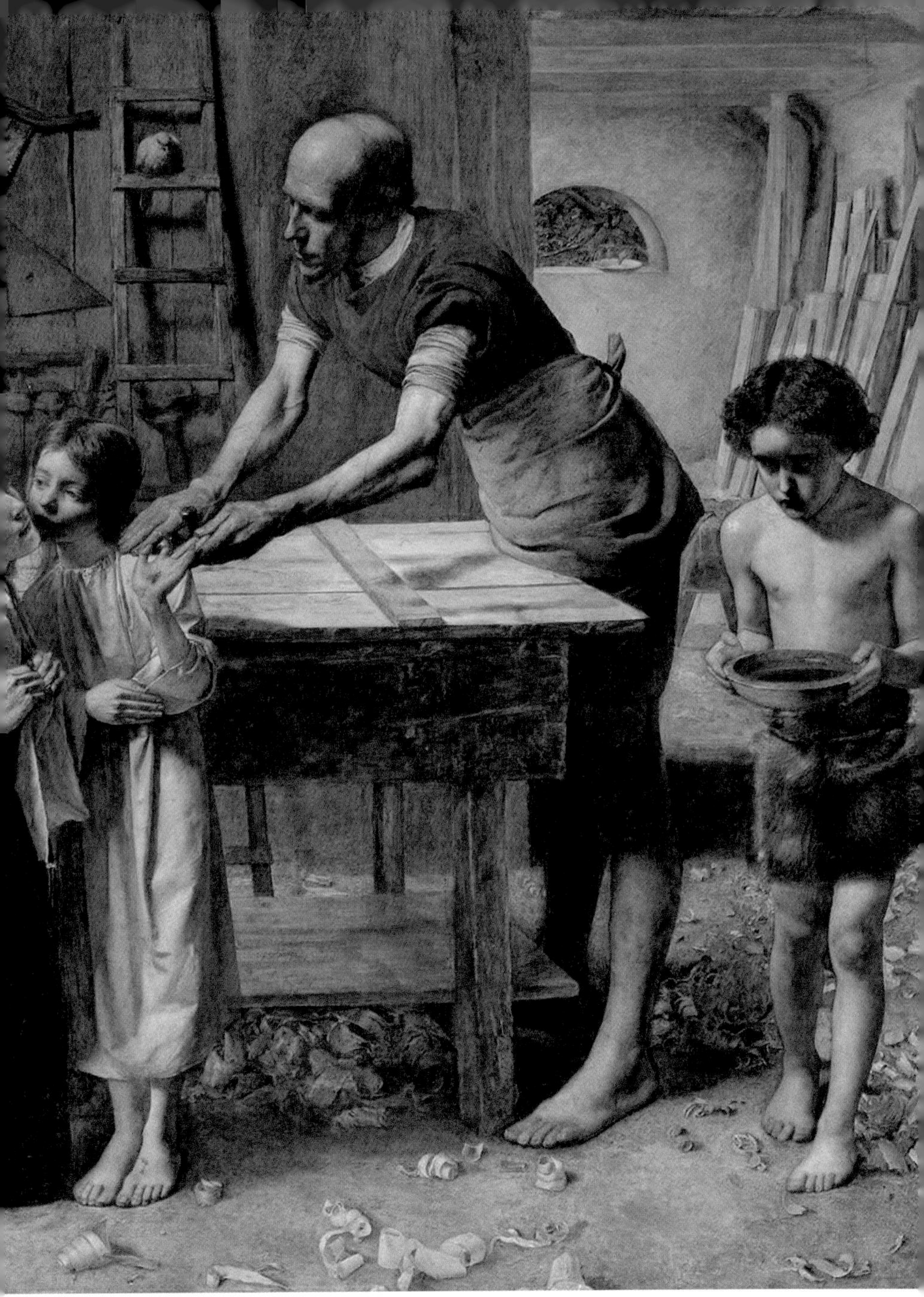

존 에버렛 밀레이, 〈부모 집에 있는 그리스도〉,
1850년, 캔버스에 유채, 86.3×139.7㎝, 테이트 브리튼

이는 예수……. 그가 생각할 때 가장 현실적인 성가족의 모습을 캔버스에 담은 것이었다. 밀레이는 세부 묘사를 통해 그림의 완성도를 더 높였다. 이를테면 마리아에게 입맞춤을 받는 예수의 손과 발등에 핏자국을 그렸다. 이는 그가 받을 십자가형을 뜻했다. 요셉 옆 물을 든 소년은 요단강에서 세례를 베풀었던 세례자 요한을 의미했다. 이 밖에도 삼위일체의 뜻을 갖는 삼각자가 벽에 걸려 있고, 어린 양들이 밖에서 몰려들고 있다.

밀레이는 이 그림을 통해 라파엘전파의 지향점을 알리려고 했다. 그러나 현실은 만만치 않았다. 밀레이의 파격적 시도는 조롱을 받았다. 그저 신성모독으로 손가락질당했다.《위대한 유산》으로 곧 이름을 알릴 소설가 찰스 디킨스도 그림 속 예수를 보고 "잠옷을 입은, 목이 구부러진, 멍청하고, 끔찍한 (……) 빨간 머리의 소년"이라며 신랄하게 비판했다. 많은 이가 라파엘전파를 젊은 날의 객기로 치부할 뿐이었다. 권위 있는 평론가 존 러스킨이 없었다면 밀레이가 탄 라파엘전파호號는 닻을 올리기도 전에 침몰했을지도 모른다.

"이렇게나 아름다운 그림을 그린 밀레이와 그 동료들이 영국의 위대한 전통을 이어갈 것이다."

깐깐한 러스킨의 파격적 평에 분위기가 달라졌다. 러스킨은 나아가 밀레이의 보호자도 자처했다. 밀레이는 그 덕에 용기를 간직할 수 있었다. 꼭 한번 다루고 싶었던 주제도 건드릴 수 있었다. 그중 하나가 셰익스피어의 역작《햄릿》이었다.

⁂ 관찰하고 또 관찰하여 완성시킨 숭고함 ⁂

1852년, 밀레이는 라파엘전파의 정신에 맞춰 〈오필리아〉 그림을 계획했다. 일단 늘 그랬듯 밖으로 나갔다. 오필리아가 빠져 죽었을 법한 강가를 찾았다. 몇 개월을 헤맨 끝에 잉글랜드 서리 근교 호그스밀에서 딱 맞는 장소를 볼 수 있었다. 밀레이는 자리를 깔았다. 일대를 반년 가까이 관찰했다.

물살은 언제 세지는지, 무슨 야생화는 어디에서 피는지, 물 위에 뜬 잎과 나뭇가지는 어떻게 흘러가는지를 연구했다. 《햄릿》에 등장하는 꽃을 들고 와보기도 했다. 그는 주변 풍경을 천천히 캔버스에 담았다. 쉽지 않았다. 변덕스러운 날씨, 개화 시기가 다른 꽃들, 호전적인 풀벌레가 작업을 방해했다. 그럼에도 참고 나아갔다. 고생 끝에 배경을 먼저 완성했다.

"이곳의 파리는 근육질이에요. 사람 살에 달려드는 걸 좋아하지요. 최근에는 남의 들판에 무단 침입하고, 건초를 망쳤다며 법정에 출두하게 될 수도 있다는 경고를 받았어요. (……) 살인자에게 교수형 대신 이런 곳에서 그림을 그리라고 해도 되겠어요."

그쯤 그가 후원자에게 쓴 글이었다. 밀레이는 오필리아 역에 나선 모델도 괴롭혔다. 그는 당시 라파엘전파의 뮤즈였던 엘리자베스 시달을 불렀다. 물을 가득 채운 욕조에 대뜸 눕혔다.

"그대로, 그렇게 있어 주게."

그녀는 기약 없이 둥둥 떠 있어야 했다. 밀레이는 호그스밀에서 그랬듯 시달을 진득이 관찰했다. 오랜 시간 화폭에 담았다. 그는 욕조 물을 데워주는 램프 불이 꺼진 일도 몰랐다. 시달이 추위에 덜덜 떨고 있는 일 또한 당연히 알 수 없었다. 밀레이가 그림을 다 그릴 때쯤 시달은 폐렴에 걸리고 말았다. 시달의 아버지가 밀레이에게 병원비를 대지 않으면 고발하겠다고 으름장을 놓았다는 말도 있다.

밀레이의 〈오필리아〉는 그렇게 해 나온 결과물이었다. 이런 집착 내지 집념 탓에 〈오필리아〉는 이토록 생생할 수 있었다. 가녀린 몸매 강조 없이도 아름다울 수 있었고, 틀에 박힌 구도 없이도 비극을 우아하게 내보일 수 있었다. 밀레이는 특히 꽃과 나무 등 식물 표현에 끝까지 공들였다. 이를 통해 자연스럽게 숭고함과 섬뜩함을 더하려고 했다.

가령 오필리아의 목에 걸린 제비꽃은 '충절'과 '젊은 날의 죽음'을 뜻한다. 오필리아의 오른손 쪽에서 떠다니는 양귀비는 '깊은 잠', 아도니스꽃은 '슬픔'의 뜻을 갖는다. 흰색 데이지는 '순결'과 '결백', 맨 오른편의 노란색과 보라색이 섞인 팬지는 '공허한 사랑'을 의미한다.

그런가 하면 버드나무 가지는 '버림받은 사랑', 가지 뒤편 쐐기풀은 '고통', 그림 오른편 덤불에서 볼 수 있는 해골 모양은 '죽음'을 상징한다. 이 또한 모두 밀레이가 눈이 빠지게 보고 관찰한 것들이었다.

⁑ 희망과 현실을 한 화폭에 ⁑

〈오필리아〉를 마무리한 밀레이는 영국 서식스의 시골에서 잠시 머물

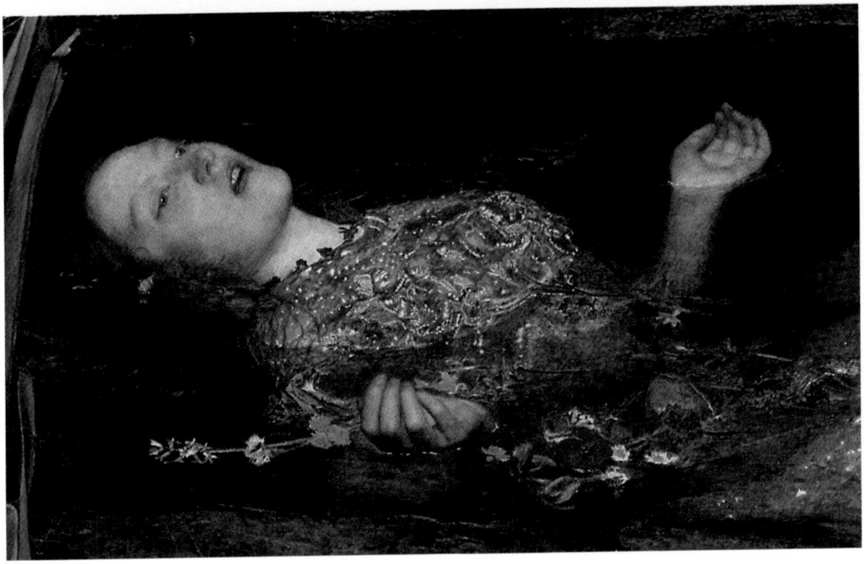

오필리아의 얼굴과 목에 걸린 제비꽃을 비롯한 꽃들

렀다. 밀레이는 기구한 삶을 산 오필리아의 여운을 여전히 품고 있었다. 그런 그는 이곳에서 또 다른 비극적 생과 마주했다. 거리를 떠도는 금발의 눈먼 소녀와 그녀의 여동생이었다. 밀레이는 홀린 듯 붓을 쥐었다. 이곳에서 그의 〈오필리아〉만큼이나 아름답고도 비극적인 그림 〈눈먼 소녀〉가 탄생했다.

두 소녀가 황금빛의 너른 들판에서 쉬고 있다. 언니의 무릎 위에는 손풍금이 놓여 있다. 이들이 거리의 악사로 밥벌이를 한다는 걸 의미한다. 저 멀리서 쌍무지개가 떠오른다. 소나기를 피해 언니의 숄을 함께 썼던 동생이 이를 바라본다.

"언니. 쌍무지개가 떴어."

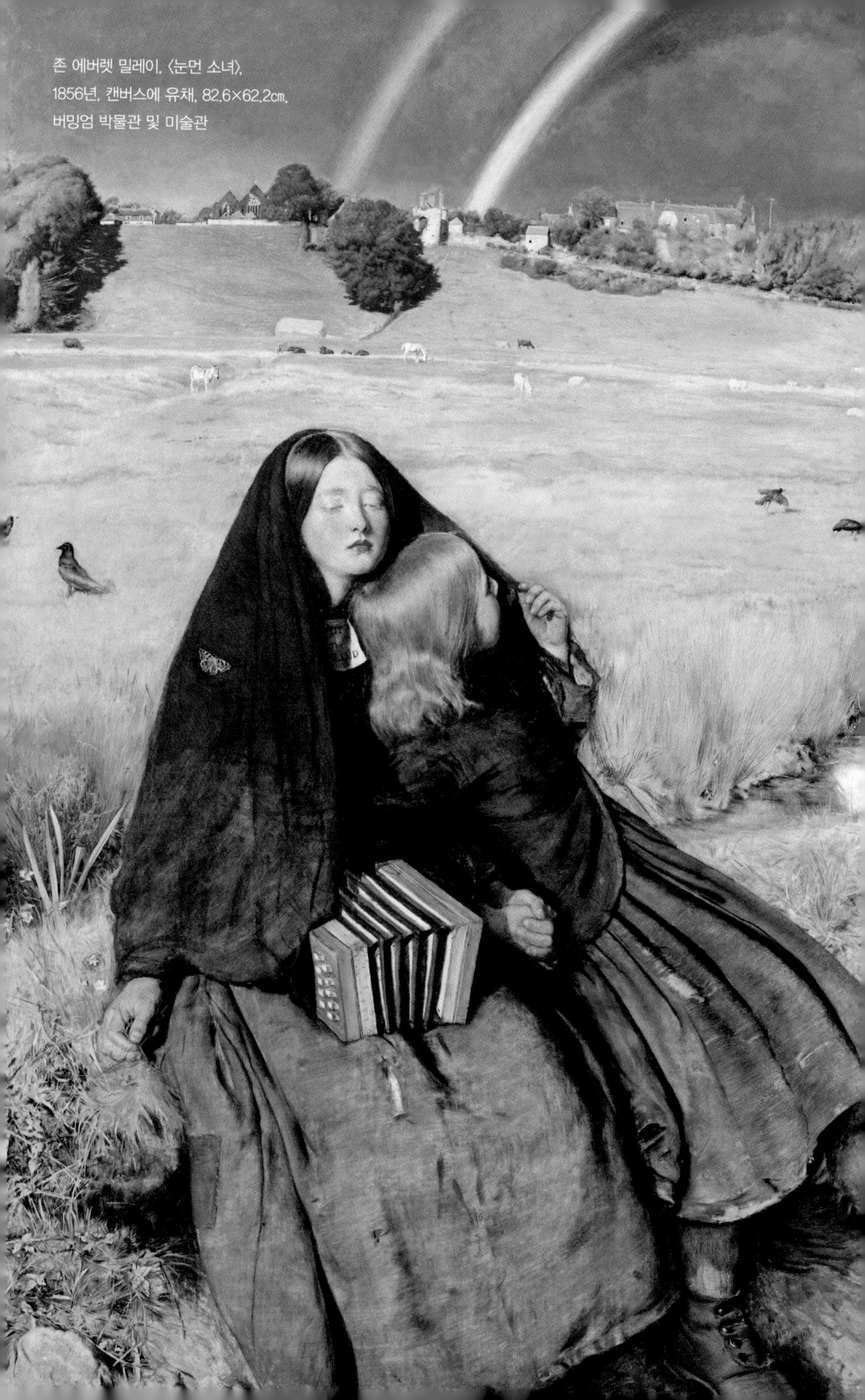

존 에버렛 밀레이, 〈눈먼 소녀〉,
1856년, 캔버스에 유채, 82.6×62.2㎝,
버밍엄 박물관 및 미술관

이렇게 말하는 듯하다. 하지만 언니는 절경을 볼 수 없다. 눈이 먼 탓이다. 언니의 목에는 "장님을 불쌍히 봐주세요Pity the blind"라는 글이 쓰여 있다. 그런데도 언니는 평온해 보인다. 가만히 빗물 스민 흙냄새를 맡고 있다. 왼손으로는 동생 손을, 오른손으로는 들풀을 매만지고 있다. 살포시 내려앉은 나비가 무언가를 속삭이려고 하는 듯도 하다. 쌍무지개는 볼 수 없지만, 어쩌면 그 이상의 세상을 느끼고 있는 모습이다.

하지만 무지개가 지면 두 소녀는 현실로 돌아와야 한다. 그곳은 낡은 윗옷, 몇 번은 꿰맨 듯한 찢긴 치마, 색 바랜 신발이 전부인 세상이다. 밀레이는 이번에도 집요한 연구를 통해 이 그림을 그렸다. 그 결과 사랑스럽지만 슬픈, 따뜻한 희망과 냉혹한 현실이 공존하는 작품을 내놓을 수 있었다.

"나는 캔버스 위에 쓸데없는 것을 의식적으로 그린 적이 없다."

이는 밀레이가 어린 시절부터 지켜온 말이었다. 그는 그렇게 해 삶과 신화, 문학 속 여러 장면을 그만의 기준으로 아름답게 풀어갈 수 있었다.

러시아 황녀의 창문에 비친 것은

일리야 레핀, 〈알렉세예브나 소피아 황녀〉

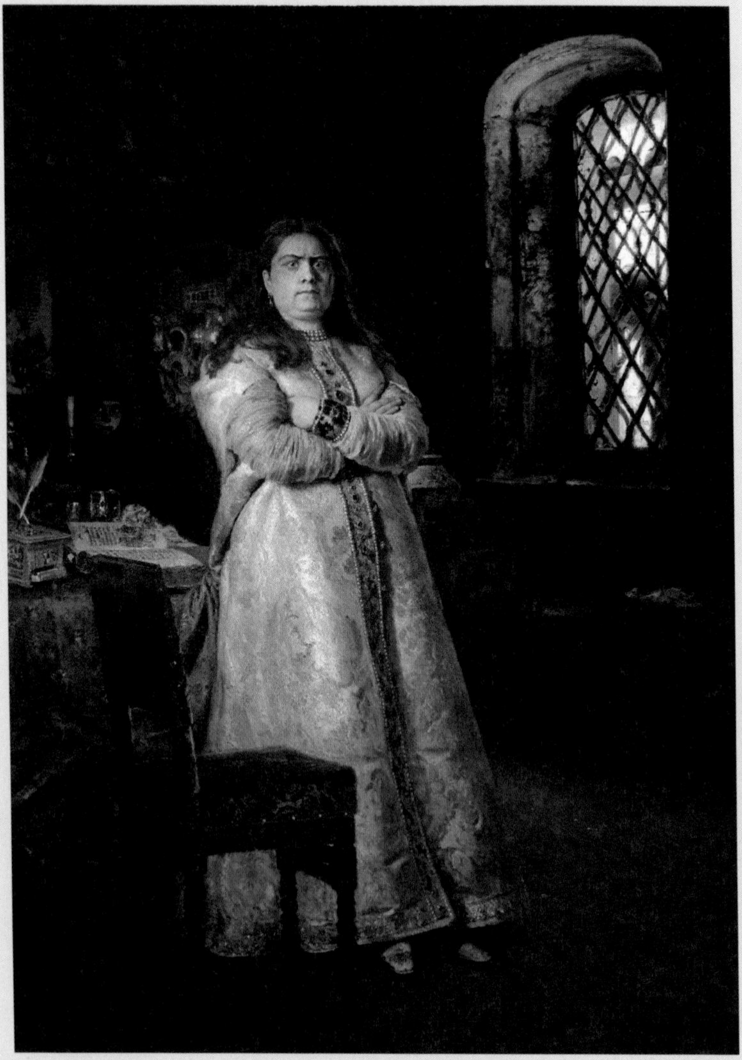

1879년, 캔버스에 유채, 204.5×147.7㎝, 트레티야코프 미술관

⁑ 죽어야 자유로워지는 황녀 ⁑

‘나는, 아직, 끝나지 않았다.’

1689년, 루스 차르국(러시아 제국의 전신) 모스크바의 노보데비치 수도원. 황녀 알렉세예브나 소피아가 되뇌었다. 밤새 쥐어뜯은 머리에는 딱지가 쌓였다. 꽉 깨문 입술에선 피고름이 맺혔다.

‘나는 포기하지 않아. 절대 포기하지 않아.’

소피아는 허공에 대고 계속 중얼거렸다. 그녀는 갇혀 있었다. 죽어야만 자유로울 수 있는 유폐의 형벌을 받고 있었다. 사실상 사회적 사형 선고였다. 하지만 그녀는 희망의 끈을 놓지 않았다. 누군가 자기를 구출할 것으로 믿었다. 그렇게만 되면 옛 위세를 되찾을 수 있다고 확신했다. 그녀가 하릴없이 창문 너머를 보며 잠긴 문 앞을 한참 동안 서성이는 까닭이었다.

‘내 동생 표트르 1세여. 감히 너의 섭정을 맡았던 누이를 이따위로 대하는가.’

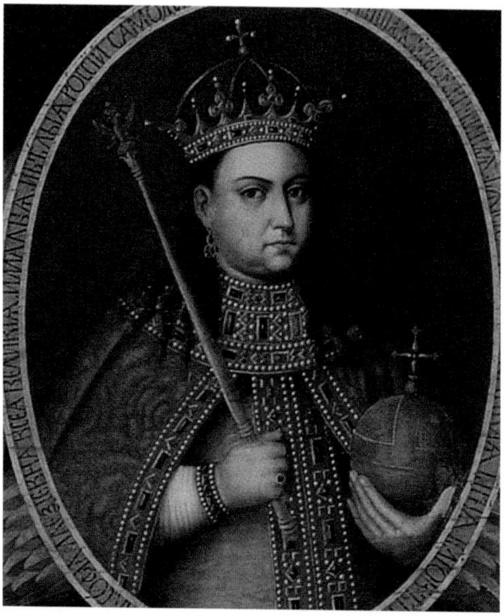

작가 미상, 〈알렉세예브나 소피아 황녀 초상화〉,
1682~1689년, 소재 및 재료 미상, 크기 미상, 소장처 미상

밤잠을 설칠 때면 이런 내용의 긴 편지를 썼다. 내가 또 한 번 이곳에서 탈출하는 그날, 기필코 네놈의 목을……. 그녀는 살벌한 문장을 이어갔다. 그러다가도 화가 용암처럼 밀려올 때면 주먹으로 책상을 쾅 쳤다. 그래도 분함이 사무치면 조국의 지도자로 올랐던 옛 영광을 곱씹었다. 영원할 수도 있었던 그 시절을 뒤늦게 음미했다.

소피아가 계획한 첫 번째와 두 번째 반란은 모두 실패했다. 그녀는 이게 다 그 꼬마 녀석, 표트르 1세에게 방심해서 진 것이라고 믿어 의심치 않았다. 제대로 맞붙기만 했다면 둘의 운명은 충분히 뒤바뀔 수 있었다고 생각했다. 소피아는 냉기 가득한 침대에 누웠다. 천장을 멍하니 쳐다

봤다. 아직도 혼잣말은 멈추지 않았다. 한 번만, 딱 한 번만 더 기회를. 그녀는 똑같은 말만 반복했다.

일리야 레핀이 그린 〈알렉세예브나 소피아 황녀〉에서는 복수심에 불타오르고 있는 소피아의 위험한 눈빛이 특히 눈길을 끈다. 걸어 잠근 팔짱에선 끝까지 가보겠다는 집념이 느껴진다. 날카로운 눈, 우람한 몸집 등 장군의 풍채를 갖춘 그녀는 앙갚음의 화신처럼 보인다.

다만, 그녀의 산발이 된 머리와 빛바랜 드레스에서는 숨길 수 없는 긴장감과 초조함도 느껴진다. 공간은 좁고, 곰팡이 같은 검은 때도 곳곳에 묻어 있다. 한때 천하를 호령했던 황녀는 왜 이런 비참한 나날을 보내는가. 소피아의 영광과 몰락은 블록버스터 영화보다 극적이었다.

⁂ 권력을 앞에 둔 치열한 다툼 ⁂

시간을 7년가량 거슬러 1682년. 차르 알렉세이 미하일로비치에게 권력을 물려받은 아들 표도르 3세는 고작 스물한 살 나이로 죽었다. 자식도 없었다. 그러니 다음 차르는 표도르 3세의 동생 몫이었다. 바로 이반 5세였다. 하지만 문제가 있었다. 지도자가 되기에는 그의 몸이 너무 허약했다. 자연스럽게 이반 5세의 동생 표트르 1세에게 시선이 쏠렸다.

총명한 표트르 1세는 훌륭한 재목이었다. 하지만 그는 겨우 열 살이었다. 차르로 군림하기에는 어려도 너무 어렸다. 그러나 더 이상 후보도 없었다. 결국 열 살짜리 표트르 1세를 차르로 하되, 그가 성인이 되는 동안 섭정을 두기로 황족들 사이 뜻이 모였다.

그렇다면 한시적이지만 차르의 권한을 휘두를 수 있는 섭정은 누가 할 것인가. 이 또한 결정하기가 쉽지 않았다. 앞서 미하일로비치는 생전에 두 번의 결혼을 했다. 그는 첫 번째 황후와의 사이에서 표도르 3세와 허약한 이반 5세, 소피아를 낳았다. 이어 두 번째 황후에게서 표트르 1세를 얻었다. 즉, 죽은 표도르 3세와 그의 왕좌를 물려받을 표트르 1세는 배다른 형제였다. 이게 문제였다. 섭정권을 놓고 첫 번째 황후의 가문 밀로슬라브스키와 두 번째 황후의 나리쉬킨 가문이 치열하게 대립했다.

귀족 회의는 표트르 1세를 앞세운 나리쉬킨 가문의 손을 들어줬다. 하지만 밀로슬라브스키 가문은 이에 승복하지 않았다. 특히 밀로슬라브스키 가문의 실세, 소피아는 죽어도 받아들일 수 없다며 맞섰다. 독을 품은 소피아가 찾아간 곳이 있었다. 그녀의 생각은 발칙했고, 움직임은 은밀했다.

당시 루스 차르국은 국가 심장부인 모스크바에 상비군을 두고 있었다. 일명 스트렐치Streltsy였다. 국가명을 모스크바 대공국에서 루스 차르국으로 바꾼 이반 4세가 친히 창설한 정예군이었다. 22개 연대, 약 2만 3,000명으로 이뤄진 이 군대는 명분만 있다면 언제든 무기를 꺼내 들 수 있는 조직이었다.

소피아는 스트렐치 기지에 직접 방문했다. 소피아는 자신이 속한 밀로슬라브스키 가문과 어린 차르 표트르 1세를 미는 나리쉬킨 가문 사이 정쟁을 끝낼 방법은 하나뿐이라고 생각했다. 그것은 바로 진짜 총칼이었다.

"……사실 나리쉬킨 가문이 스트렐치를 없애려고 혈안이야."

스트렐치 지휘관을 만난 소피아는 대뜸 거짓말을 했다.

"갑자기 무슨 말입니까. 그걸 어떻게 믿습니까."

"믿고 안 믿고는 자네들 마음대로 해. 다만, 나리쉬킨 가문이 섭정을 쥐면 이 부대를 가만두지 않을 건 확실해. 젊은 나이에 죽은 표도르 3세를 지키지 못했다는 명목을 붙여서 말이야."

소피아는 스트렐치에 공포를 심었다. 가짜 소문을 계속 퍼뜨렸다. 결국 스트렐치가 총칼을 쥐었다. 주입된 불안에 절여진 이들은 기어코 크렘린궁을 쳤다. 나리쉬킨 가문의 수장 이반 나리쉬킨을 죽여버렸다. 그를 따른 사람들도 죽이거나 내쫓았다. 그런 광기의 현장 한가운데, 소피아가 개선장군처럼 등장했다. 그녀는 크렘린궁의 여러 장식품을 판 돈을 스트렐치에 뿌렸다. 그렇게 그들의 마음을 얻었다. 스트렐치를 등에 업은 소피아는 고대하던 섭정권을 쥘 수 있었다.

⁜ 비극의 씨앗이 된 위험한 상상 ⁜

차르의 권한을 쥔 소피아는 나름대로는 머리를 굴려가며 국정에 임했다. 그녀는 전쟁 준비에 박차를 가했다. 어수선한 내부가 결집할 수 있도록 외부에 적을 만드는 전략이었다. 그러나 무리한 행보에 역풍이 일었다. 그녀는 징집에 지나치게 집착했다. 군 창고를 채워야 한다며 특별세도 도입했다.

그녀는 사람들의 원성에 개의치 않았다. 외려 대규모 군대를 꾸린 후 1687년, 1689년 두 차례에 걸쳐 크리미아Crimea 원정에 나섰다. 결과는 처참했다. 수만 명이 죽고, 이보다 더 많은 이가 붙잡히고, 이보다 훨씬 많은 군 장비를 잃었다.

소피아는 분했다. 실패한 권력자가 흔히 그러하듯, 그녀 또한 한 번만 더 기회가 있다면 모두 만회할 수 있으리라고 믿어 의심치 않았다. 그러다 보란 듯 성공하면 혹시 아는가. 그 꼬마 녀석 대신 진짜 차르로 추대받을 수 있을지. 문제는 시간이었다. 표트르 1세는 벌써 열일곱 성인이었다.

'대업을 완수해야 할 내가 고작 전쟁놀이나 할 줄 아는 녀석에게 나라를 넘겨야 한다?'

소피아는 거듭 자문했다.

'그런데 잠깐. 어쨌건 지금은 내가 사실상 차르잖아?'

소피아는 차츰 위험한 상상을 하기 시작했다. 그제야 창백한 그녀의 얼굴에 혈색이 돌았다.

⸸ 다시 뒤바뀐 힘의 균형 ⸸

한편, 소피아에게 섭정을 맡긴 뒤 표트르 1세는 그간 어떻게 지냈을까. 표트르 1세는 모스크바 근방 프레오브라젠스코예의 시골까지 밀려

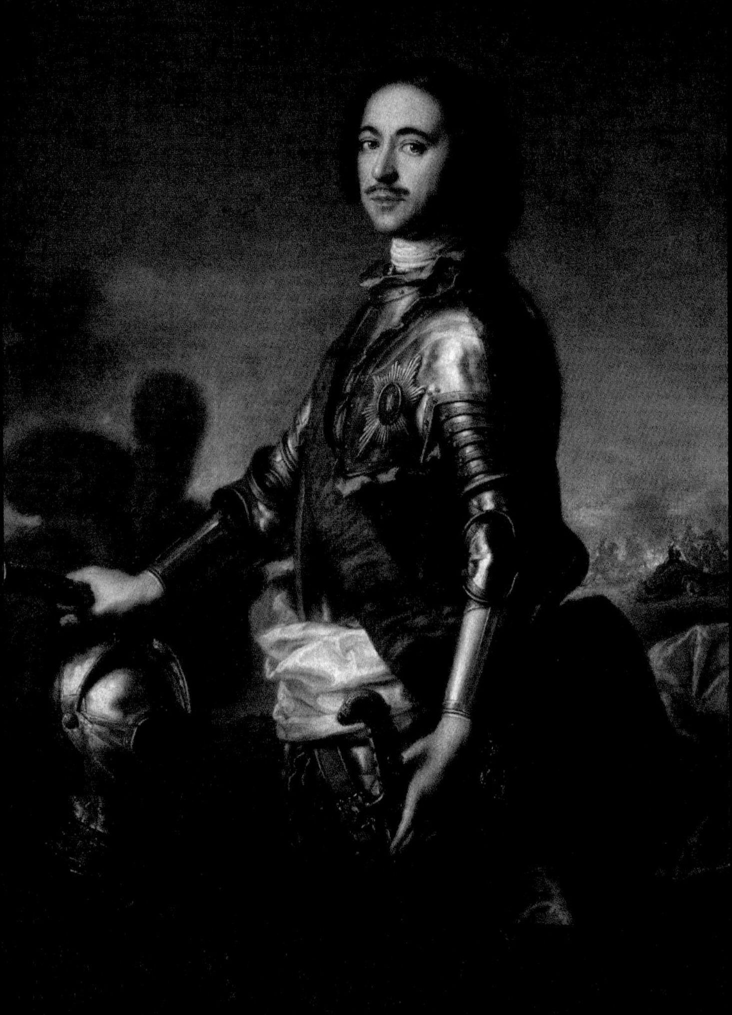

장 나티에, 〈표트르 1세 초상화〉,
1717년, 캔버스에 유채, 142.5×110㎝, 예르미타시 미술관

났다. 사실상 귀양과 다를 바 없었다. 그런 표트르 1세의 낙은 전쟁놀이였다. 표트르 1세는 주변 귀족들의 자제를 모아 소년병 연대를 꾸렸다.

차르가 직접 나섰기 때문일까. 어느새 규모는 수백 명에 이를 만큼 커졌다. 놀이는 차츰 훈련으로 바뀌었다. 언젠가부터는 자연스럽게 실제 포와 군마까지 다뤘다. 소피아는 표트르 1세를 병정놀이에나 몰두하는 어린애로 봤지만, 사실 그는 군 통수권자로 더할 나위 없는 경험을 하고 있었다. 소피아는 소년병 연대를 마구간 지기들이라고 조롱했지만, 실제로는 이들 모두 젊은 차르에게만 충성하는 믿음직한 친위대로 크고 있었다.

소피아에게 보복을 꿈꾼 표트르 1세는 성인이 되는 순간만 기다렸다. 그 해가 1689년, 소피아가 두 차례에 걸친 크리미아 원정을 실패로 끝낸 시기였다. 표트르 1세는 소피아가 통치권을 순순히 주지 않을 것을 알고 있었다. 소피아의 들끓는 야망을 누구보다 잘 인지하고 있었다. 표트르 1세는 재빨리 군대를 꾸렸다. 손발 맞는 소년병 연대를 앞세웠다. 숨죽여 살던 표트르 1세 지지파 귀족과 외국 용병단도 합세했다.

진짜 차르의 다듬어진 병력 앞에 소피아의 스트렐치는 추풍낙엽처럼 무너졌다. 그간 따습고 배부른 세월을 누린 스트렐치는 구식 조직이 돼 있었다. 소피아의 야심은 허망한 백일몽이었다. 권력 싸움에서 패한 소피아는 노보데비치 수도원으로 끌려갔다. 그녀의 세상은 섭정권을 휘둘렀던 7년 천하로 끝나는 듯했다.

9년 뒤, 소피아는 다시 반란을 일으켰으나 이 또한 허무하게 실패하고 말았다. 그녀는 다시 노보데비치 수도원에 갇혔다. 감시는 더 엄격해졌다. 이제 그녀는 부활절 예배를 제외하면 수도원 수녀들조차도 만나지 못했다.

신화처럼 쓰인 기록에 따르면, 2차 반란을 막은 표트르 1세는 죄질이 무거운 백여 명의 가담자를 속옷 차림으로 줄 세웠다. 그러고는 직접 도끼를 들고 하나하나 목을 쳤다. 소피아의 최측근 세 명은 그녀가 갇힌 수도원 정원에서 처형했다. 나아가 잘린 목을 소피아의 방 창가에 걸도록 지시했다. 표트르 1세가 이번 일에 대해 얼마나 분노했는지를 짐작할 수 있는 대목이다.

소피아는 여전히 패기를 꺾지 않았다. 하지만 그녀에게 다시 기회가 올 일은 없었다. 1704년, 소피아는 15년의 유폐 생활 끝에 비참하게 눈을 감았다.

‡ 그림에서 보이는 소피아의 서글픈 미래 ‡

레핀은 두 번의 반란을 모두 실패한 소피아를 상처 입은 암호랑이처럼 그렸다. 여전히 야성을 잃지 않은 그녀는 세 번째 반란의 기회를 포기하지 않은 것으로 보인다. 그렇기에 여전히 섭정으로의 위엄, 황녀로서의 존엄을 놓지 않고 있다.

하지만 그림 안팎에 있는 모든 이는 소피아가 헛된 희망을 품고 있다는 걸 알고 있다. 그림 속 소피아를 피해 멀리 떨어진 몸종은 이미 그녀를 미친 사람처럼 보고 있다. 죽은 채 창밖에 매달린 소피아의 최측근 또한 이제는 죽음 말고는 답이 없다는 걸 알려주는 듯하다. 오직 소피아만이 자기 미래를 모른다. 그렇기에 이 그림은 강렬하면서도 서글프게 다가온다.

⁂ 예쁜 그림만 의미가 있는가? ⁂

러시아에서 출생한 레핀은 실제 역사의 한 장면을 밀도 높게 그리기로 정평이 난 화가였다. 레핀은 1844년 당시 러시아 영향권에 속한 추구예프에서 태어났다. 군인 집안에서 자란 그는 의외로 그림에 재능을 보였다.

1863년, 상트페테르부르크로 이주한 레핀은 이듬해부터 그곳에 있는 미술 아카데미에 다녔다. 거기서 평생의 스승 이반 크람스코이를 만나게 된다.

"그림에는 메시지가 있어야 해. 그저 화사하기만 한 그림으로는 부족해."

레핀은 크람스코이의 이 가르침을 깊이 간직했다. 1871년, 졸업 작품전에서 금상을 탄 레핀은 6년간 해외 유학을 갈 수 있었다. 그가 짐을 푼 곳은 프랑스 파리였다. 때마침 화려한 인상주의의 꽃이 몽마르트 언덕에서 피어나고 있었다. 레핀도 처음에는 이 흐름에 섞이려고 해봤다. 하지만 스승 크람스코이의 가르침 탓인지, 끝내 큰 흥미를 느끼지 못했다. 1876년, 그는 유학 기간을 다 채우지 않고 돌연 귀국했다.

'예쁜 그림만 의미 있는가.'

크람스코이의 뜻처럼 예쁘지는 않지만 보면 잊을 수 없는 그림, 화려하지는 않지만 울림을 주는 그림도 의미가 있다. 서유럽을 돌고 온 레핀의 결론이었다. 돌아온 레핀은 역사를 소재로 붓을 쥐었다. 과거의 가장 충격적인 순간을 골라 꾸밈없이 그렸다. 그렇게 해 먼저 보는 이의 뇌리에 박히게 하고, 나아가 인간과 삶에 대한 사색에 잠기게끔 이끌었다.

〈알렉세예브나 소피아 황녀〉도 그런 마음으로 그린 것이었다. 과거를 잊지 못한 그녀는 여전히 위엄 있게 서 있지만, 그런 모습이 외려 그녀를 더 초라하게 만든다. 레핀의 노골적 묘사는 보는 이들 중 일부가 졸도할 만큼 깊은 인상을 줬다. 이와 함께 권력의 무상함을 되짚도록 유도했다.

⁑ 귀족에서 서민까지, 모든 러시아인이 사랑한 예술가 ⁑

레핀은 19세기 러시아 제국을 살아가는 민중의 현실을 그리는 일에도 손을 뻗었다. 그의 그림 〈볼가강의 배 끄는 인부들〉은 당시 러시아 민중들의 사회상이 담긴 대표적 작품으로 꼽힌다. 인부들이 볼가강에 뜬 배를 뭍으로 끌고 가고 있다. 가난과 질병 등 저마다의 비극을 안고 있는 듯한 이들은 억지로 나아가고 있다. 푼 돈을 벌기 위해 움직이는 이들의 모습에서 체념과 무기력함이 느껴진다. 반복되는 혁명과 전쟁에서 겨우 살아가는 평민의 삶을 거침없이 표현한 것이었다.

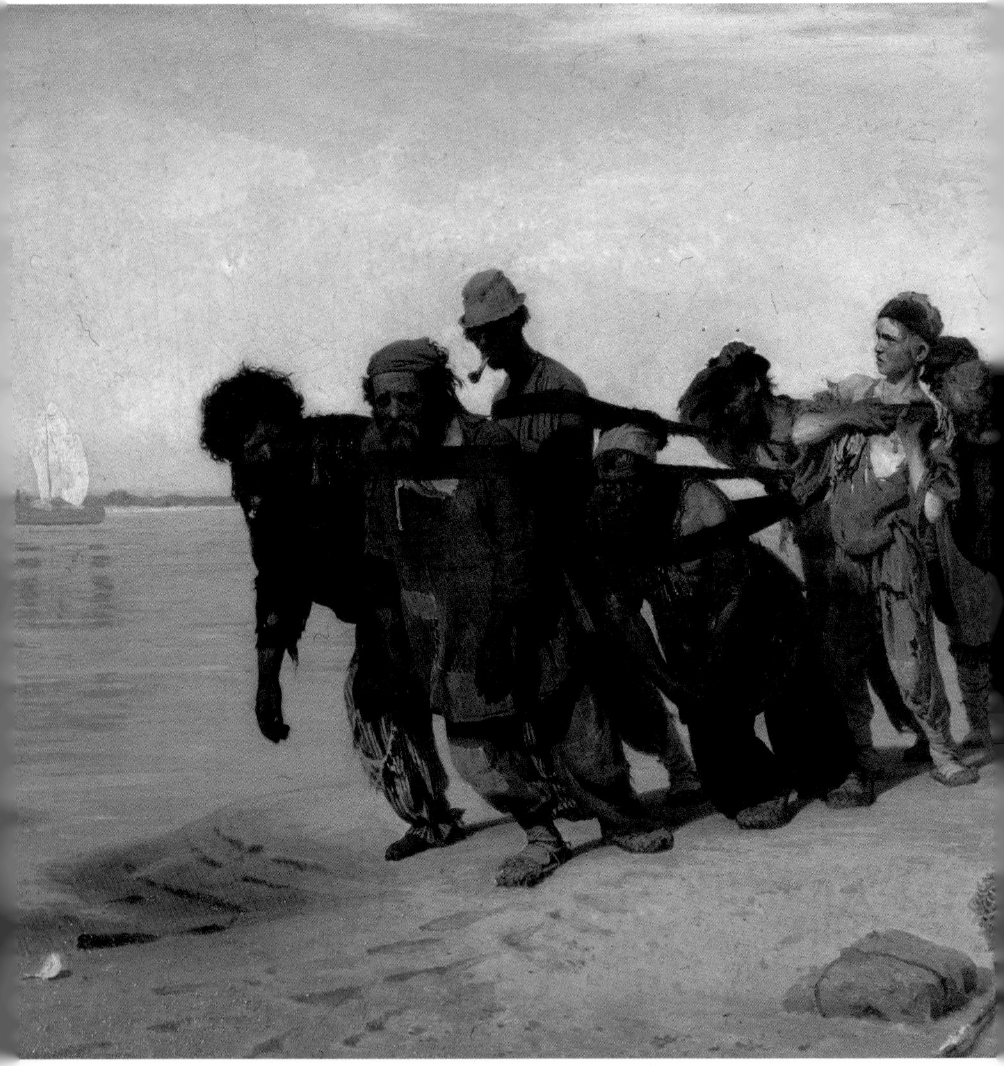

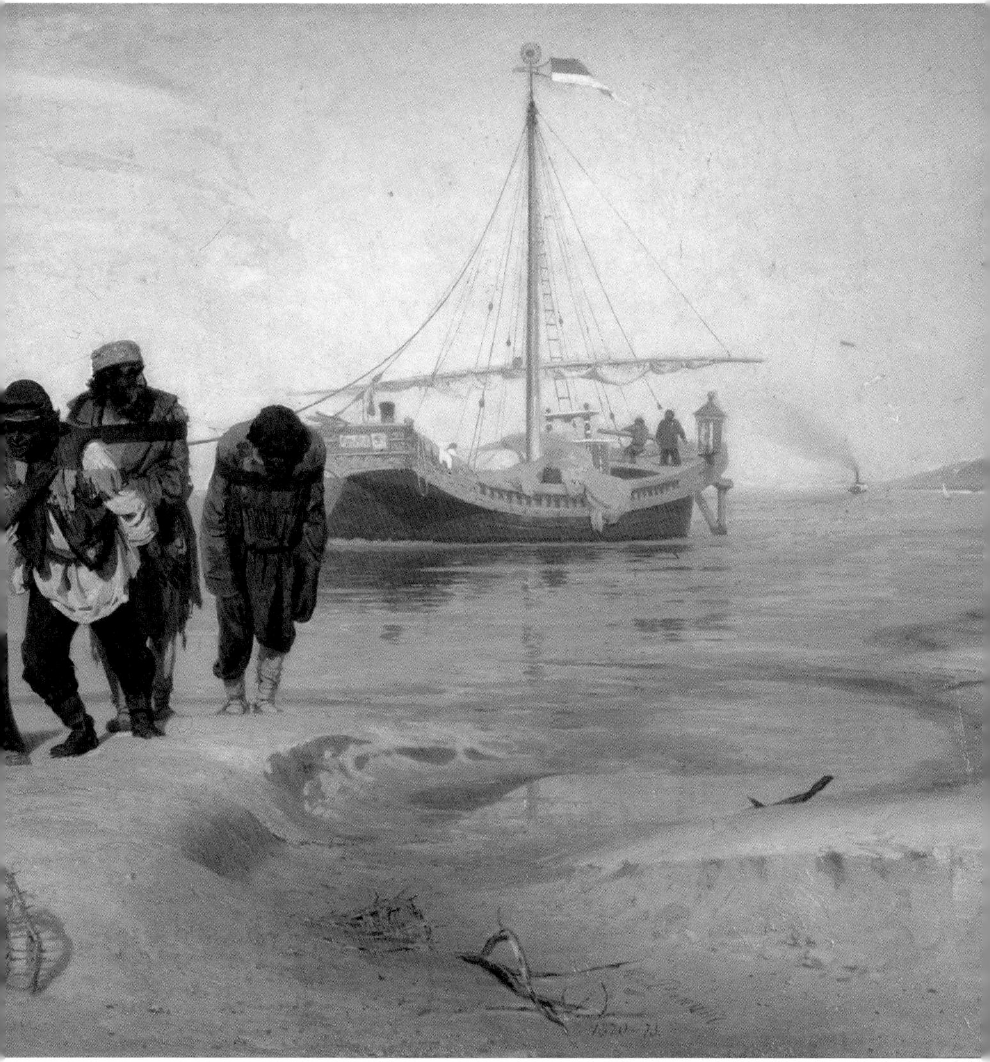

일리야 레핀, 〈볼가강의 배 끄는 인부들〉,
1870년, 캔버스에 유채, 131.5×281㎝, 러시아 미술관

레핀은 이처럼 깊이 있는 그림으로 황족과 서민 모두에게 사랑을 받았다. 그는 1894년부터 1907년까지 상트페테르부르크 미술 아카데미 교수로 교편을 잡았다.

그 사이 러시아 국가 의회 100주년을 기념한 대형 작품을 의뢰받아 마지막 대작 〈1901년 5월 7일 국가 의회 100주년 기념회의〉를 선보였다. 그는 오른손 관절에 문제가 생긴 후부터 활발한 활동을 멈췄다.

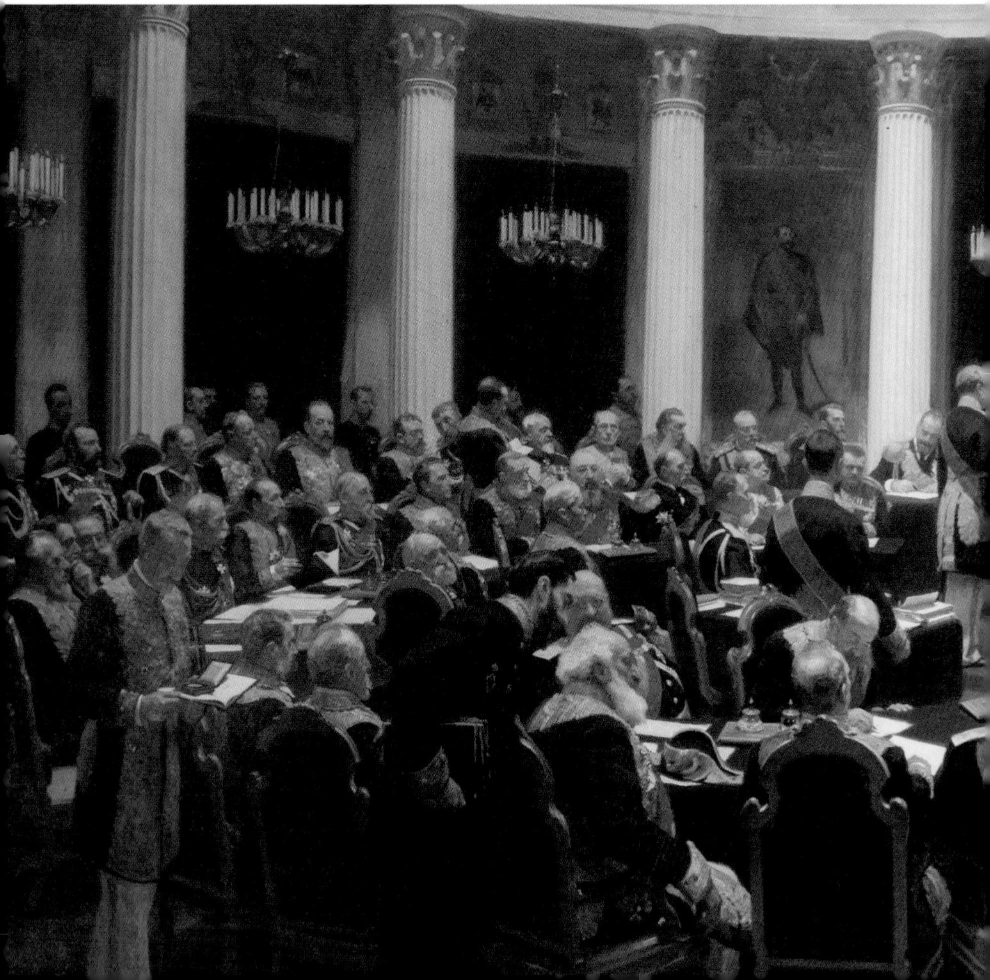

"러시아 역사에서 예술가를 딱 세 명 꼽는다면 문학은 톨스토이, 음악은 차이콥스키, 미술에서는 레핀이다."

러시아 대문호 안톤 체호프의 평이었다. 당시 그의 이 말에 그 누구도 토를 달지 못했다.

일리야 레핀, 〈1901년 5월 7일 국가의회 100주년 기념회의〉,
1903년, 캔버스에 유채, 400×877㎝, 러시아 미술관

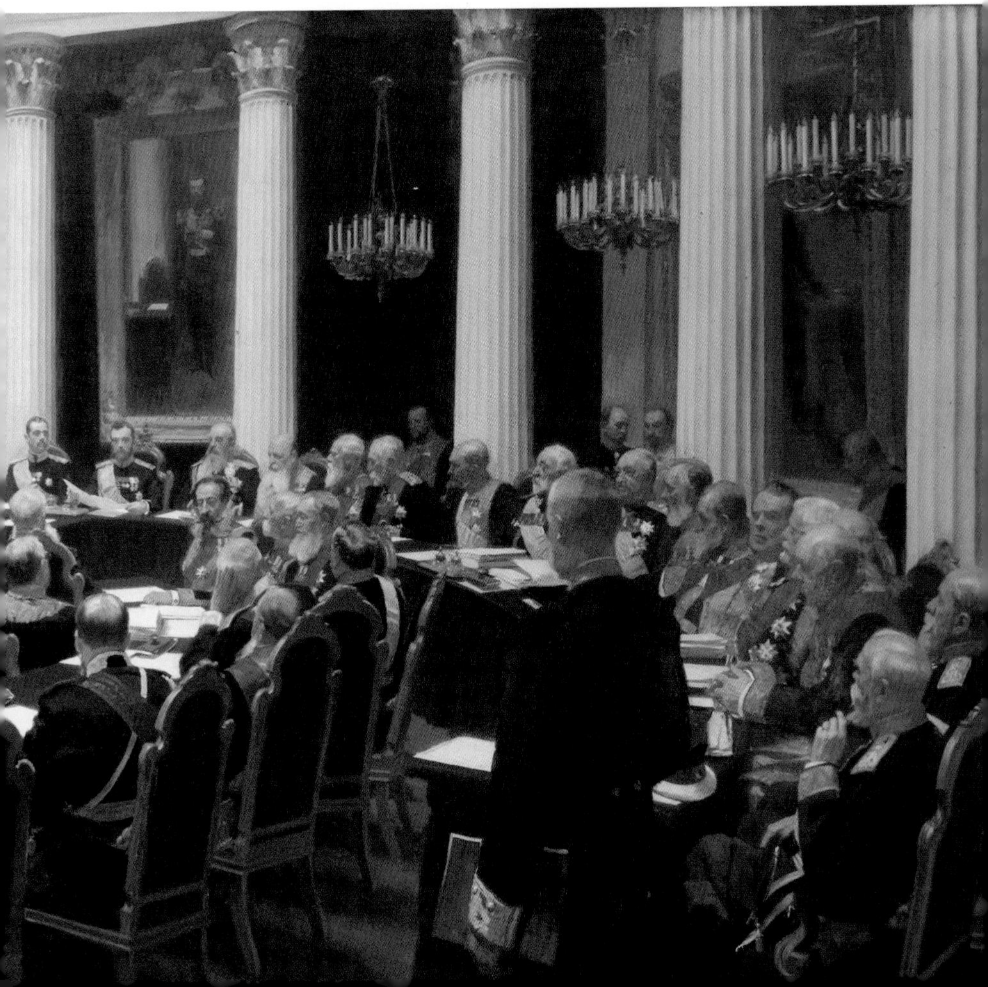

4장

신비와 비밀 사이

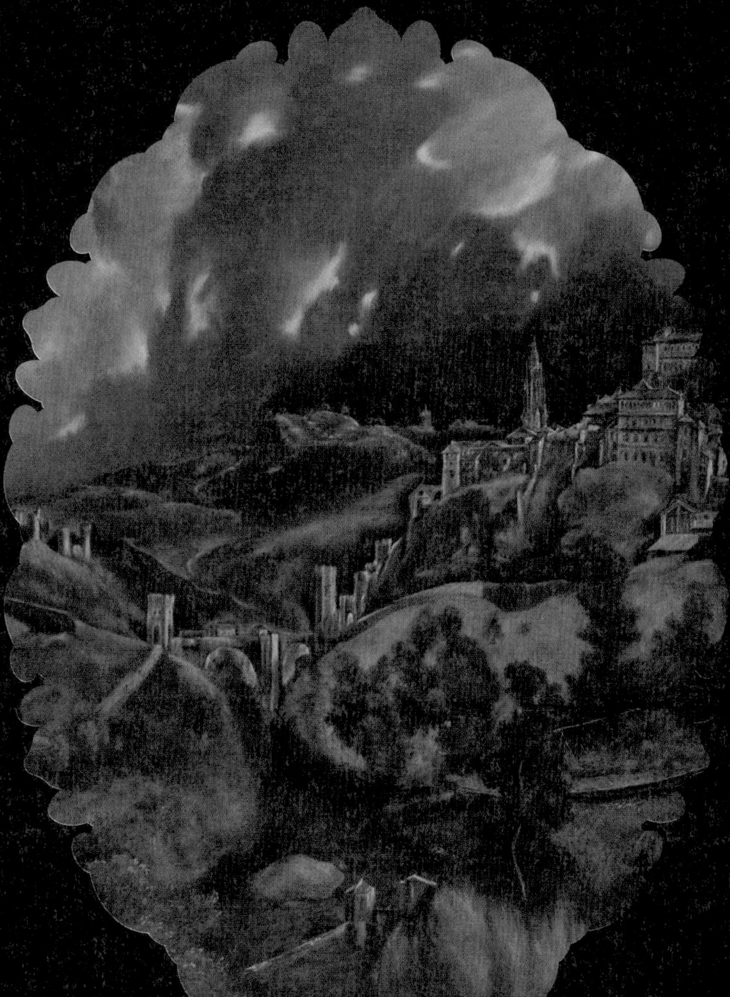

누아르의 세계를 창조한 어둠의 소년

오딜롱 르동, 〈키클롭스〉

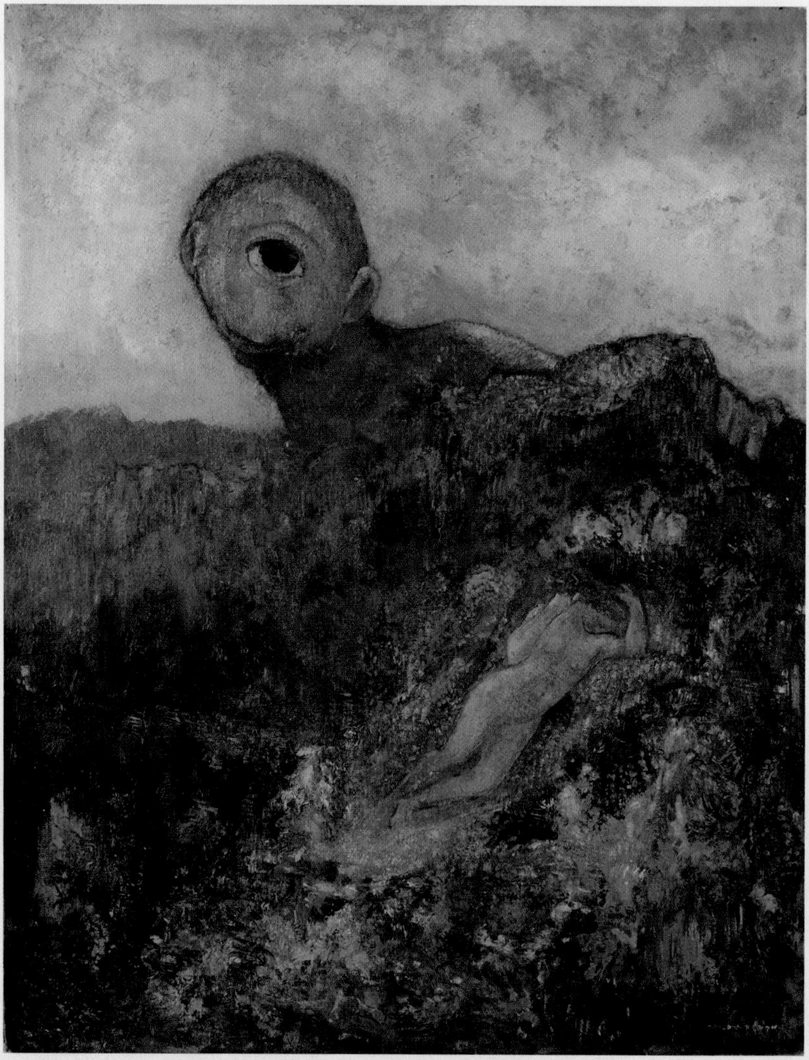

1914년, 패널에 유채 등, 65.8×52.7㎝, 크뢸러 뮐러 미술관

⁑ 외눈박이 거인의 슬픔 ⁑

'폴리페모스'는 키클롭스(하나의 눈을 가진 거신) 중 가장 세고 사나웠다. 이마 한가운데 박힌 큰 눈은 그 자체로 기괴했고, 털로 뒤덮인 근육질 몸도 공포스러웠다. 하는 짓 또한 야만적이었다. 가장 좋아하는 건 버둥거리는 동물을 산 채로 삼키는 것이었고, 제일 잘하는 건 집채만 한 바위를 뽑아 던지는 일이었다.

그는 바다의 신 포세이돈의 아들이었기에 더 마음껏 날뛸 수 있었다. 못 생기고 제멋대로였던 폴리페모스에게는 연인도, 친구도 없었다. 그는 종종 해변 바위에 홀로 앉아 피리를 불곤 했다. 이날도 그런 날이었다. 파도 끄트머리의 흰 물결에서 한 여인이 보였다. 긴 머리의 그녀는 꽃처럼 춤을 췄다. 바다의 요정, '갈라테이아'였다. 폴리페모스의 심장이 마구 뛰었다. 처음 겪는 사랑이었다.

하지만 감정에 서툰 폴리페모스는 갈라테이아를 졸졸 따라다니기만 했다. 갈라테이아는 당연히 질색했다. 육중한 거인이 밤낮없이 뒤를 밟으니 여간 불안한 게 아니었다. 게다가 그녀에게는 이미 남자친구가 있었다. 부드러운 턱을 가진 아름다운 소년, '아키스'였다.

그에게서 달아나던 갈라테이아가 더는 견디지 못해 제발 그만하라고 소리쳤다.

"갈라. 나, 나에게도 기회를 줄 수 없을까."

폴리페모스가 더듬더듬 말했다. 갈라테이아는 고개를 떨군 채 주저하며 말했다.

"……솔직히 말하면요. 아키스를 사랑하는 마음과 당신을 미워하는 마음 중 무엇이 더 큰지 잘 모르겠어요."

갈라테이아는 한숨을 길게 내쉬었다.

그날 밤, 폴리페모스는 그 큰 눈으로 눈물을 뚝뚝 흘렸다. 어디선가 남녀의 웃음소리가 들려왔다. 저 멀리 해변에서 갈라테이아와 아키스가 꼭 붙어 있는 모습이 보였다. 폴리페모스는 순간 화가 치밀었다. 말 더듬는 괴물 이야기나 하며 웃고 있을지도 모른다고 생각했다. 그는 가장 큰 바위를 쑥 뽑아 던져버렸다. 곧 귀가 찢어질 듯한 비명이 이어졌다.

아키스가 깔려 죽은 것이었다. 간신히 피한 갈라테이아는 머리카락을 쥐어뜯으며 떨고 있었다. 폴리페모스는 뒤늦게 정신을 차렸다. 그러나 돌이킬 수 없었다. 이제 갈라테이아는 폴리페모스를 더는 두려워하지 않았다. 마음에 안 들면 나도 그냥 죽이라는 태도였다. 폴리페모스는 그녀의 그런 모습을 보는 게 더 괴로웠다. 갈라테이아를 사랑하는 마음은 그대로였다. 그렇기에 멀리 떨어지지 못했다. 자기가 벌인 짓이 있으니 가까이 가지도 못했다.

오딜롱 르동의 그림 〈키클롭스〉 속 폴리페모스는 잠든 갈라테이아를 훔쳐보고 있다. 화폭에 그려진 폴리페모스는 기괴하다. 하지만 그런 그의 눈에서는 사랑과 원망, 외로움과 상실감이 뚝뚝 흐르는 듯하다. 들꽃이 넘실대는 화사한 배경 속 고개를 내민 그는 무섭기보다는 여리고 처량해 보이기도 한다. 르동은 몸과 마음 모두 못난 괴물, 한편으론 불쌍하기까지 한 이 괴물을 왜 그렸을까.

⁑ 그만의 검은 세계가 시작되다 ⁑

르동의 〈키클롭스〉를 이해하기 위해선 그의 삶을 시작부터 살펴봐야 한다. 르동의 그림이 그렇듯, 그의 이야기도 평범하지만은 않다.

르동은 1840년 프랑스 남부 보르도의 부유한 집안에서 태어났다. 그는 생후 이틀 만에 부모와 헤어졌다. 그가 간 곳은 친척이 있는 메독 지방의 페이를르바드였다. 르동이 부모와 왜 곧장 떨어졌는지는 이유가 분명하지 않다. 그가 뇌전증 증상을 보였고, 이에 치유 내지 은폐 목적으로 보내졌다는 게 유력하다. 좋게 보면 요양이지만 나쁘게 말하면 내쳐진 것이었다.

잡목과 습지가 깔린 이곳에서 르동은 부모의 정을 그리워했다. 홀로 떨어진 르동은 점차 침울하고 병약한 아이로 컸다. 르동은 잿빛 하늘 밑에서 걷고, 모래바람 부는 언덕에 누워 사색에 젖었다. 가끔은 커튼 뒤에 숨어 망상 수준의 상상에 빠져 헤엄쳤다.

"그곳에선 세상에 존재하지 않는 온갖 것들로 상상력을 채울 수밖에 없었다."

훗날 르동의 회상이었다.

르동을 고독의 바다에서 건져 올린 건 그림이었다. 르동은 어릴 적부터 목탄을 갖고 놀았다. 검은색으로만 표현할 수 있는 선과 명암에서 묘한 쾌감을 느꼈다. 양껏 칠하다 보면 고립감, 외로움 등 아픈 감정을 잠시 잊을 수 있었다. 르동은 1851년에야 보르도로 돌아올 수 있었다. 열한 살 때였다. 르동은 바로 학교 교육을 받았다. 그의 관심사 1순위는 당연히 그림이었다. 그다음은 문학과 음악 정도였다.

르동의 아버지는 '돈이 되기 힘든' 학문만 좋아하는 아들이 실망스러웠다. 왜 이렇게 검은색 그림에 매달리는 건지, 왜 이토록 쓸쓸한 이야기와 어두운 음악에 집착하는지 이해하지 못했다. 기왕 한다면 건축학을 배우길 바랐다. 건축 시험까지 치도록 밀어붙였지만, 시무룩한 아들이 들고 온 건 불합격 통지서뿐이었다.

그렇다면 그나마 돈이 되는 화려한 고전 미술을 익히길 원했다. 그래서 명문 파리 국립고등미술학교 교수 경력의 장 레옹 제롬을 선생으로 붙여줬다. 하지만 르동은 제롬의 작업실에서도 얼마 버티지 못했다. 잠시 파리로 갔던 르동은 다시 보르도로 돌아왔다. 집안의 실망감만 또 등에 업은 채.

1864년경, 의기소침하게 있던 르동은 보르도에서 로돌프 브레스댕과 만났다. 그보다 열다섯 살 연상의 브레스댕은 검은색을 통해 꿈과 상상

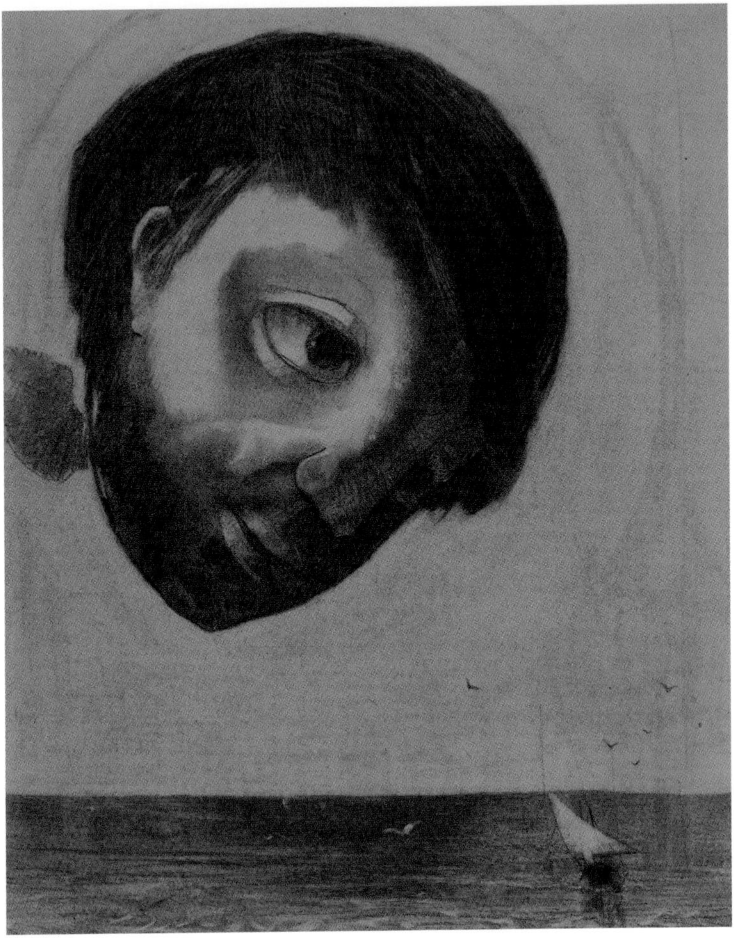

오딜롱 르동, 〈물의 수호신〉,
1878년, 갈색 종이에 목탄, 46.6×37.6㎝, 시카고 미술관

을 표현하는 판화가였다. 르동은 브레스댕 그림 특유의 기묘한 주제, 어두운 화풍에 푹 빠졌다. 돌고 돌아 드디어 딱 맞는 스승을 만난 것이었다.

비슷한 시기에 사상가 겸 식물학자 아르망 클라보와도 우정을 다졌다. 그에게서 우울의 시인 샤를 보들레르, 공포 소설의 대가 에드거 앨런 포의 작품을 접했다. 장엄한 역사보다 이들의 축축한 이야기가 르동에게 더 많은 영감을 줬다. 르동은 클라보의 소개로 찰스 다윈의《종의 기원》도 읽을 수 있었다. 생물의 불완전한 형태, 가령 돌연변이 같은 존재에도 관심을 두게 된 순간이었다. 르동은 훗날 '누아르Noir'라고 불리게 될, 그만의 검은 그림을 그릴 준비를 마쳤다.

⁑ '누아르'를 창조하다 ⁑

1870년, 르동은 다시 파리 땅을 밟았다. 평범치 않은 그림을 그리는 르동은 긴 무명의 시간을 보내야 했다. 르동의 그 시절 대표작은 1878년에 그린 〈물의 수호신〉이었다. 르동은 물의 수호신을 웬 그늘 진 괴상한 머리통으로 그렸다. 수호신은 큰 눈을 끔벅이며 배와 갈매기, 바다를 지켜보고 있다. 이 괴이한 존재는 잘생기고 예쁘게만 그려졌던 수호신 이상의 존재감을 내보인다. 겉멋이 들지 않은 이 신은 외려 더 든든해 보이기도 한다.

르동은 외로웠던 어릴 적부터 이어가던 공상, 이를테면 눈코입 다 제멋대로인 괴물의 모습도 열심히 그렸다. 그런 다음 앨런 포 등에게 얻은

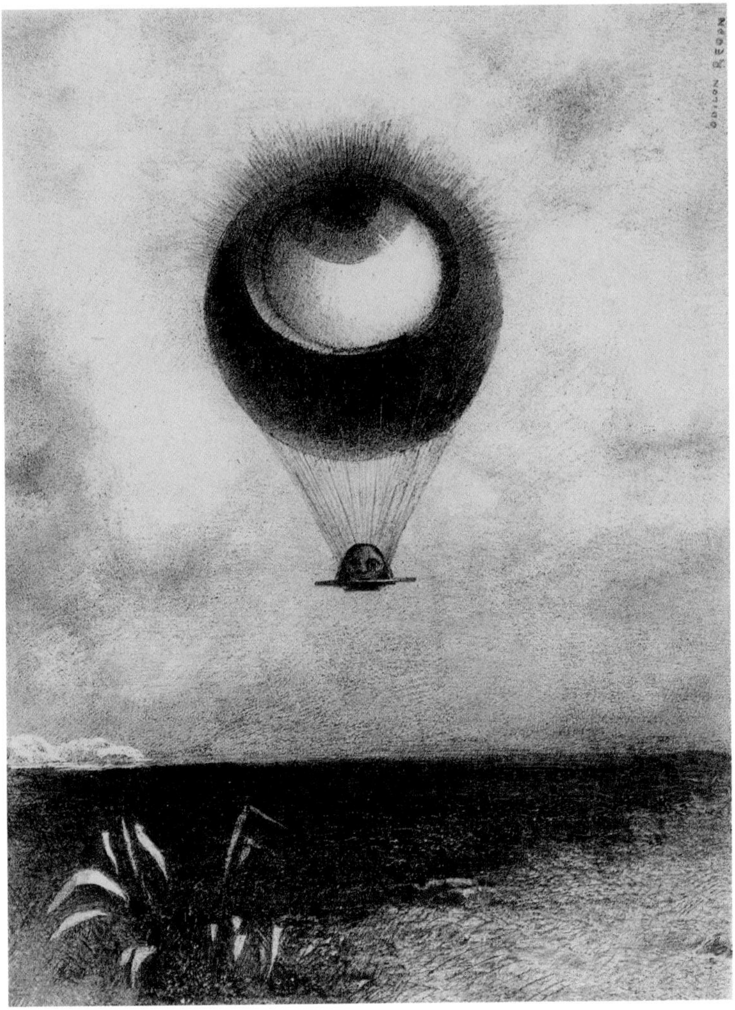

오딜롱 르동, 〈영원을 향해 움직이는 풍선 같은 눈〉,
1882년, 석판화, 43.8×31.1㎝, 엘에이카운티 미술관

영감 한 스푼만 더하면 완성이었다. 그는 이 시기에 〈영원을 향해 움직이는 풍선 같은 눈〉도 그렸다. 눈알로 된 열기구가 위를 보며 올라가고 있다. 이 기묘한 비행체는 사람의 잘린 머리가 담긴 접시를 매달고 있다. 털을 바짝 세운 눈알은 빨리 이곳을 뜨고 싶다는 듯 필사적으로 날아가는 모습이다.

음습한 이야기를 쓴 앨런 포에게도 마니아가 있었듯, 음습한 그림을 그린 르동에게도 마니아가 따라붙었다. 그 덕에 르동은 뜻밖의 계기로 주목을 받을 수 있었다. 1884년, 르동의 친구이자 팬이었던 조리스 카를 위스망스는 소설《거꾸로》를 내놓았다.

책 속 주인공은 몰락해 가는 귀족 가문의 마지막 후손이었다. 작중 주인공은 남다른 예술 감각을 가진 것으로 묘사됐는데, 그런 그가 열심히 모으고 찬양한 것 중 하나가 르동의 흑백 드로잉이었다. 이 책은 위스망스의 독특한 작품 세계 덕에 곧 베스트셀러 반열에 올랐다. 그럴수록 사람들의 수군거림도 커졌다.

"르동이 얼마나 대단한 사람인데 그래?"

‡ 색채를 입혀도 계속되는 환상과 비현실의 세계 ‡

르동은 1890년대 들어 화풍을 확 바꿨다. 검은색이 지배하던 그의 그림에 색채가 내려앉았다. 다채로운 물감들이 화폭 안에서 영역을 넓혀갔다. 작품의 분위기 또한 우울과 기괴함에서 서정적으로 바뀌었다.

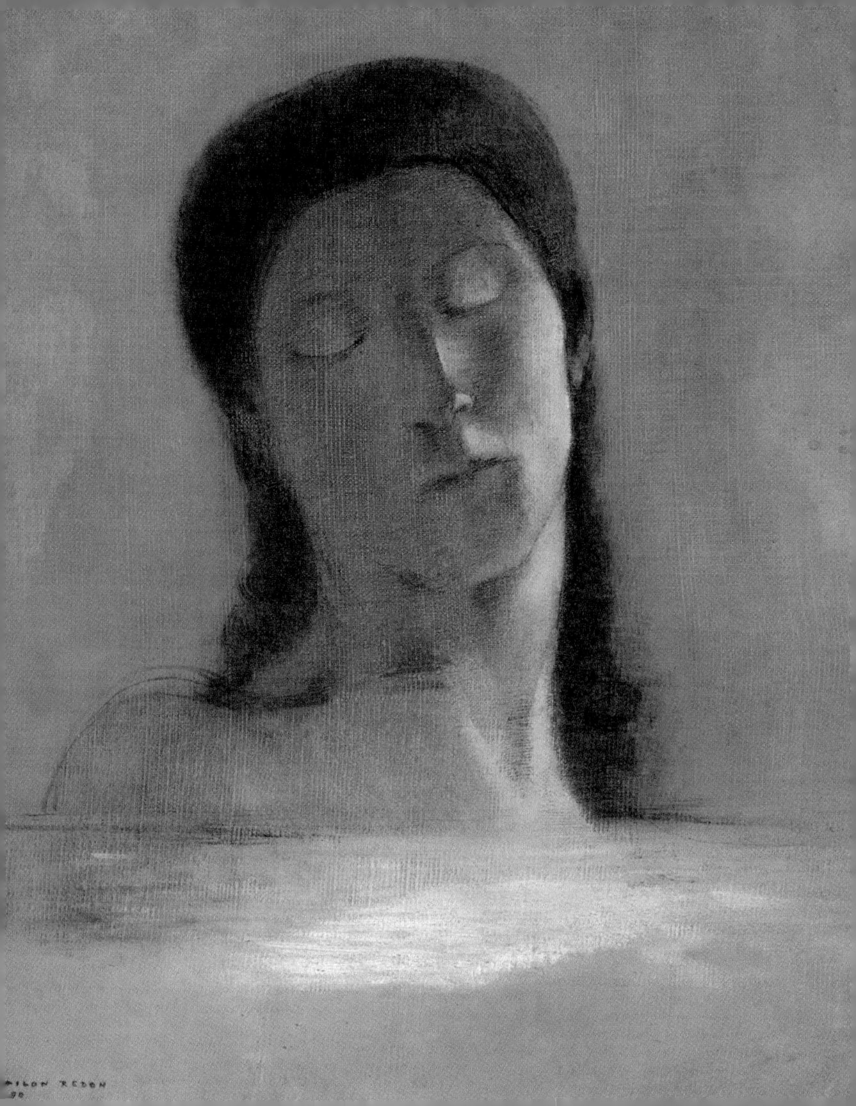
ILON REDON
90

1886년 인상파 전시에서 폴 고갱의 개성 있는 색감을 접한 일, 49세의 나이인 1889년에 드디어 건강한 아들을 얻은 일(첫 아이는 반년 만에 사망했다) 등이 원인으로 꼽힌다.

르동은 변화를 받아들이면서도 그간의 제 모습은 잊지 않았다. 그는 여전히 꿈과 상상을 그렸다. 화풍은 변했지만 주제는 그대로였다. 르동의 1890년 작품 〈감은 눈〉은 흑백의 왕국에서 색채의 세계로 떠나되, 환상과 비현실을 계속 그릴 것이라는 일종의 선언처럼 보인다.

누아르의 틀에서 벗어난 인간이 꿈을 꾸듯 눈을 감고 있다. 이것 말곤 확실한 게 없다. 그는 남자와 여자의 중간쯤 외모를 갖는다. 배경의 푸른색은 실제 하늘인지, 그의 꿈속 상상인지 확실하지 않다. 그가 서 있는지, 누워 있는지, 물에 잠겨 있는지 등도 정확하지 않다. 이렇듯 르동은 변함없이 모호한 세계를 탐험하고, 유영했다.

⁂ 그 괴물은 사실 화가 자신이었다 ⁂

스산한 공기, 차가운 나무 바닥, 깔끄러운 커튼, 눈을 감고 중얼대던 노래…….

꿈이었다. 눈을 뜬 르동이 몸을 일으켰다. 눈물인지 땀인지 모를 물기가 맺힌 얼굴을 닦았다. 잠든 르동이 다녀온 곳은 어릴 적 그가 있던 페이를르바드의 집 작은 방이었다. 부모에게 내쳐진 후 눈물 나게 외로웠던, 사무치게 쓸쓸했던 시절이었다. 이제는 사랑하는 아내와 자식, 탄탄히 쌓아올린 명성이 있었다. 그래서 오래전 그 순간은 다 잊은 줄 알았다. 그러나 옛 기억은 언제든 그를 급습할 수 있었다. 꿈과 어린 시절의 잔상에서 허우적대던 르동은 결심한 듯 붓을 쥐었다.

어릴 때부터 신화와 전설, 괴담을 탐닉하던 르동에게 깊은 여운을 준 이야기, 바로 폴리페모스와 갈라테이아 사이의 비극이었다. 르동은 못난 폴리페모스에게 마음이 쏠렸다. 르동이 뇌전증을 바라지 않았듯, 폴리페모스 또한 그 꼴로 태어나고 싶지 않았을 터였다. 르동이 침울한 아이가 되기를 원하지 않았듯, 폴리페모스 또한 난폭한 괴물이 되기로 마음먹지는 않았을 터였다. 둘 다 진작부터 많은 이의 사랑과 보살핌을 받았다면, 어쩌면 아기일 때부터 밝고 정 많은 성격으로 클 수도 있었다. 파스텔톤의 아름다운 세상에서 추억을 쌓아갔을지도 모를 일이었다.

꼬마 시절 르동은 커튼 안 어둠 속에서 부모의 형상을 떠올리곤 했다. 그가 할 수 있는 건 만날 수도, 만질 수도 없는 이들을 흘깃 훔쳐보는 일뿐이었다. 르동의 〈키클롭스〉 속 폴리페모스는 그런 그의 모습을 대변하고 있다. 갈라테이아는 한때 르동을 외면했던 부모의 모습이다.

사실 르동의 작품 상당수에는 옛 상처가 묻어 있었다. 그의 물의 수호신 그림은 보호하고 지켜주는 부모의 역할을 생각하게 했다. 눈알로 된 열기구 그림에서는 버려짐과 외로움에서의 탈출 의지를 볼 수 있었다.

르동은 붓을 탁 내려놨다. 완성이었다. 그는 무의식 속에 방치했던 케케묵은 감정, 이를테면 사랑받고 싶던 욕망과 버려졌다는 절망 등을 화폭에 잔뜩 쏟아부었다. 르동은 그제야 검은 기억을 완전히 내려놓을 수 있었다. 다 그리고 보니 1914년, 어느덧 생의 끝자락이었다.

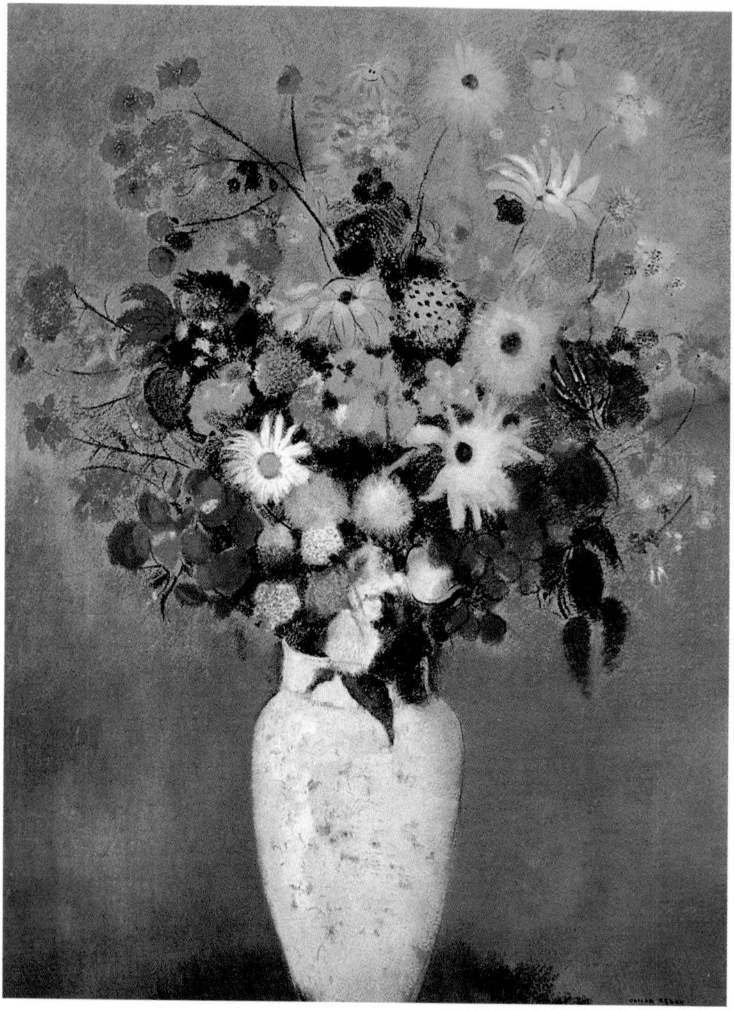

오딜롱 르동, 〈흰 꽃병과 꽃〉,
1916년, 파스텔화, 크기 미상, 오르세 미술관

몸과 마음 모두 한결 가벼워진 말년의 르동은 꽃 그리기에 더 힘을 쏟았다. 그렇게 해 만든 그림에는 찬란한 꽃의 모습, 검은 꺼풀을 훌훌 털어버린 자기 내면의 오색찬란함이 함께 담겨 있었다.

르동의 여생은 고요했다. 그는 키클롭스를 완성한 후 2년 뒤 〈흰 꽃병과 꽃〉을 그렸다. 그의 충만하다 못해 터질 듯한 내면의 풍요로움을 보여주는 작품이다. 그는 이렇게 그림을 그릴 때가 아니면 꽃을 보거나 풀을 다듬었다.

르동은 이 그림을 그린 1916년, 일흔여섯 나이로 사망했다. 르동의 명성은 죽어서도 이어졌다. 훗날 초현실주의 화가들은 꿈과 내면을 담은 르동의 그림을 교본으로 삼기도 했다.

가장 개성 넘치는 신화 속 블록버스터

요아킴 브테바엘, 〈안드로메다를 구하는 페르세우스〉

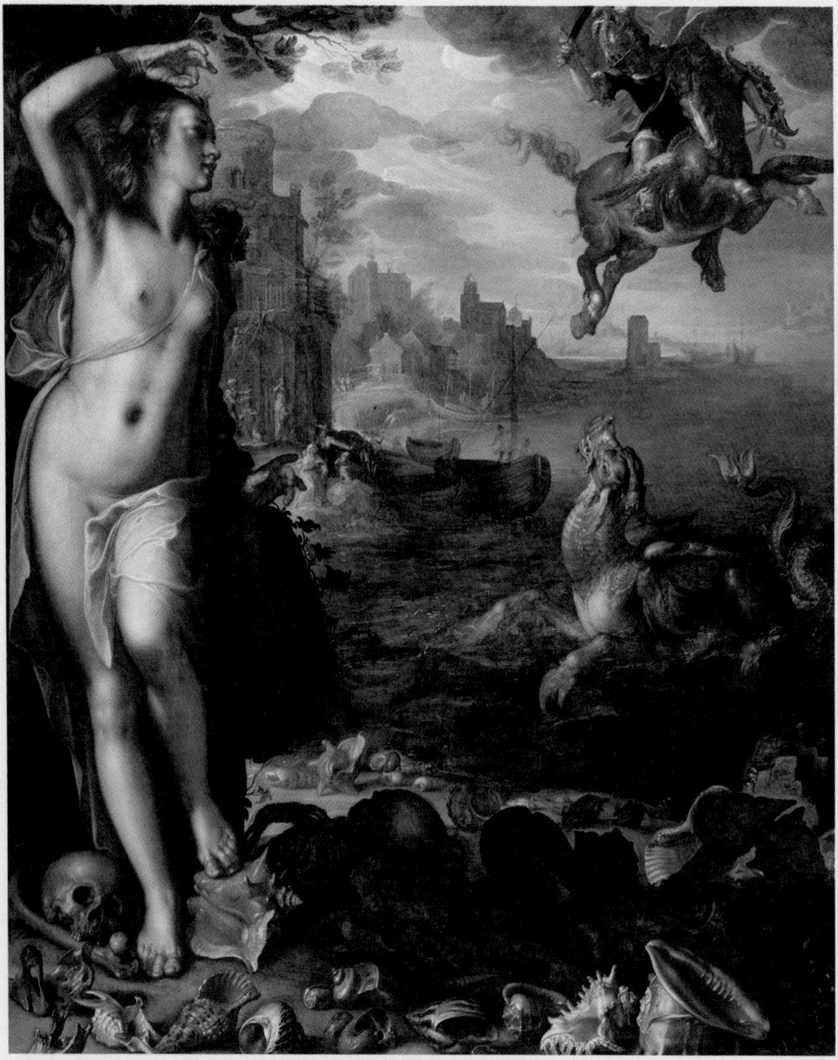

1611년, 캔버스에 유채, 180×150㎝, 루브르 박물관

⁑ 페르세우스가 발견한 기묘한 풍경 ⁑

한 여인이 섬 위 바위에 묶여 있다. 날개 달린 말 페가수스를 타고 하늘을 가르던 페르세우스는 그 광경을 보고 섬으로 내려왔다. 땅에서 본 장면은 더 참혹했다. 나체의 여인이 쇠사슬을 차고 있었던 것이다. 옴짝달싹할 수 없는 그녀는 눈을 감은 채 울먹였다.

첫눈에 반한 페르세우스가 그녀에게 다가가 무슨 일인지 물었다. 그녀 이름은 안드로메다였다.

"제가 죽어야 모두가 살 수 있어요. 저를 내버려 두세요."

안드로메다는 고개를 돌린 채 차갑게 대꾸했다. 페르세우스는 주위를 둘러봤다. 섬과 멀지 않은 곳에 육지가 있었다. 뭍의 사람들은 결박당한 안드로메다를 그저 보고만 있었다. 누군가는 두 손 모아 기도하고, 또 누군가는 무릎 꿇고 눈물만 흘릴 뿐이었다.

"무슨 일이 벌어지고 있는 거예요? 그러고 보니 이 해골들은……."

사랑에 눈이 멀었던 페르세우스는 그제야 섬 곳곳에 널브러진 인간의 뼛조각을 볼 수 있었다. 그 순간, 갑자기 바닷물이 솟구쳤다.

"그놈이 저를 잡아먹으려고 왔어요. 도망치세요!"

안드로메다가 소리쳤다. 끔찍한 울음소리를 내는 생명체가 아가리를 쩍 벌린 채 섬을 향해 돌진했다. 거대한 용처럼 생긴 바다 괴물, 케토스였다. 페르세우스는 페가수스에 올라타 검을 뽑았다. 페르세우스와 케토스의 사투가 벌어졌다. 페르세우스의 검에 베일 때마다 케토스는 고통스럽게 우짖었다. 그런 케토스도 페르세우스를 바닷물에 처박기 위해 긴 꼬리를 마구 휘둘렀다.

16~17세기 네덜란드 화가 요아킴 브테바엘은 그림 〈안드로메다를 구하는 페르세우스〉로 당시 상황을 극적으로 표현했다. 페가수스를 탄 페르세우스가 케토스에게 일격을 가하고자 검을 높이 쳐들었다. 케토스는 내려오는 그에게 역습을 가하려는 양 송곳니를 내보였다.

쇠사슬에 묶인 안드로메다는 낯선 용사를 뚫어지게 응시했다. 그녀의 발밑에는 여러 모양의 조개와 소라가 깔려 있다. 해골도 굴러다닌다. 뭍에서는 사람들이 페르세우스와 케토스의 싸움을 가슴 졸이며 보고 있다. 페르세우스는 어쩌다 안드로메다를 발견한 것일까. 안드로메다는 왜 무기력하게 괴물에게 잡아먹히기를 기다리고 있었을까. 의문투성이다.

페르세우스의 일화를 완전히 이해하고, 브테바엘의 그림도 깔끔하게 해석하기 위해선 한 여인의 삶부터 살펴봐야 한다. 페르세우스의 어머니, 다나에다.

⁑ 탑에서 낳은 제우스의 아들 ⁑

"너는 네 외동딸이 낳은 손자의 손에 죽게 되리라."

아르고스의 왕 아크리시오스는 델포이 신전에서 괴이한 신탁을 받았다. 그는 그런 최후를 맞고 싶지 않았다. 그래서 잔혹한 일을 벌였다. 딸 다나에를 아무도 없는 탑에 가둔 것이다. 다나에는 영문도 모른 채 감금 생활을 했다. 이제 그녀가 볼 수 있는 사람은 늙은 시녀뿐이었다. 다나에는 종일 창문을 내다봤다. 신세를 한탄하며 하릴없이 울었다.

그런데 어느 날, 다나에는 웬 금빛 구름 한 점이 탑으로 밀려오는 걸 봤다. 그녀의 침실 창살 앞에 멈춘 이 구름은 갑자기 황금색 소나기를 뿌렸다. 한 근육질의 남성이 물줄기를 타고 함께 내려왔다. 올림포스 최고의 신이자 난봉꾼, 제우스였다.

브테바엘은 그림 〈제우스와 다나에〉를 통해 이 장면을 표현했다. 제우스가 금빛 구름이 쏟는 비를 타고 내려온다. 제우스와 함께 저벅저벅 걸어오는 독수리는 그의 상징 동물이다. 탑에 갇힌 채 기진맥진하게 누워 있는 다나에는 이 광경에 깜짝 놀라고 있다. 활을 든 사랑의 신 에로스가 이들을 지켜보고 있다. 다나에에게 막 사랑의 화살을 쐈다고 제우스에게 알려주려는 듯 팔을 뻗은 모습이다.

아크리시오스는 시녀를 통해 딸이 탑에서 제우스의 아들을 낳았다는 말을 듣고 절망했다. 차마 이 아기를 죽이지 못한 그는 딸과 외손자를 나무 상자에 넣고 꽁꽁 묶어 바닷물에 떠밀었다. 영영 돌아오지 않기를 바라면서.

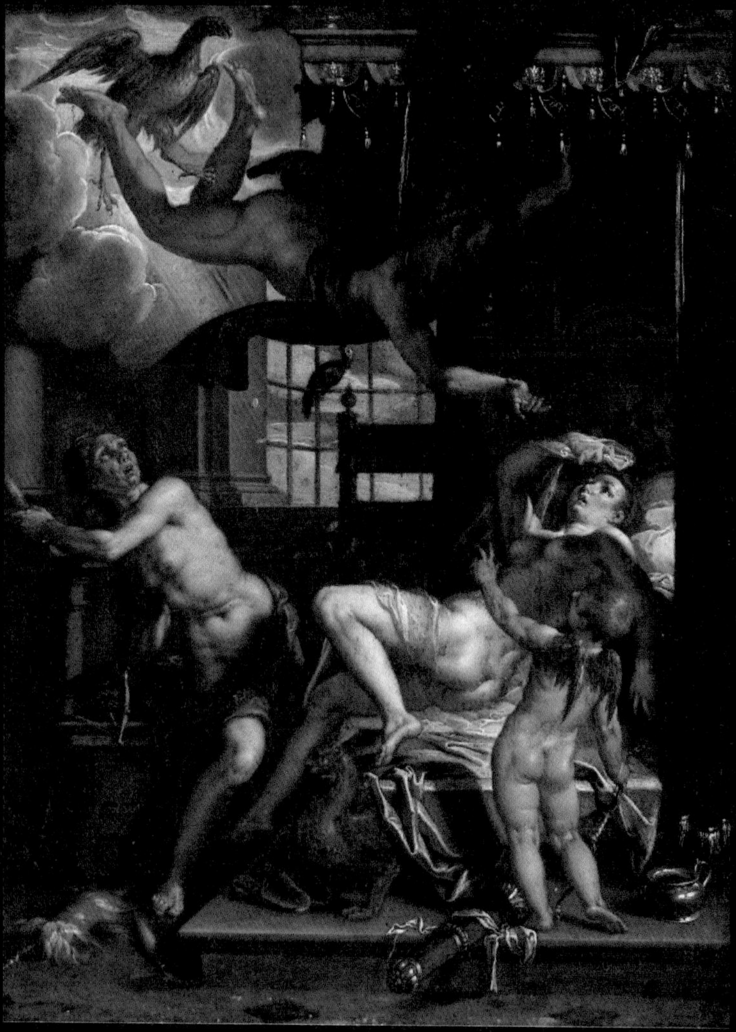

요아킴 브테바엘, 〈제우스와 다나에〉
1595~1605년, 구리에 유채, 205×155㎝, 루브르 박물관

"아가. 네 이름은 페르세우스란다."

다나에는 아기를 꼭 안았다. 이들이 갇힌 상자가 우여곡절 끝에 닿은 곳은 세리포스섬의 해안가였다. 바닷가에서 낚시를 하고 있던 딕티스가 상자를 건져 올렸다. 다나에와 페르세우스를 딱하게 여긴 그는 이들에게 방도 빌려줬다. 페르세우스는 과연 제우스의 아들이었다. 커갈수록 늠름해졌다. 칼솜씨도 뛰어났고, 사냥 실력도 출중했다.

어느 날, 세리포스의 왕 폴리덱테스가 동생 딕티스의 집에 방문했다. 다나에를 보고 금방 사랑에 빠진 왕은 당장 청혼하고 싶어졌다. 걸림돌은 페르세우스뿐이었다. 폴리덱테스는 계략을 꾸며 그를 제거할 생각으로 이렇게 명령을 내렸다.

"자네의 사냥 실력이 그토록 뛰어나니, 메두사의 머리를 내게 가져다주게."

⁑ 안드로메다가 묶여 있었던 이유 ⁑

메두사는 뱀으로 된 머리카락을 가진 괴물이었다. 자기 눈을 보는 모든 이를 돌로 만드는 능력도 있었다. 온갖 장비로 무장한 페르세우스는 사뿐히 날아, 메두사의 목에 검을 휘둘렀다. 그 순간, 메두사의 목에서 피가 솟구쳤다.

페르세우스는 방패에 비친 그녀의 머리통을 더듬더듬 집어 주머니에 넣었다. 끝이었다. 돌아서는 순간, 웬 날개 달린 말의 뜨거운 콧김이 닿았다. 페가수스였다. 페르세우스는 녀석을 잡아타고 개선장군의 기세로 세리포스섬을 향해 내달렸다.

페르세우스가 바다를 가로지르는 동안 에티오피아의 공주 안드로메다에게도 재앙과 같은 일이 벌어졌다. 어머니의 말실수가 원흉이었다.

"저를 닮은 덕에 안드로메다도 이렇게 예쁜 거예요."

왕비 카시오페이아는 기회만 되면 자기와 안드로메다의 외모를 과시했다. 그러다 바다의 님페보다 자신들이 아름답다는, 해서는 안 될 말까지 뱉어버렸다.

바닷속 님페들은 이 철없는 자랑을 듣고 자존심이 크게 상했다.

"건방진 왕비가 다스리는 나라를 벌해주소서."

포세이돈을 부추겨 해일을 일으켰다. 그날부터 산만한 파도가 대륙을 위협했다.

"님페들의 분노를 잠재우고 싶거든 딸 안드로메다를 바다 괴물 케토스에게 산 제물로 바쳐라."

에티오피아의 왕에게 내려진 신탁이었다.

⁑ 신탁은 끝내 이루어질 것인가? ⁑

착한 안드로메다는 두려움을 참고 신탁을 받아들였다. 그래서 쇠사슬에 묶여 있었다. 생을 포기하고 케토스를 기다리고 있었다. 메두사의 머리를 챙겨 날고 있던 페르세우스가 이 광경을 우연히 본 것이었다. 이

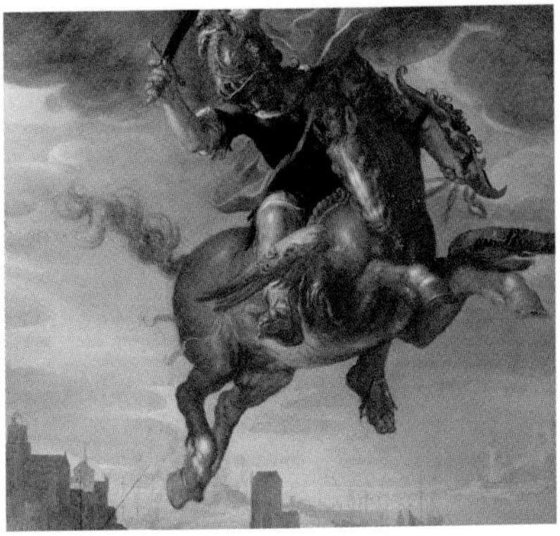 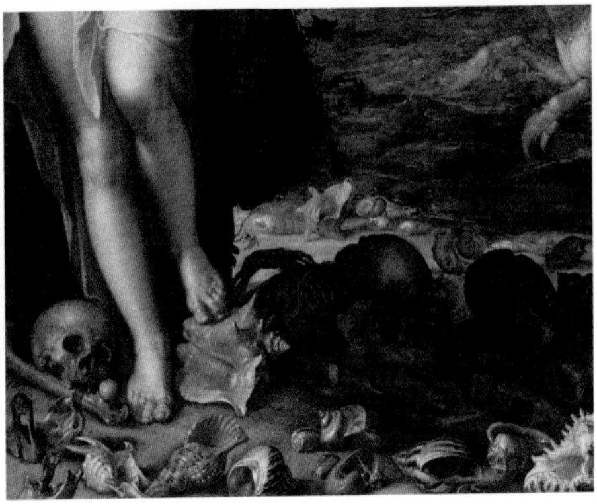

〈페르세우스와 안드로메다〉에서 페르세우스 모습(좌), 안드로메다의 발밑(우)

제 〈안드로메다를 구하는 페르세우스〉에서 페르세우스가 왜 검과 방패, 투구로 무장하고 있는지, 어쩌다 날개 달린 말을 타고 있는지를 알 수 있다. 특히 페르세우스의 방패를 자세히 보면 한가운데 무언가 붙어 있는 걸 볼 수 있는데, 이는 메두사의 머리일 터였다.

그간의 이야기를 보면 안드로메다가 왜 모든 것을 내려놓은 채 힘없이 묶여 있었는지도 이해할 수 있다. 그런가 하면 그녀 발밑에 깔린 윤기 나는 조개와 소라는 님페 무리, 해골은 그런 님페들이 부른 것과 다름없는 케토스의 무자비함을 뜻하는 게 아닐까. 다행히 페르세우스의 일격은 성공했다. 그의 검이 케토스의 정수리에 박혔다. 머리뼈가 반으로 쩍 갈라졌다. 괴물은 피를 쏟으며 바닷물에 잠겼다. 페르세우스는 이제 에티오피아의 영웅이었다.

에티오피아 왕의 신뢰를 받은 페르세우스는 안드로메다와 결혼했고 얼마 뒤 그녀와 함께 세리포스에 올 수 있었다.

"말씀대로 메두사의 머리를 베어 왔습니다."

"거짓말. 그럴 리 없어."

페르세우스와 폴리덱테스는 보자마자 기 싸움을 벌였다.

"정 믿지 않으시면 보여드리지요."

페르세우스가 메두사의 머리를 들었다. 폴리덱테스는 비명을 지를 틈도 없이 굳었다. 그렇게 업보를 치르고 말았다. 페르세우스는 어머니 다나에, 아내 안드로메다와 함께 고향 아르고스로 돌아갔다.

"손자 손에 죽을 것"이라는 신탁을 잊지 못한 페르세우스의 외할아버지 아크리시오스는 이 소식을 듣고 이웃 나라 라리사로 도망쳤다. 페르세우스는 자기가 그럴 뜻이 없다는 걸 보여주고 싶었다. 아크리시오스를 찾아 라리사로 온 그는 그곳에서 열린 원반던지기 시합에 우연히 참여했다. 그런데 그가 던진 원반에 한 노인이 맞아 죽었다. 그 노인은 위장한 채 돌아다니고 있던 아크리시오스였다. 신탁은 끝내 이뤄지고 말았다.

⁂ 흥행 요소를 다 갖춘 블록버스터 ⁂

남다른 탄생 비화부터 흥미로운 모험, 아름다운 여인과의 사랑, 벗어날 수 없는 운명의 굴레……. 페르세우스 이야기는 두터운 그리스 로마 신화 중에서도 특히나 매력적이다. 요즘으로 치면 흥행 요소를 다 갖춘 블록버스터였다. 서양의 많은 거장이 페르세우스의 모험을 사랑했다. 브테바엘도 그 지점에서 매력을 느꼈다.

그는 〈제우스와 다나에〉를 그리면서 숙성 시간을 거친 후, 자기 철학과 실력을 쏟아내 〈페르세우스와 안드로메다〉를 작업했다. 그 결과, 브테바엘의 그림은 페르세우스가 담긴 수많은 작품 가운데서도 최고 명작 반열에 오를 수 있었다. 나아가 17세기 네덜란드 미술의 정수로도 평가받았다.

⁑ 균형과 조화가 깨지다 ⁑

1566년 네덜란드 위트레흐트에서 출생한 브테바엘은 유리 제조업자 아버지에게 손재주를 익혔다. 그런 그는 성인이 될 때쯤부터 화가 주스 드 비어 밑으로 들어가 그림을 배웠다. 1586년부터는 프랑스 생 말로의 주교 샤를 드 부르뇌프 드 쿠케의 의뢰에 따라 작품 활동을 했다. 브테바엘은 이 시기에 퐁텐블로 궁정에 갈 수 있었는데, 그곳에서 새로운 그림 형태를 접하고 감동에 젖었다.

그것은 '매너리즘' 양식이었다. 균형과 조화의 르네상스 회화가 역동적인 바로크 회화로 넘어가는 과도기에 나온 화풍이었다. 대상의 형태 왜곡, 자유분방한 구도 등이 특징이었다. 1590년에 위트레흐트로 돌아온 후 본격적으로 매너리즘을 연구했다. 자국의 동료 화가들이 매너리즘을 스쳐가는 바람으로 볼 때, 브테바엘만은 끝까지 이 화풍을 붙들

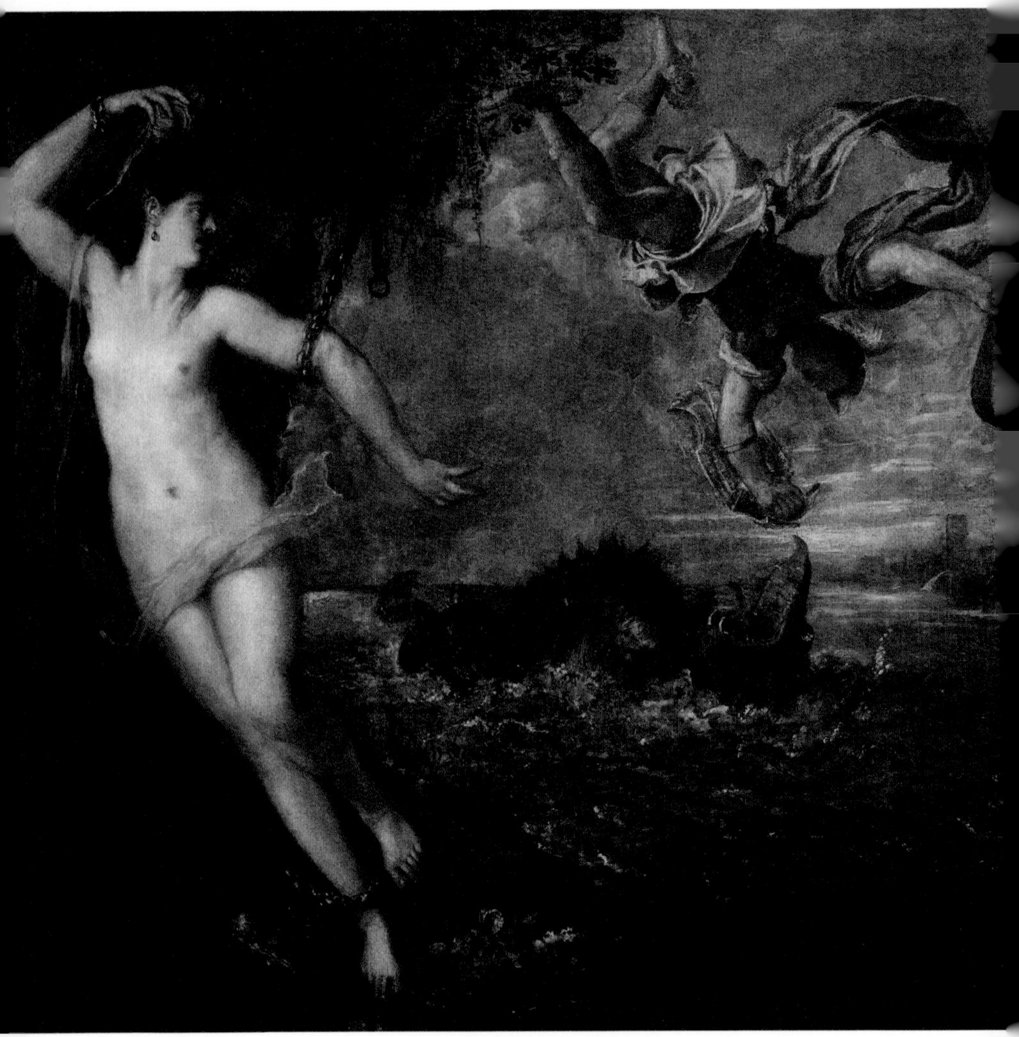

티치아노 베첼리오, 〈페르세우스와 안드로메다〉,
1554~1556년, 캔버스에 유채, 183.3×199.3㎝, 월리스 컬렉션

었다. 그렇게 해 그간 세상에 없던 가장 개성 있는 〈페르세우스와 안드로메다〉를 내놓을 수 있었다.

그 시절 브테바엘의 기법이 얼마나 독특했는지는 르네상스 거장 티치아노 베첼리오의 결과물과 비교하면 더 와닿는다. 그의 그림과 달리 티치아노의 그림 속 안드로메다는 보다 안정적인 자세로 팽팽하게 묶여 있다. 그런가 하면, 페르세우스와 안드로메다, 케토스는 정확히 삼각형 구도를 자아내고 있다. 화폭 안 두 인물과 괴물의 비중은 저울로 잰 듯 똑같아 보인다. 그 시절 좀 그린다는 화가 대부분은 페르세우스와 괴물의 사투를 이런 식으로 그릴 때였다.

"예술이 퇴행했다"는 등 부정적 의미까지 덮어썼던 매너리즘 화풍은 20세기를 전후로 "나름의 개성을 추구했다"는 식의 재평가를 받았다. 자연스럽게 브테바엘의 그림이 갖는 예술적 가치도 커졌다. 매너리즘 화풍의 등불과도 같던 그는 현재 렘브란트 판레인, 빈센트 반 고흐 등 걸출한 화가를 낳은 네덜란드에서도 가장 중요한 예술가 중 한 명으로 평가되고 있다.

어떤 도난은
세기의 명작을 만든다

레오나르도 다빈치, 〈모나리자〉

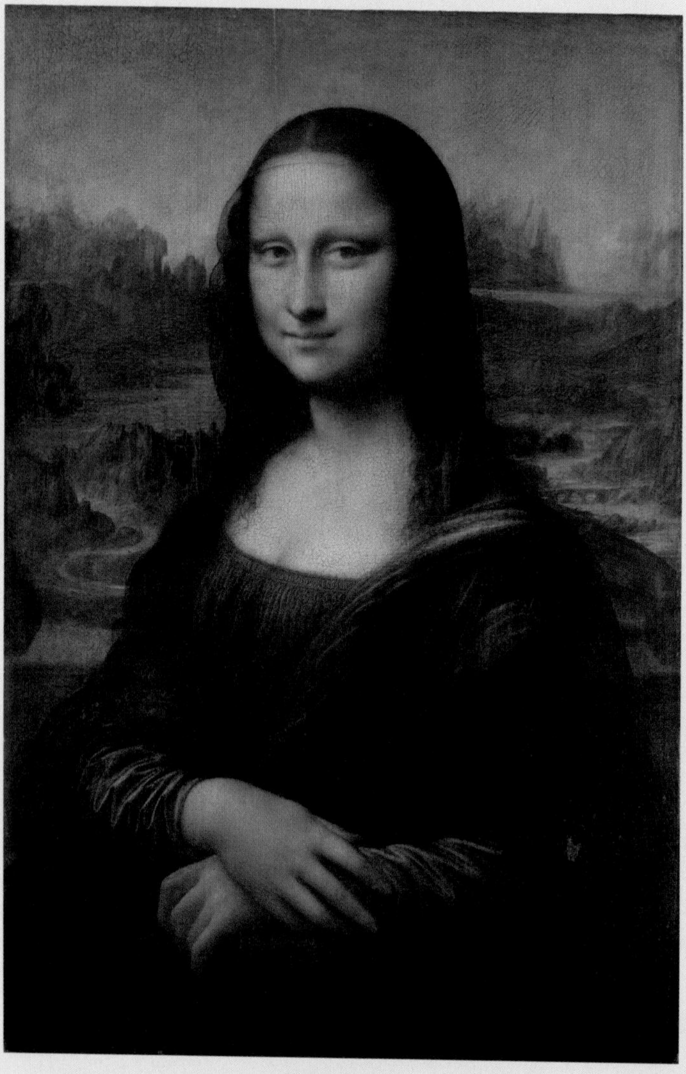

1503~1506년, 패널에 유채, 77×53㎝, 루브르 박물관

⁑ 역사상 없었던 절도 사건 ⁑

1911년 8월 22일 화요일 오전, 프랑스 루브르 박물관 카레관. 화가 루이 베루가 빈 벽을 보며 그대로 굳었다. 없었다. 분명 없었다. 레오나르도 다빈치의 〈모나리자〉가 걸려 있던 자리에서 보이는 건 액자 자국뿐이었다. 그는 경비원을 불렀다.

"모나리자요. 그게 사라졌는데요."

경비원은 뚱한 표정이었다.

"지금 제자리에 없는 건 잠깐 옮겨졌을 거예요. 박물관에서 도록용 사진 촬영을 하고 있거든요."

베루는 괜히 호들갑을 떤 듯해 민망했다. 모나리자를 모작하러 왔던 그는 다음을 기약하며 돌아섰다.

루브르 박물관이 모나리자의 실종을 알게 된 건 얼마 후였다. 사실 이를 알고도 얼마간은 크게 동요치 않았다. 당시 모나리자는 지금처럼 특별대우를 받지 않았다. 걸출한 다빈치의 그림이기는 했지만, 그의 대표작 〈최후의 만찬〉 등 다른 작품과 비교해선 크기도 작고 구성도 단조롭다는 평을 받은 때였다. 큰 뜻을 품은 강도단이라면 굳이 이 그림을 훔칠 필요가 없었다. 루브르 박물관은 모나리자가 수많은 전시실 어딘가에서 길을 잃었을 것으로 봤다. 웬 풋내기 직원이 엉뚱한 곳에 옮겨놓곤 까맣게 잊었을 것이라고 확신했다.

이날 오후가 넘어서야 루브르 박물관은 상황의 심각성을 인지했다. 루브르 박물관은 그제야 경찰을 불렀다. 파리 경시청장 루이 레핀이 경찰 예순 명 정도를 이끌고 출동했다. 그림 가치가 어떻든, 자국 최대 박물관 내 실종 사건인 건 분명했다. 곧 단서를 찾았지만, 이 단서는 루브르 박물관을 절망하게 했다. 비상계단 구석에 놓여 있던 그것은 목각 액자였다. 모나리자의 '집'이었던 이 액자는 발견 당시 텅 비어 있었다. 비상이었다. 분실 사건은 도난 사건으로 바뀌었다.

경찰은 루브르 박물관을 폐쇄했다. 주변 열차와 자동차를 멈춰 세웠다. 일대 선박도 다 묶었다. 그럼에도 수확이 없었다. 프랑스는 국경까지 봉쇄했다. 이 소식은 순식간에 전 세계로 퍼졌다.

"세계 역사상 어떤 범행을 뒤져봐도 이번 모나리자 절도 같은 건 없었다."

〈뉴욕 타임스〉 보도였다. 그래도 이 덕에 프랑스는 물론, 주변국과 대서양 건너 미국 국민까지 이제 〈모나리자〉를 알아볼 수 있었다. 순식간에 인지도가 뛰었다. 수사망도 국경 너머로 넓게 펼쳐졌다. 루브르 박물관은 그녀를 곧 찾을 수 있을 것으로 낙관했다. 체면을 구기는 일 정도

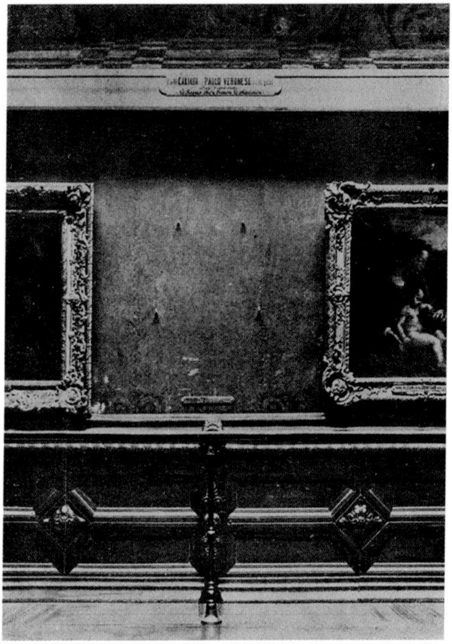

1911년, 레오나르도 다빈치의 모나리자가 사라졌을 당시
루브르 박물관 내 모나리자가 원래 걸려 있던 카레관

의 해프닝이 되길 바라기도 했다. 〈모나리자〉를 찾는 여정이 이렇게나 길고 험할지는 상상도 못했다.

⁑ 용의자, 피카소 ⁑

경찰의 초동수사 결과는 충격적이었다. 〈모나리자〉는 이날 사라지지 않았다. 누구도 눈치채지 못했을 뿐, 그 전날인 월요일에 없어진 것이었다. 그날은 루브르 박물관이 쉬는 날이었다. 경찰은 여기에 주목했다. 도둑은 이 범행을 진작부터 계획했다. 일부러 상주 직원이 가장 적은 날을 골랐다. 휴관할 때 어느 문이 잠겨 있는지, 어느 통로가 막혀 있는지도 알고 있었다. 당직 경비원의 동선까지 꿰고 있었다. 경찰은 용의자를 좁혔다. 그런 경찰이 지목한 범인은 뜻밖의 인물들이었다. 경찰은 시인 겸 소설가 기욤 아폴리네르, 화가 파블로 피카소를 잡아 왔다. 둘 다 덜덜 떨고 있었다.

이들이 왜? 시작은 모나리자 실종 후 1주일이 흐른 8월 29일 〈파리-주르날〉의 보도였다.

"한 도둑이 우리에게 250프랑을 받고 조각상을 팔았다. 루브르 박물관에서 훔쳤다고 했다. 그는 그간의 사건에 대해 전말도 고백했다."

〈파리-주르날〉은 그 도둑이 보냈다는 편지 내용을 간추려 소개했다. 편지의 서명자는 '이냐스 도르므르상 남작'이었다. 취재원은 절대로 밝힐 수 없다는 〈파리-주르날〉 기자 앞에서 한숨을 푹푹 쉬던 경찰이 혼잣말을 했다.

"이냐스 도르므르상 남작? 그러고 보니 그 작가가 쓴 책 속 등장인물 이름인데?"

그 작가가 아폴리네르였다. 그러고 보니 이 사람, "과거에 집착하는 박물관은 싹 다 파괴해야 한다"는 주장을 편 적이 있었다. "루브르 박물관을 불태우겠다"라고 협박하는 헌장에 서명한 적도 있었다. 경찰이 자리를 박차고 일어섰다.

"프랑스 경찰이 〈모나리자〉 도둑에 대한 진짜 단서를 찾았다."

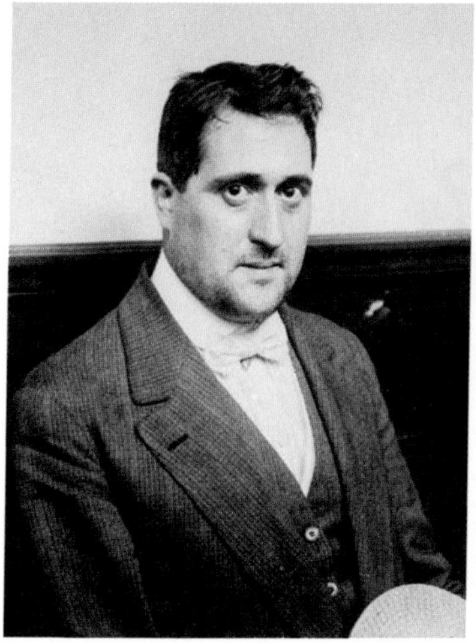

기욤 아폴리네르

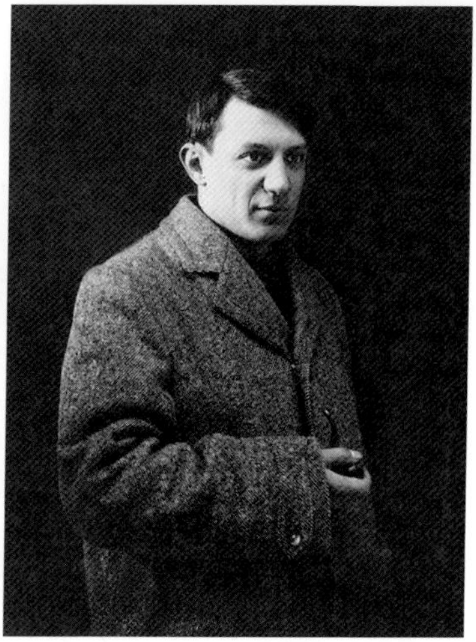

파블로 피카소

이쯤 〈르프티 파리지앵〉의 보도였다. 경찰은 아폴리네르를 체포했다. 여기서 멈추지 않았다. 아폴리네르의 가장 친한 친구도 붙잡았다. 그가 바로 피카소였다. 루브르 박물관을 뻔질나게 드나들던 그는 공범일 수 있다는 이유로 함께 잡혀갔다. 그러나 아폴리네르는 증거 불충분으로 풀려났다. 피카소의 작업실에서는 루브르 박물관 도장이 찍힌 조각상 몇 점이 나오기는 했다. 하지만 이는 순진한 그가 뭣도 모른 채 사들인 장물에 불과했다. 사건은 또 원점이었다.

이제는 경찰도 수치스러웠다. 1개 부대급 경찰이 미로 같은 루브르 박물관의 전시관과 창고, 지하실의 바닥까지 뒤졌다. 파리와 보르도, 벨기에 브뤼셀, 스페인 바르셀로나, 미국 뉴욕 등 제보만 있으면 어디든 출동했다. '빗어넘긴 금발의 잘생긴 청년이 꽃다발을 든 채 모나리자를 찾

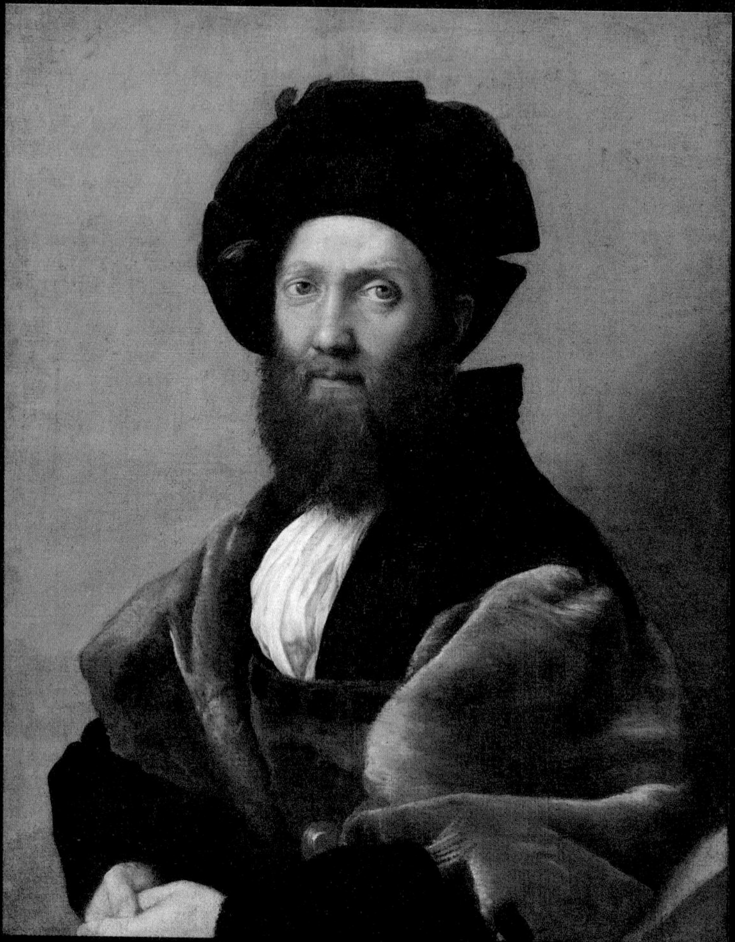

라파엘로 산치오, 〈발다사레 카스틸리오네의 초상〉,
1514~1515년, 캔버스에 유채, 82×67㎝, 루브르 박물관

아오곤 했다'는 경비원 말을 듣고 미지의 꽃미남을 뒤쫓기도 했다. 그래도 성과는 없었다.

급기야 모나리자의 목소리를 직접 들어보겠다는 심령술사까지 등장했다. 1912년 11월, 프랑스 의회에 보고가 올라왔다.

"〈모나리자〉가 루브르 박물관에 돌아올 가능성은 없는 것으로 보인다."

루브르 박물관은 빈자리에 라파엘로 산치오의 그림 〈발다사레 카스틸리오네의 초상〉을 걸었다. 어느덧 세계적 슈퍼스타가 됐지만, 더는 볼 수 없는 〈모나리자〉는 영영 역사의 뒤안길 속으로 사라지는 듯했다. 그런데…….

‡ '레오나르도'로부터 온 한 통의 편지 ‡

"루브르 박물관이 잃어버린 다빈치의 그림을 내가 갖고 있소. 다빈치는 원래 이탈리아인이오. 그러니 그의 그림도 이탈리아에 있어야 하오. 이 걸작을 원래 있던 곳으로 돌려주고 싶소.

보내는 이, 레오나르도."

1913년 11월. 골동품 거래상 알프레도 제리는 의문의 편지를 받았다. "훌륭한 미술품을 갖고 오면 후한 값을 쳐주겠다"는 신문 광고를 싣고서 얼마 안 돼 온 제안이었다. 모나리자가 사라지고 2년이 흐른 때였다. 제리는 편지를 읽고 또 읽었다. 문장에는 여유가 있었다. 나름의 그럴듯

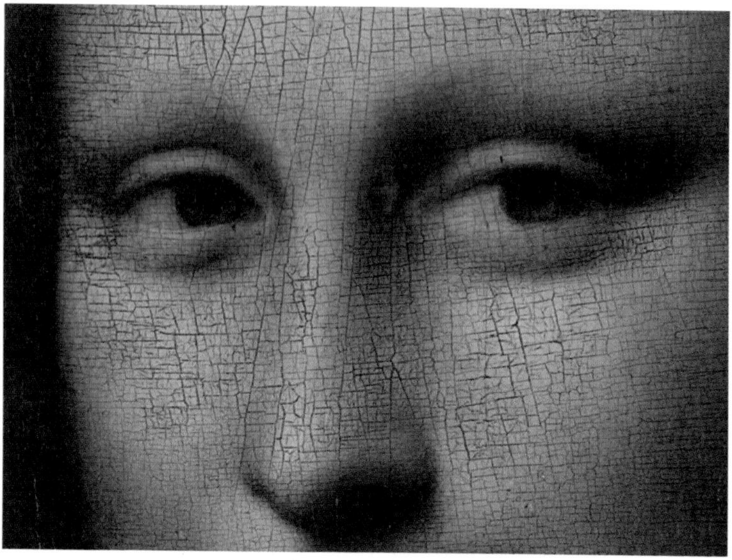

〈모나리자〉의 물감이 갈라진 모습

한 범행 동기도 댔다. 제리는 이 편지를 그가 아는 최고 전문가에게 보여줬다. 이탈리아 피렌체에 있는 우피치 미술관장, 조반니 포지였다. 그 또한 편지를 찬찬히 읽고선 자세를 돌려 앉았다.

"……일단 그림을 두 눈으로 봐야겠다고 답장하시오. 나도 같이 갈 테니."

얼마 후 제리와 포지는 '레오나르도'를 한 호텔 방에서 만날 수 있었다. 긴 콧수염을 멋스럽게 기른 이탈리아 사내였다. 나름대로 갖춰 입었지만 거친 억양과 두꺼운 손, 초라한 소지품을 볼 때 이 복장이 편하지는 않은 듯했다. 그는 기다렸다는 듯 비단으로 감싼 물건을 펼쳐 보였다.

진짜였다. 다시 봐도 진짜였다. 모나리자의 신비로운 미소는 물론, 다빈치 특유의 스푸마토(윤곽선을 희미하고 뿌옇게 그리는 기법)와 물감이 갈라진 흔적까지 그대로 있었다. 루브르 박물관이 찍은 낙인까지 그대로였다.

"봐서 알겠지만 훔친 후에도 잘 관리했죠."

레오나르도는 들뜬 듯했다. 제리와 포지는 눈빛을 교환했다.

"당신에게 얼마를 주면 될지 의논하고 오리다."

둘은 호텔 방에서 나온 뒤, 바로 경찰을 불렀다. 피렌체 경찰서장이 몸소 출동했다. 이탈리아 사내는 맥없이 붙잡혔다. 그렇게 모나리자는 예상치도 못한 때, 생각지도 못한 상황에서 회수할 수 있었다.

"세상에서 가장 유명해진 그녀가 마침내 돌아왔다."

전 세계 신문이 이를 대대적으로 보도했다.

범인 이름은 빈센초 페루자였다. 1908년부터 파리에 살았던 페루자는 1911년 1월, 그러니까 모나리자가 사라지기 직전까지 루브르 박물관에서 유리공으로 일했다. 당연히 루브르 박물관의 내부 사정을 훤히 알았다. 〈모나리자〉를 감싼 보호용 유리까지 손쉽게 뺄 수 있었다. 그런 그가 휴관일에 몰래 들어간 후, 외투에 모나리자를 숨겨 빠져나온 것이었다.

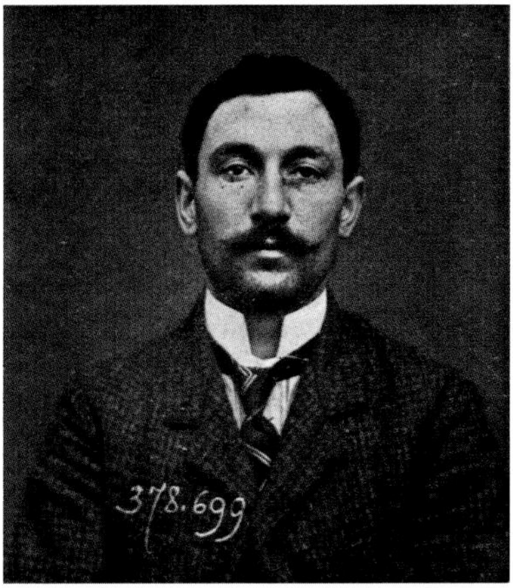

빈센초 페루자

사실 프랑스 경찰이 꼼꼼했더라면 페루자를 진작에 붙잡을 수 있었다. 경찰 초동수사 중 페루자도 조사했다. 당시 루브르 박물관에서 고작 3km 떨어진 그의 허름한 집까지 찾아가 추궁했다. 그러나 경찰은 형식적인 조사만 벌였다. 가난한 외국인 노동자가 뭘 알겠느냐는 인식 탓이었다. 국제적 규모의 미술품털이단을 상상하고 있던 경찰은 애꿎은 아폴리네르와 피카소를 괴롭히기 시작했다. 그 틈을 타 페루자는 집에 숨겨둔 〈모나리자〉를 든 채 고국 이탈리아로 떠날 수 있었다.

2년여를 숨죽이고 있던 그가 때마침 제리의 광고를 보고 편지를 쓴 것이었다. 그런데, 쇠고랑을 찬 페루자는 억울해 죽겠다는 표정이었다. 붙잡힌 그가 한 말에 죄책감은 느껴지지 않았다.

"이탈리아 화가가 그린 그림이 왜 루브르에 있죠? 저는 〈모나리자〉를 자기 고향으로 보내주고 싶었어요. 이탈리아의 문화재를 약탈해 간 나폴레옹에게 복수하고 싶었을 뿐이에요."

⁜ 이탈리아 전역을 열광시킨 슈퍼스타의 순회 ⁜

엄밀히 말하면, 나폴레옹 보나파르트는 다빈치의 〈모나리자〉를 약탈하지 않았다. 16세기 프랑스 왕국의 왕 프랑수아 1세가 다빈치를 후원할 때부터 〈모나리자〉는 프랑스에 있었다. 심지어 다빈치가 프랑스 왕실에 고마움의 표시로 기꺼이 선물한 작품이었다. 이탈리아 경찰은 페루자가 아무 말을 지어내고 있다고 생각했다.

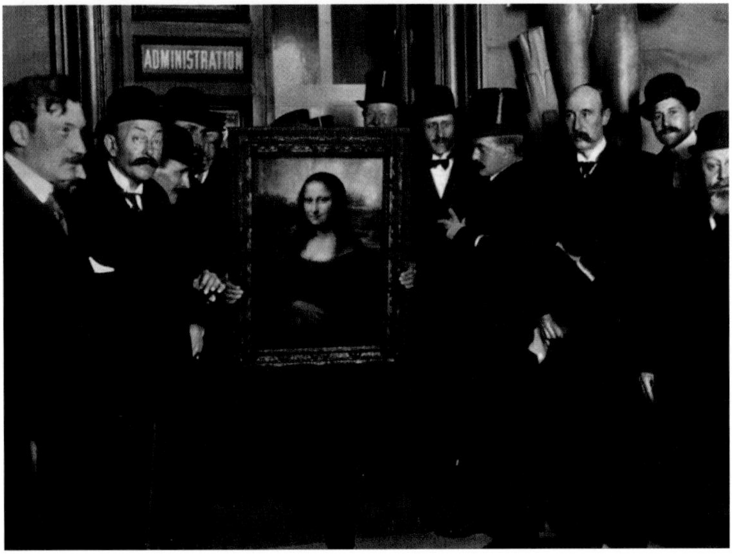

1914년 〈모나리자〉가 프랑스 파리로 돌아오고 있는 장면

하지만 이탈리아 국민들은 페루자의 말에 열광했다. 나폴레옹 군이 이탈리아 원정 당시 온갖 예술품을 마구잡이로 약탈한 건 사실이었다. 이들이 볼 때 페루자는 대담한 애국자였다. 페루자의 감방에는 편지와 선물이 넘쳐났다. '용기 있는 영웅'이 훔쳐 온 〈모나리자〉를 프랑스에 돌려주면 안 된다는 여론도 들끓었다.

"이 사람은 극렬한 애국자일까. 무모한 도둑일까. 실성한 사람일까. 아직 답은 나오지 않았다. 어쩌면 셋 다일 수도 있다."

〈로스앤젤레스 타임스〉는 이렇게 보도했다.

프랑스는 〈모나리자〉가 이탈리아에 2주일간 머물 수 있게끔 했다. '고별전'을 할 수 있는 시간이었다. 우여곡절은 있지만, 그림을 찾아준 데 따른 고마움을 표한 것이었다. 우피치 미술관에 전시한 닷새에만 약 30만 명이 방문했다. 누군가는 울음을 터뜨렸다. 누군가는 두 손을 흔들었다. 또 누군가는 가슴팍에 성호를 그었다. 이를 시작으로 이탈리아 전역을 돌았다.

1914년 1월, 루브르 박물관은 〈모나리자〉를 다시 품에 안았다. 긴 여정이었다. 돌아온 〈모나리자〉는 이제 신화와 역사, 기상천외한 사연까지 품은 귀공녀로 대우받았다. 비교적 흔한 그림에서 루브르 박물관 최고의 자랑으로 자리매김 하게 되었다.

"어쨌든, 모나리자 사건으로 피해를 본 사람은 없지 않습니까."

그해 6월, 페루자의 변호인이 판사에게 호소했다. 루브르 박물관과 프랑스 경찰이 들었다면 발끈했겠지만, 이들은 진작부터 이 재판에 관심을 두지 않았다. 루브르 박물관은 부실 관리의 치욕, 경찰은 부실 수사의 굴욕을 잊고 싶었다. 그저 이 모든 일이 빨리 잊히기만 바란 이들은 페루자의 엄벌을 원하지도 않았다.

이쯤 오스트리아의 황태자 부부가 당시 보스니아-헤르체고비나 공동통치령의 수도 사라예보에서 죽었다. 암살이었다. 제1차 세계대전의 서막이 된 '사라예보 사건'에서 프랑스는 세르비아, 이탈리아는 오스트리아 편에 섰다. 이 때문에 프랑스와 이탈리아의 관계는 급격히 나빠졌다. 프랑스에 대한 불편한 감정을 실은 것일까. 이탈리아 재판부는 보란 듯 징역 7개월 9일을 선고했다. 솜방망이도 이런 솜방망이가 없었다. 그래도 재판부의 이날 선고로 도난 사건은 마침표를 찍는 듯했다. 20년 가까이 흐른 후 어느 날, 한 기사가 나오기 전까지는.

⁂ 도난 사건의 진짜 전말? ⁂

"왜, 그리고 어떻게 〈모나리자〉는 도난당했을까."

1932년, 기자 칼 데커는 〈새터데이 이브닝 포스트〉에 이런 제목의 기사를 실었다. 모두가 이 일을 잊어갈 때쯤이었다. 데커는 에두아르도 데 발피에르노라는 후작이 모든 일의 배후였고, 페루자는 그저 체스의 말이었다고 주장했다.

데커는 미술품 사기 전문가였던 발피에르노가 그림 위조 전문가 이브 쇼드롱과 짜고 〈모나리자〉 복제품 여섯 점을 그린 뒤, 루브르의 사정을 잘 아는 페루자를 시켜 진품을 훔치게 하고는, 위조품을 진품인 것처럼 여섯 명에게 거액의 돈을 받고 각각 팔아넘기려 했다고 설명했다.

이 작전은 너무 잘 풀렸다. 발피에르노와 쇼드롱은 복제품을 팔아 큰 돈을 쥐었다. 페루자 또한 이들에게 상당한 사례금을 받았다. 그런데 도박에 빠져 돈을 다 날려버린 페루자가 제리의 광고를 보고 마음이 급해져 제멋대로 그림을 팔아넘긴 것이 사건의 전말이라는 것이다.

다만, 이 모든 건 데커의 주장일 뿐이었다. 데커는 기사의 신빙성을 더할 증거를 내놓지 않았다. 발피에르노가 실존 인물이기는 한 건지조차 추가 설명을 덧붙이지 않았다. 쇼드롱이 그렸다는 위작도 아직 세상에 드러나지 않았다. 데커는 과거에도 오보를 낸 적이 있었다.

그렇다면 페루자가 이 기사를 놓고 한 말은 없었을까. 페루자 또한 "조국을 위해서 훔쳤다"는 진술 말고는 별다른 말이 없었다. 금방 풀려난 그는 이탈리아 육군에 입대했다. 1차 세계대전 끝난 후 전역한 그는 결혼도 하고, 딸도 낳았다. 페루자는 1925년 그가 마흔네 살을 맞는 생일날 프랑스 파리 근교에서 숨졌다. 그곳에서 사망할 때까지도 끝내 배후의 유무에 대해선 말을 아꼈다.

피 한 방울 없이, 피비린내가 진동하는 작품

외젠 들라크루아, 〈사르다나팔루스의 죽음〉

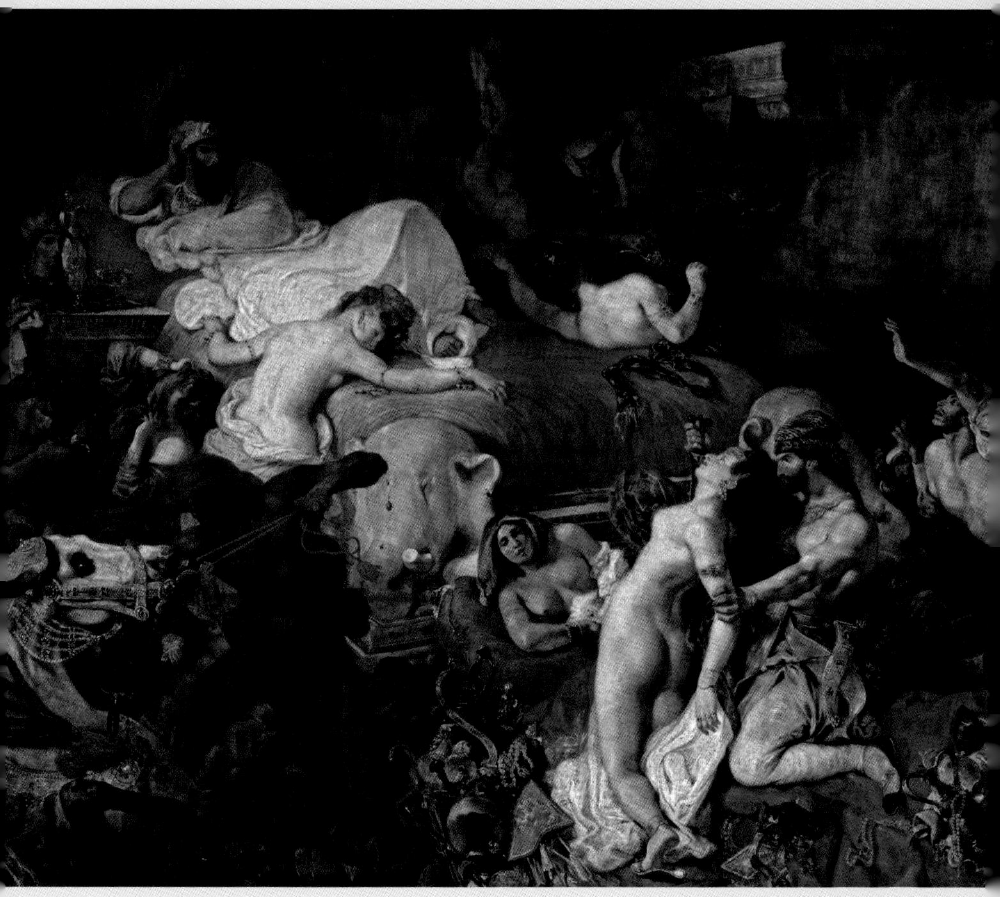

1827년, 캔버스에 유채, 390×490㎝, 루브르 박물관

⁑ 방탕한 왕의 끔찍한 최후 ⁑

아시리아를 다스리는 왕 사르다나팔루스는 반란군이 몰려오고 있다는 신하의 다급한 외침에 시큰둥하게 대답했다.

"이제 와서 뭘? 어차피 난 죽은 목숨인데."

그의 말은 진심이었다. 사르다나팔루스는 궁정 안 자기 침실에 있었다. 거울 앞에 선 채 온갖 보물을 만지작거리고 있었다. 이번 반란은 그가 자초한 일이었다. 사르다나팔루스도 꽤 괜찮게 치세를 할 때가 있었다. 그는 특히 학문과 문화를 사랑했다. 일대에서 가장 큰 도서관을 짓고, 이를 백성에게 개방하기도 했다.

그런 사르다나팔루스를 무너뜨린 건 나약함이었다. 그는 비판에 약했다. 신하의 간언, 민심의 원성을 듣는 날에는 밤잠을 이루기가 힘들었다. 왕은 차츰 바깥 활동을 줄였다. 궁정에 틀어박힌 채 일차원적 즐거움에 집착하기 시작했다.

쾌락의 맛을 본 그는 이상한 쪽으로 대범해졌다. 제국 각지의 귀중품을 마음대로 빼앗는가 하면, 명분 없는 전쟁 뒤 포로를 희롱하는 등 이해 못 할 행동을 벌였다. 그 사이 국가는 혼미해졌다. 곳간은 비고, 백성의 신음은 커졌다. 민초의 분노는 들불처럼 번질 수밖에 없었다.

"도망치기에도 이미 늦었다는 걸 자네 또한 알지 않는가? 그러니까, 궁정을 뒤져 값나가는 모든 걸 갖고 와. 자네나 나나 곧 죽을 처지인데, 그 전에 마지막으로 재미나 좀 보자고."

왕의 이 말 또한 진심이었다.

신하는 떨고 있는 시종과 노예, 첩들을 소집하고, 그밖에 주변의 모든 진귀한 보물들을 한자리에 모았다. 그사이 궁정 밖 분노의 외침은 더욱 커지고만 있었다.

"다 죽이고, 이곳도 불태워버려. 반란군에게 붙잡혀서 끔찍한 취조만 받다가 죽느니, 여기서 깔끔하게 다 죽는 게 나을걸?"

왕의 말을 들은 이들은 얼굴을 일그러뜨린 채 눈물만 하염없이 쏟았다. 이때, 무언가 무너지는 소리와 벼락같은 함성이 함께 들렸다. 마지막 방어선으로 쌓아 올린 돌과 나뭇더미마저 힘을 다한 모양이었다.

망설이던 끝에 칼을 든 시종 하나가 괴성과 함께 앞에 있는 첩의 급소를 찔렀다. 소름끼치는 비명이 울려 퍼졌다. 그게 신호탄이었다. 고삐 풀린 칼날이 방황하기 시작했다. 서로가 서로를 베고, 조르고, 짓누르는 모습이 이어졌다. 참혹한 살육의 현장이었다. 왕은 그 모습에 눈 한 번 깜짝이지 않았다. 그는 작은 불씨가 침대 밑에서 타오르고 있다는 점도 알고 있었다. 그 또한 이대로 생을 마감할 터였다.

프랑스 화가 외젠 들라크루아는 이 잔혹한 왕의 최후를 상상하며 〈사르다나팔루스의 죽음〉을 그렸다. 사르다나팔루스는 손으로 머리를 받친 채 침대에 길게 누워, 마냥 편안해 보이는 자세로 도륙의 모습을 감상하고 있다. 발버둥 치기를 포기하고 왕의 발치에 엎드린 첩, 이판사판이라는 듯 여인을 베는 시종, 아예 칼로 제 가슴을 찔러 스스로 목숨을 끊기로 한 하인 등 그의 침실은 생지옥에 더 가까워 보인다.

기성 화단은 들라크루아의 이 그림에 큰 충격을 받았다. 세상에 태어나면 안 될 작품이 나왔다는 양 몸서리를 쳤다. 오죽하면 "손가락을 부러뜨려 그림을 못 그리게 하겠다"는 말까지 나왔다. 그저 그림이 뼛속 깊이 잔혹해 그랬다고 하기에는 반발 정도가 심했다. 그렇다면, 이들이 이렇게까지 질색한 이유는 또 무엇이었을까.

⁜ 자극적인, 너무나 자극적인 ⁜

사르다나팔루스가 실존 인물이었는지는 확실하지 않다. 고대 로마 제국 역사가인 디오도로스 시켈로스가 사르다나팔루스의 존재와 최후를 알리기는 했다. 이 덕에 사르다나팔루스는 아시리아 제국사상 가장 사치스럽고 잔인했던 왕으로 꼽혀왔다. 다만, 정확한 사료가 없기에 시켈로스 또한 여러 인물을 섞어 이 폭군을 창조한 것으로 짐작돼 왔다.

이처럼 진짜 살았는지조차 불분명한 사르다나팔루스에게 다시 생명을 불어넣은 건 영국 시인 조지 고든 바이런이었다. 그는 1821년에 시극

〈사르다나팔루스〉를 썼다. 그는 작품 속 사르다나팔루스를 여태 알려진 바와 달리 성군으로 각색했다.

선정을 베풀던 사르다나팔루스가 반란군에 부당히 패했고, 이에 책임을 지기 위해 스스로 장작더미에 올랐다는 것이었다. 바이런은 왕의 첩들이 자처해 그의 뒤를 따라 불길로 뛰어들었다고 덧붙였다. 바이런 특유의 은은한 문장이 어찌나 감미로운지, 이야기를 접한 이들은 사르다나팔루스를 달리 보기 시작했다. 억울한 죽음 뒤 역사의 희생양이 된 비운의 왕이 아니냐는 인식도 슬금슬금 퍼졌다.

이런 가운데 들라크루아가 참혹함이 물결치는 〈사르다나팔루스의 죽음〉을 내놓았다. 들라크루아 또한 바이런의 시극에 감동해 이 그림을 그린 것이었다. 과거 시켈로스가 남긴 암담한 최후, 동시대 바이런이 전하는 숭고한 표현을 한데 모아 탄생시킨 그림이었다. 하지만, 바이런의 글에 취한 사람들에게 들라크루아의 작품은 눈치 없이 감상을 깨뜨리는 찬물 세례일 뿐이었다.

사실 들라크루아의 〈사르다나팔루스의 죽음〉이 비판을 받은 데는 더 주된 이유가 있었다. 그것은 그림 형식이었다. 어지럽게 꿈틀대는 윤곽선과 격렬한 색채, 혼란스러운 구도 등 그의 작품은 그간 본 적 없는 강렬한 인상을 품고 있었다. 활처럼 휘고 꺾인 여인의 몸, 나뒹구는 보석, 강을 이룬 듯 온 화면을 뒤덮는 붉은색 천과 장식품은 너무나도 자극적이었다.

이 작품에는 피 한 방울 그려지지 않았지만, 다가서면 분명 피비린내가 진동할 듯했다. 그 시절 프랑스에서는 안정적 구도, 절제된 표현이 핵

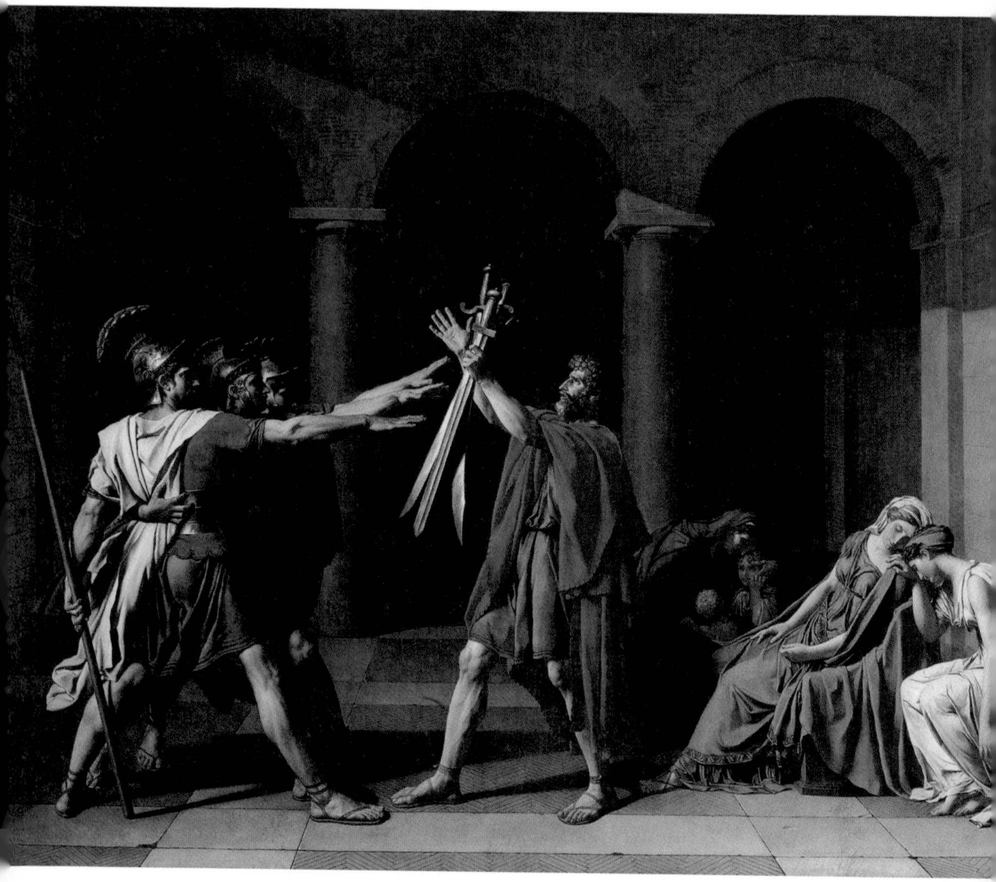

자크 루이 다비드, 〈호라티우스 형제의 맹세〉,
1784~1785년, 캔버스에 유채, 329.8×424.8㎝, 루브르 박물관

심인 신고전주의 미술이 대세를 이루고 있었다. 자크 루이 다비드의 〈호라티우스 형제의 맹세〉가 교과서 격이었다. 이런 상황 속 들라크루아의 그림은 애써 다진 규범을 파괴하는 것처럼 보였다.

"이게 광신도의 그림이 아니면 대체 무엇이란 말인가."

한 비평가의 증오 섞인 한탄이었다.

⁑ "회화의 학살"이라는 비난에도 ⁑

들라크루아는 진작부터 요주의 인물로 취급받아왔다. 들라크루아는 프랑스 파리 살롱전에 데뷔할 때부터 파격적 행보를 보였다. 1822년, 고작 스물네 살 청년이던 그는 제 키보다 몇 뼘은 더 큰 그림 〈단테의 배〉를 들고 화단에 나타났다. 고대 로마 제국 시인 베르길리우스가 르네상스 이탈리아 시인 단테 알리기에리를 데리고 지옥에 가는 모습이 담긴 그림으로, 단테의 《신곡》 속 한 장면이었다. 작품 크기도 크기지만, 내용도 독특했다. 들라크루아는 이 유명한 책 속 문장을 더욱 극적으로 변주해 화폭에 담았다.

거친 파도, 생나무를 물어뜯고 상대를 걷어차면서까지 배에 매달리는 사람들은 보는 이의 숨을 가쁘게 만들었다. 고상한 신고전주의풍 그림에 익숙한 기성 화단은 이 작품을 놓고 "영 점잖지 않은 결과물"이라며 떨떠름해했다.

그렇게 이미 탐탁지 않은 시선을 얻게 된 들라크루아는 2년 후 〈단

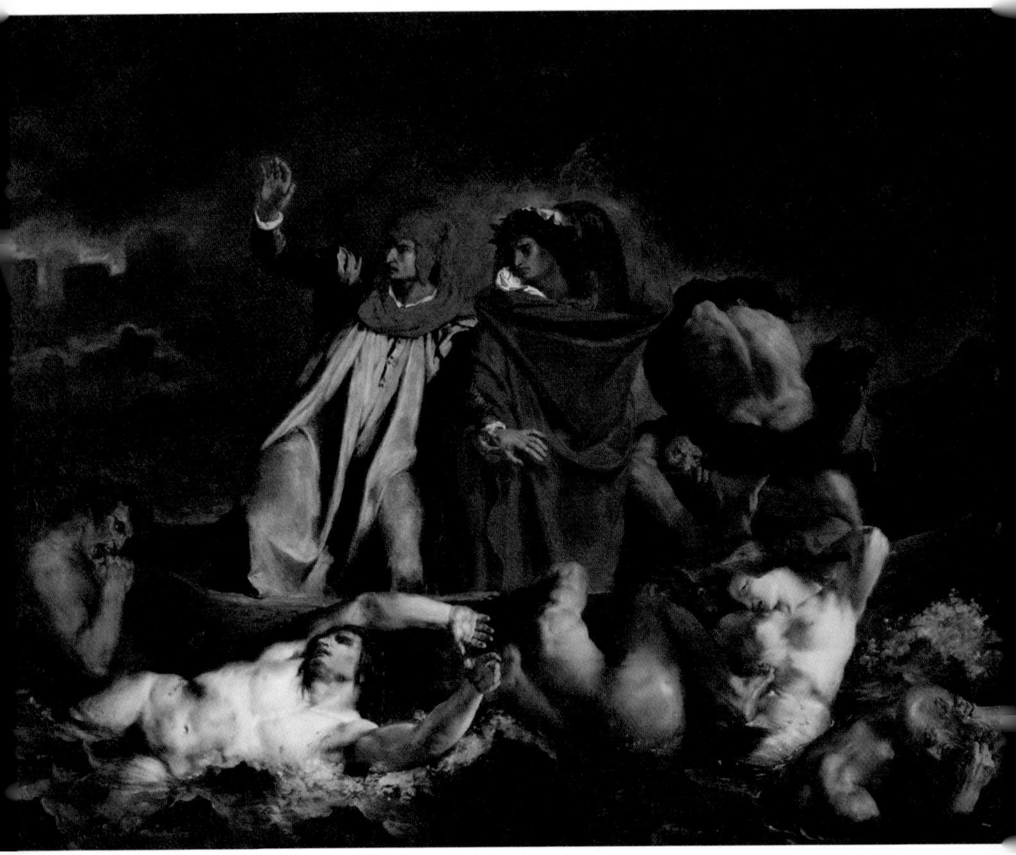

외젠 들라크루아, 〈단테의 배〉,
1822년, 캔버스에 유채, 189×241㎝, 루브르 박물관

테의 배〉보다 두 배 가까이 큰 그림을 들고 다시 등장했다. 〈히오스섬의 학살〉이었다. 1822년, 오스만제국은 그리스 영향권의 히오스섬에 기습 상륙해 무려 4개월간 10여만 명을 학살하는 만행을 저질렀다. 들라크루아는 비극이 끝나고 2년 뒤 이를 화폭에 담았다. 들라크루아는 여전히 들라크루아였다. 유려하고 자유로운 붓질, 역동적인 구도, 강렬한 색채와 뚜렷한 명암 등 특유의 기질은 그대로였다.

"히오스섬의 학살이 아니고, 이 정도면 회화의 학살 아닌가?"

이번에는 이따위 말까지 나왔지만, 역시나 굴하지 않았다. 또 3년이 흘렀다. 그 무렵 들라크루아가 선보인 게 〈사르다나팔루스의 죽음〉이었다. 그를 둘러싼 술렁임이 커질 수밖에 없는 이유였다.

그런데, 들라크루아는 왜 이렇게까지 고집을 꺾지 않았을까. 들라크루아는 멀끔한 신사였다. 옷차림은 늘 단정했다. 말투와 행동에도 교양이 뚝뚝 묻어났다. 이처럼 들라크루아는 전혀 반항아처럼 보이지는 않는 스타일이었다. 그런 들라크루아가 자기만의 회화를 이어갈 수 있었던 건 차츰 불어나는 그의 지지자 덕이었다.

당시 대세였던 '신고전주의' 화풍의 특징은 '명징함'이었다. 주제도 직관적이었고, 풀어내는 방식도 깔끔했다. 신고전주의가 유행할 때는 이 화풍이 미술의 종착역이라는 말도 공공연히 나왔다. 하지만 이 또한 잠시였다. 유럽 대륙 곳곳에서 전쟁과 혁명이 터졌다. 사람들은 비탄과 허무의 감정에 거듭 휩싸였다. 마음의 추를 차츰 이성보다 감성에 기울였다.

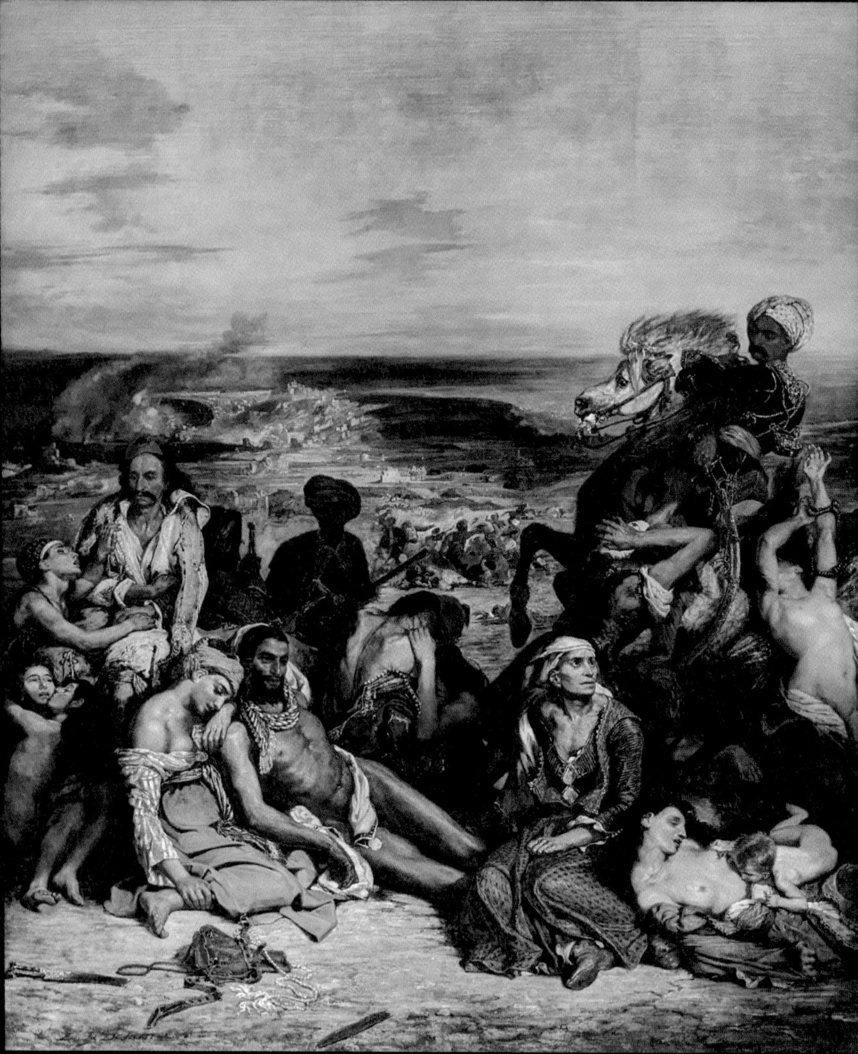

외젠 들라크루아, 〈히오스섬의 학살〉,
1824년, 캔버스에 유채, 419×354㎝, 루브르 박물관

그런 이들이 원초적 감정을 마음껏 폭발시킨 들라크루아의 그림을 품기 시작했다. 교훈적 주제, 절제된 기법으로 점철되는 신고전주의는 점점 더 멀리했다. 이런 흐름에 쐐기를 박는 그림이 들라크루아의 〈민중을 이끄는 자유의 여신〉이었다.

그는 1830년 프랑스에서 발발한 7월 혁명을 그림의 주제로 삼았다. 그중에서도 왕정복고에 반대하던 시민들의 목숨을 건 시가전을 화폭에 담았다. 국기와 총을 든 채 민중을 이끄는 여인은 자유를 상징한다. 차마 다듬지 못한 옷매무새에서 당시 시민군의 급박한 상황을 짐작할 수 있다.

양손에 총을 쥔 소년 등 갖가지 장비로 무장한 민중이 임시 방벽을 넘어서고 있다. 거리에는 시신이 널려 있다. 파죽지세로 밀고 나아가는 혁명군의 기세를 보여주는 한편, 기득권을 지키려는 세력 탓에 이런 참극이 빚어졌다는 걸 고발하는 구성이었다.

이번에도 들라크루아는 눈치 보지 않았다. 격정과 분노의 마음을 캔버스에 마음껏 쏟았다. 찢어지는 함성, 매캐한 화약 냄새까지 그대로 담은 듯했다. 그림이 경박하다는 투의 비판은 아직 있었지만, 분위기는 확실히 바뀌었다. 이제는 들라크루아 편에 선 이가 훨씬 많았다. 그는 어느새 낭만주의자로 불리고 있었다. 신고전주의 화풍의 권위를 무너뜨린, '낭만주의' 화풍의 대표 화가로 기어코 인정받았다.

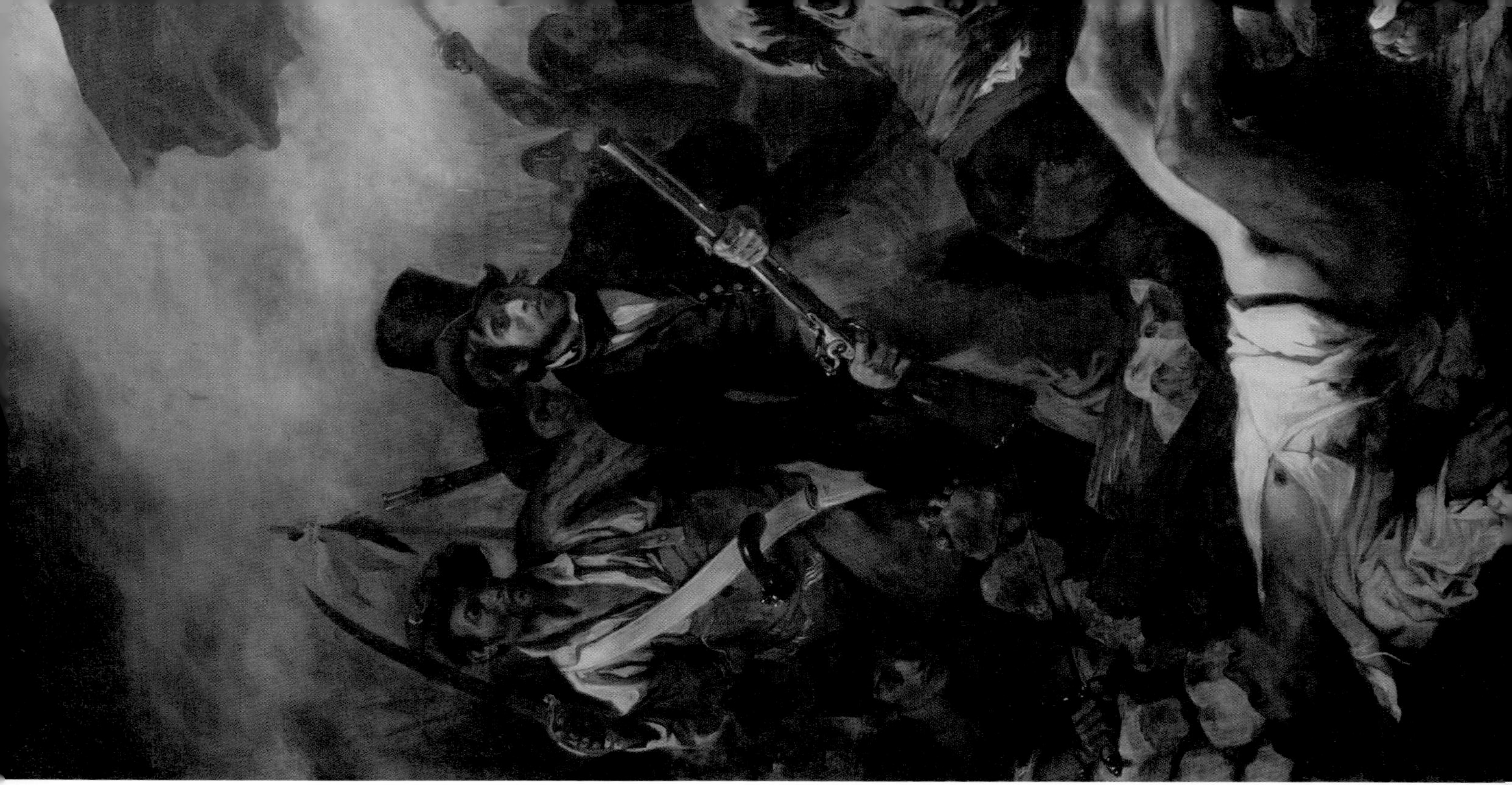

외젠 들라크루아, 〈민중을 이끄는 자유의 여신〉,
1830년, 캔버스에 유채, 260×325㎝, 루브르 박물관

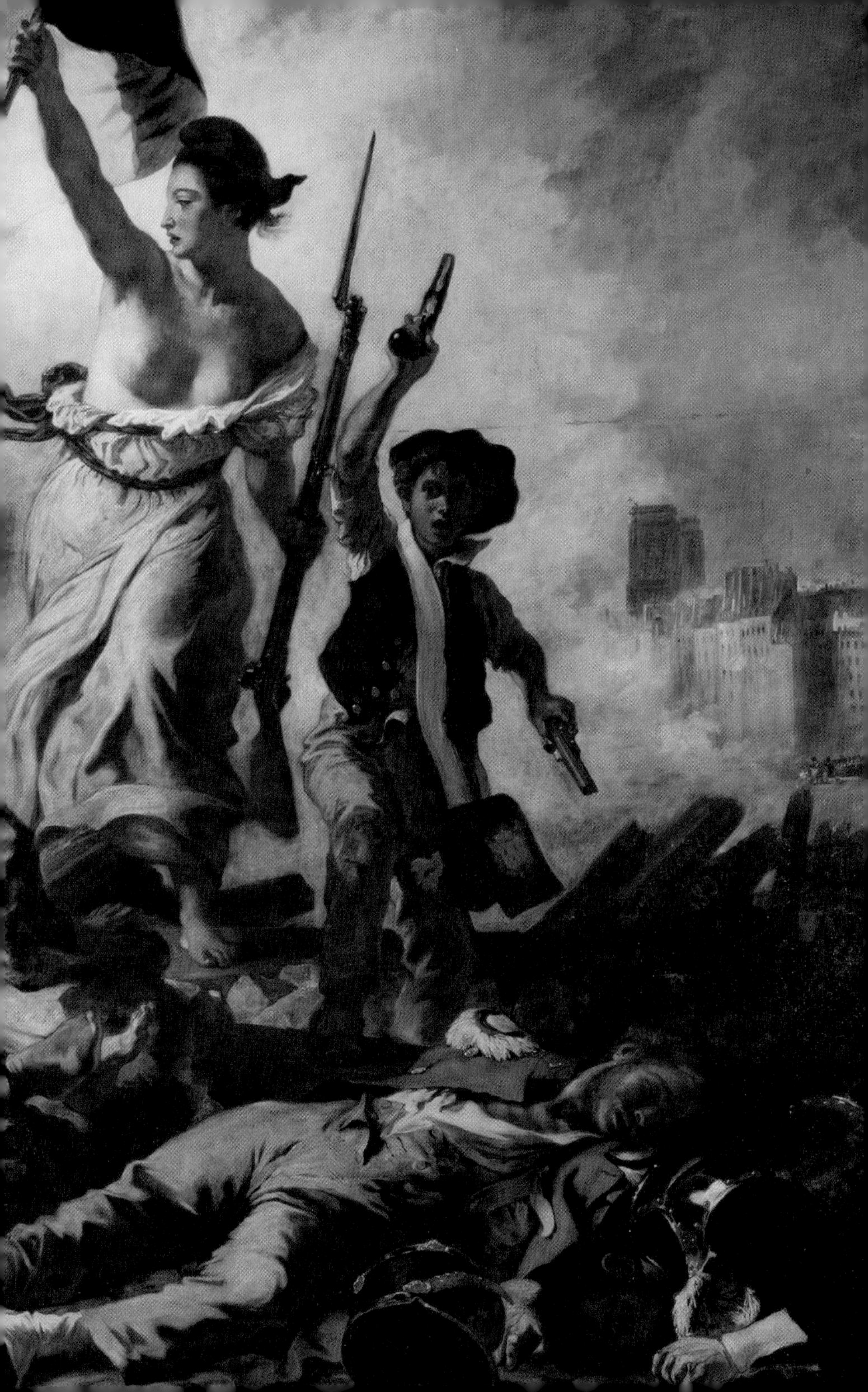

⁂ 들라크루아의 마지막 대작 ⁂

들라크루아의 아버지는 외교관 샤를 프랑수아 들라크루아이고, 어머니는 유명 궁정 가구 업자의 딸이다. 여러모로 여유로운 집안이었다. 들라크루아는 1815년, 외삼촌의 친구였던 화가 피에르 나르시스 게랭에게 그림을 배웠다. 이듬해 파리 국립고등미술학교에 입학해 정식으로 미술 교육을 받을 수 있었다.

이 시기에 들라크루아는 그보다 일곱 살 많은 테오도르 제리코를 선배 화가로 믿고 따랐다. 그는 훗날 낭만주의 화풍의 아버지로 칭해질 만큼 혜안과 실력을 갖춘 선구자였다. 들라크루아는 제리코를 위해 기꺼이 모델도 서줬다. 그렇게 해 제리코가 완성한 그림이 〈메두사호의 뗏목〉인데, 들라크루아는 이 걸작에 깊이 감동했다고 한다. 이는 그가 낭만주의의 세계에 발을 디딘 결정적 계기로 작용했다.

그 이후 들라크루아는 〈단테의 배〉 등 여러 논란작을 내놓았다. 끝내 실력을 인정받은 그는 프랑스 정부로부터 여러 작품을 의뢰받는 등 영예로운 나날을 보냈다. 정부 사절단의 공식 일원이 된 적도 있었다.

들라크루아의 마지막 대작으로는 1861년에 내놓은 〈천사와 씨름하는 야곱〉이 꼽힌다. 생 쉴피스 성당 벽에 그려진 작품이다. 특유의 환상적 분위기는 그대로다. 윤곽선도 여전히 자유롭게 요동치고, 색깔 또한 늘 그랬듯 다채롭다. 천사에게 힘껏 맞붙는 야곱의 다부진 등 근육, 땅에 놓인 옷가지의 주름, 나무줄기의 갈라지는 결 등 디테일까지 살아 있

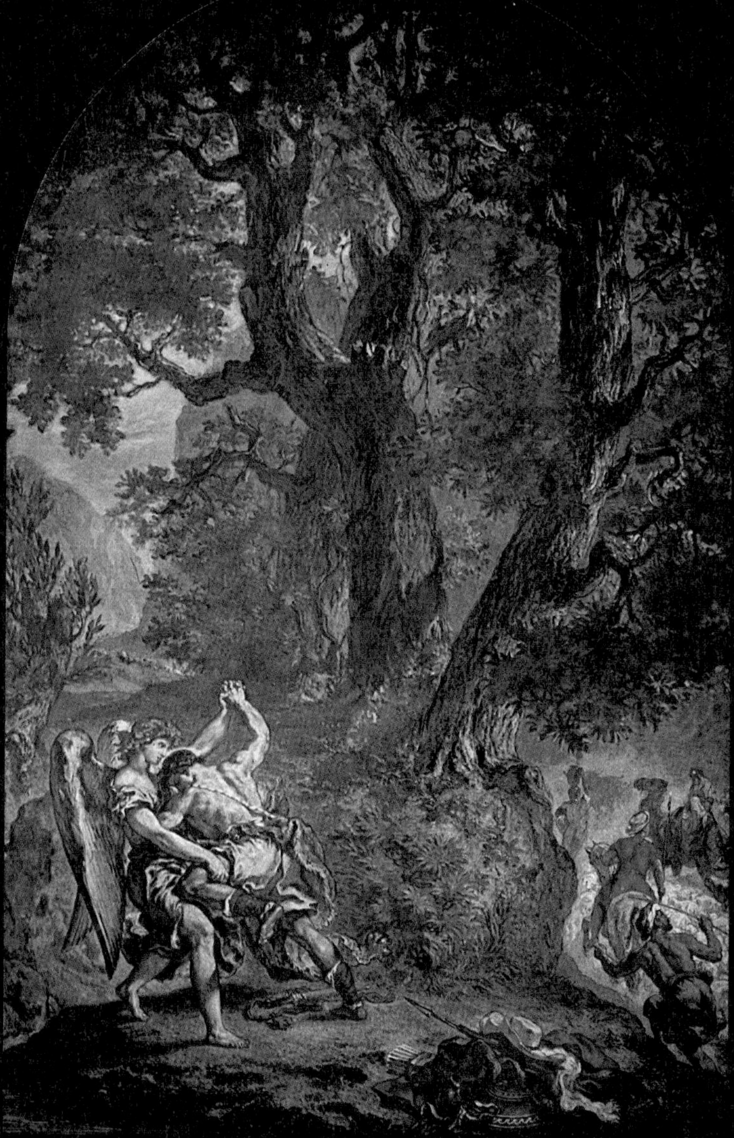

외젠 들라크루아, 〈천사와 씨름하는 야곱〉,
1854~1861년, 회반죽에 유채 등, 751×485㎝, 생 쉴피스 성당

다. 실제로 수풀 우거진 언덕에서 둘의 대결을 훔쳐보는 식의 몰입감도 들게끔 하는 결과물이었다.

들라크루아는 나이를 먹을수록 외부와의 소통을 줄였다. 1859년 살롱에 낸 그림이 혹평을 받은 후로는 그곳에 작품도 출품하지 않았다. 들라크루아를 따른 후배들은 특히나 그의 극적인 표현력에 큰 감동을 받았다. 이를 자양분으로 삼아 새로운 새싹을 키웠다. 그것은 곧 '인상주의'라는 꽃을 피우게 된다.

어느 장례식날 벌어진 신비한 기적

엘 그레코, 〈오르가스 백작의 매장〉

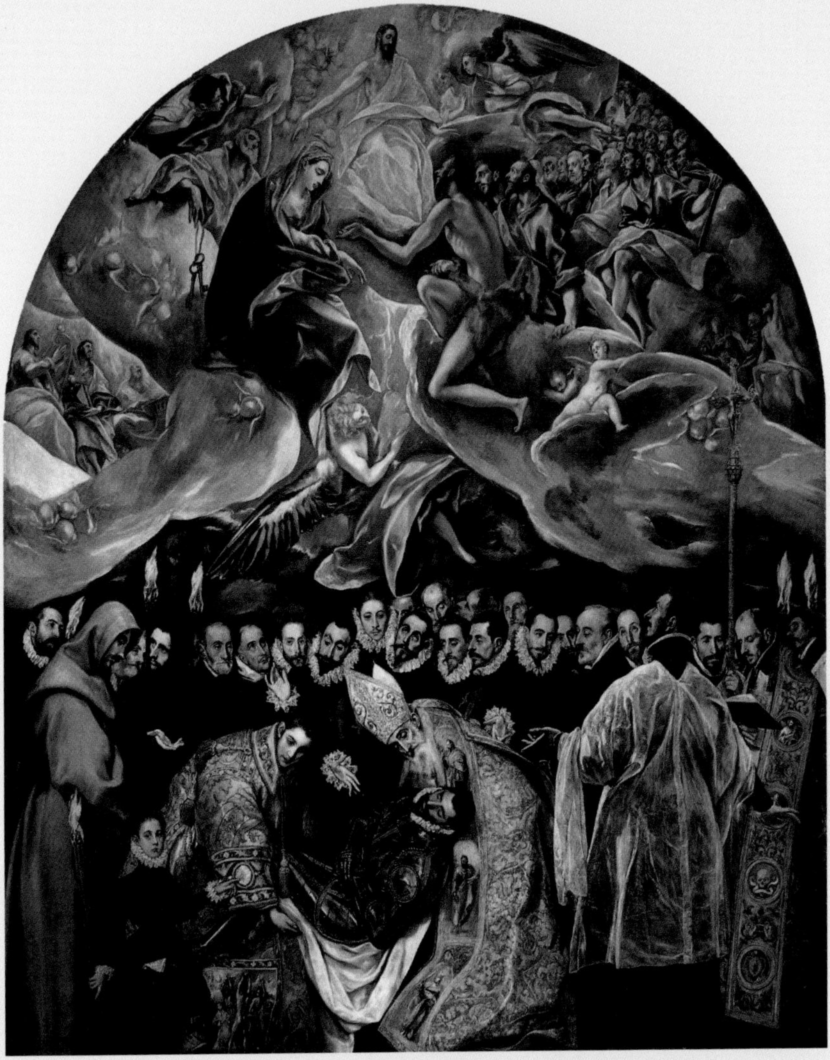

1586~1588년, 캔버스에 유채, 480×360㎝, 산토 토메 성당

⁑ 매장식에서 일어난 기적 ⁑

⚜

“그대는 천국으로 가리라.”

사람들은 예고 없이 들려오는 웅장한 음성에 술렁였다. 바깥에서 들린다기보다 모두의 몸 안에서 진동하는 느낌이었다. 갑자기 하늘에서 귀를 찢는 굉음이 울렸다. 황금색 빛줄기가 점점 진해졌다. 두껍게 깔린 구름이 갈라졌다. 그 틈에서 누군가 모습을 보였다. 못 박힌 흔적이 있는 손과 발, 창에 찔린 흉터가 선명한 옆구리……. 그는 틀림없이 예수 그리스도였다.

“오르가스 백작이여. 천국에 가서는 영원토록 편히 쉴 수 있으리라.”

예수의 말에 성모 마리아는 조용히 고개를 끄덕였다. 노란색 망토를 두른 성 베드로는 품에서 꺼낸 천국의 열쇠를 쥐고 있었다.

오르가스 백작은 1312년에 죽었다. 그는 스페인 톨레도의 유서 깊은 가문을 이끈 수장이자 교회의 번영을 위해 큰돈을 내던 독실한 신자였다. 그런 오르가스의 마지막을 보기 위해 온 사람들로 현장은 발 디딜

틈이 없었다. 전설에 의하면, 예수는 오르가스 백작을 이제 막 묻으려고 하는 순간 등장했다. 예수는 오르가스 백작이 행한 그간의 선행을 모두 알고 있었고, 그에게 깊은 고마움을 느끼고 있었다. 이에 대한 보답으로 천국의 길을 터준 격이었다.

"잠깐 지나가겠소."

성 스테파노와 성 아우구스티누스가 어느새 지상에 있었다. 후광을 뿜는 이들은 인파를 헤쳐 오르가스 백작의 시신 쪽으로 다가갔다.

"우리가 그를 옮기리다."

예수의 명을 받은 두 성인이 오르가스 백작을 직접 안장했다. 누구보다도 찬란한 장례를 마친 그의 영혼은 천사 품에 안겨 하늘 위로 올라갔다. 그리고 영원한 낙원에서 무한한 행복을 누릴 수 있었다.

1586~1588년, 사십 대 중후반에 접어든 엘 그레코는 이러한 설화를 그림 〈오르가스 백작의 매장〉에서 표현했다. 언뜻 봐선 기괴한 환상 속 웬 무리가 차갑게 식은 시신에 몰려 있는 듯하지만, 알고 보면 신과 성인이 위인에게 더할 나위 없는 축복을 주는 장면이다. 다시 말해 섬뜩한 그림이 아닌, 정반대로 성령이 충만한 그림인 셈이다.

그래도 의문은 남는다. 엘 그레코는 왜 이렇게 배경은 음침하게, 인물은 과장되게 그렸을까. 당시로도 수 세기 전의 옛이야기를 5*m* 가까운 크기의 대작으로 남긴 이유는 무엇인가. 이를 이해하기 위해선 비운의 천재 화가, 엘 그레코의 삶을 짚어봐야 한다.

⁑ 모든 로마 화가의 적이 되다 ⁑

엘 그레코는 1541년 그리스 크레타섬에서 출생했다. 무역상 집안에서 태어난 엘 그레코는 근처 미술학교에서 회화를 배웠다. 신실한 신자였던 그는 젊은 시절부터 비잔틴 양식 '이콘화Icon'의 장인으로 명성을 쌓았다.

엘 그레코가 스물여섯 살도 되기 전 그린 〈성모 영면〉을 보면 예수와 그의 사도들이 죽은 성모 마리아를 두고 슬퍼하고 있다. 이미 천상에 오른 마리아는 그 모습을 안타깝게 보고 있다. 여기까지는 선배 화가들의 구성과 다를 게 없다. 엘 그레코는 그 위에 자기만의 색깔을 덧씌웠다.

가령 예수를 엄숙하게만 그리던 풍조에 맞서 그의 표정에 깊은 슬픔을 입혔다. 그림 한가운데에는 후광을 품은 성령 비둘기를 넣어 하늘과 땅을 자연스럽게 이었다. 엘 그레코는 이때부터 이미 개성에 목마른 모습을 보였다. 그리고 이 기질은, 창창하게 남은 그의 삶 평생을 관통하게 된다.

야심 찬 엘 그레코는 더 넓은 세상에 자신의 이름을 알리기를 바랐다. 그래서 문화 예술의 중심지인 베네치아로 떠나, 티치아노 베첼리오의 작업실 문을 두드렸다. 티치아노는 베네치아의 르네상스를 이끈 거장이었다. 생생한 색채, 대담한 구도가 녹아든 그의 작품은 당시 베네치아 화가들의 교과서였다.

엘 그레코는 그런 스승에게 빛과 색깔을 배웠다. 여전히 만족하지 못한 그는 빛과 어둠을 극명하게 가른 틴토레토, 대상 형태를 대놓고 왜곡

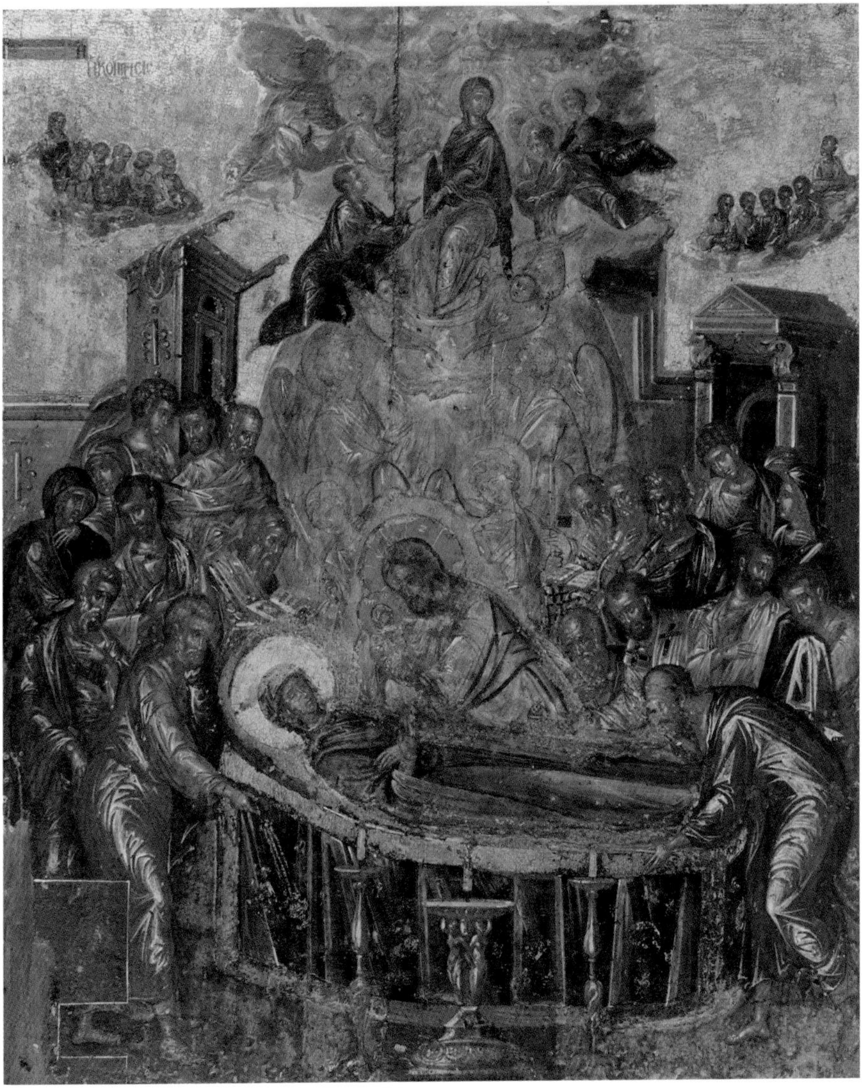

엘 그레코, 〈성모 영면〉,
1567년 이전, 패널에 금과 템페라 등, 61.4×45㎝, 성모 영면 대성당

한 파르미자니노 등 새롭게 고개 든 매너리즘 대가들의 기술도 제 것으로 만들었다. 특히 티치아노의 맞수였던 틴토레토에게 큰 감명을 받았는지, 그는 스승보다 스승의 라이벌처럼 그림을 그릴 때도 많았다. 엘 그레코는 그렇게 균형과 조화의 르네상스 기법, 변형과 왜곡의 매너리즘 기법을 모두 섭렵했다. 그러고는 외려 매너리즘 화풍 쪽으로 마음의 추를 기울였다. 그 또한 당시 매너리즘 화가들처럼 라파엘로 산치오와 티치아노 선에서 회화의 진보는 끝났다고 생각한 것으로 보인다. 새 돌파구는 이들이 찍은 회화의 정점을 과장과 뒤틀림으로 뒤흔드는 데 있다고 판단한 듯하다.

이쯤 〈그리스도의 성전 정화〉를 그렸다. 예수의 이상화된 용모와 사람들의 근육질 몸매는 티치아노를 떠올리게 한다. 한편, 강렬한 명암 대비와 과장된 분위기는 틴토레토를 생각하게 한다. 두 거장의 화혼을 삼킨 엘 그레코는 피렌체를 떠났다. 그가 향한 곳은 로마였다.

1570년께 부푼 꿈을 안고 로마로 온 엘 그레코는 곧 실망감에 젖었다. 이곳에선 아직도 미켈란젤로 부오나로티와 라파엘로의 혼이 떠다녔다. 이미 죽은 두 거장의 영향력은 여전히 절대적이었다. 젊은 화가들은 이들의 유작을 베끼기에 바빴다.

자기만의 스타일을 추구했던 엘 그레코는 그게 꼴 보기 싫었다. 이런 전설 같은 일화도 전해진다.

"미켈란젤로의 〈최후의 심판〉에 누드화가 많아 고민이지요."

어느 날 교황을 만난 엘 그레코는 단도직입으로 말했다.

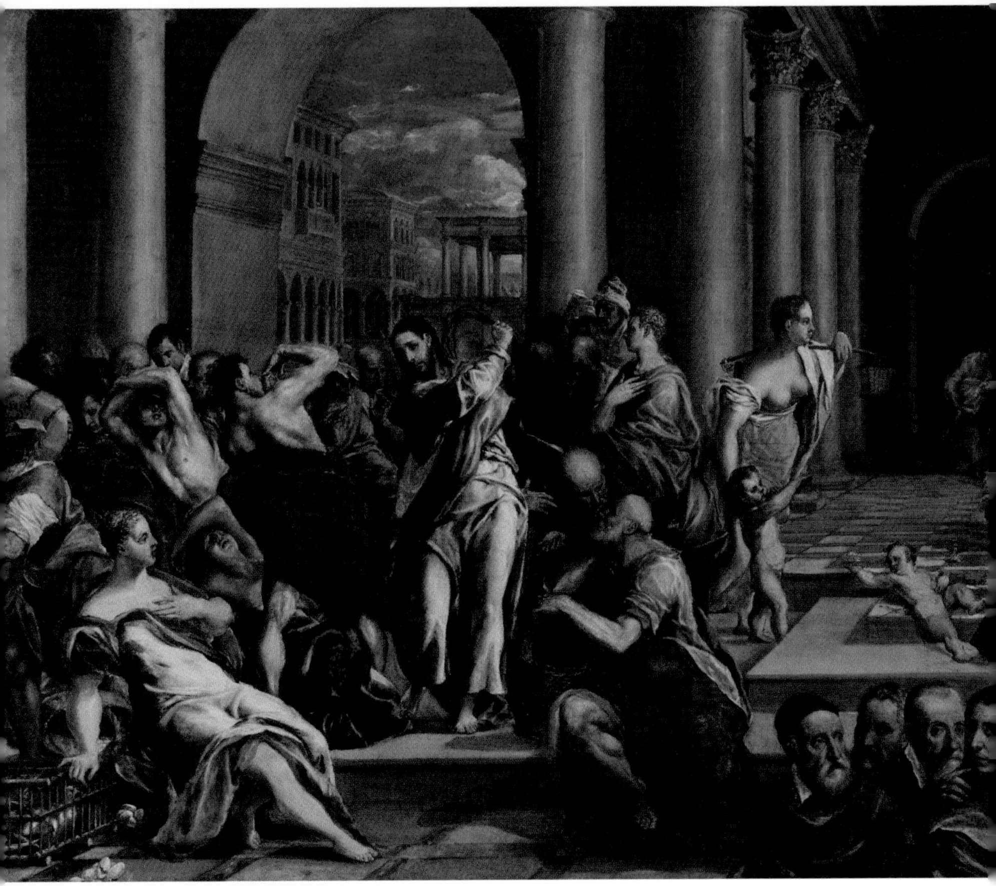

엘 그레코, 〈그리스도의 성전 정화〉,
1570년경, 캔버스에 유채, 116.8×149.8㎝, 미니애폴리스 미술관

"제게 기회를 주시면 〈최후의 심판〉보다 더 나은 벽화를 그리겠습니다."

당돌한 제안이었다. 내가 새로운 화풍을 보여주겠으니, 너희들도 과거에 그만 매달려라. 그의 속마음이었을지도 모른다. 그런데 그게 화근이었다. 미켈란젤로를 건드린 게 실수라면 실수였다. 그 순간 엘 그레코는 로마에서 활동하는 모든 화가의 적이 됐다. 감히 예술의 신에게 모욕을 줬다며 대놓고 손가락질당했다. 이 이야기가 실화인지는 공식적으로 확인된 바 없지만, 엘 그레코가 로마 예술계와 충돌이 컸던 건 사실이다. 1577년, 엘 그레코는 결국 자의 반 타의 반으로 짐을 쌌다. 이번에 향한 곳은 스페인이었다. 당시 최고의 국력을 자랑한 제국이었다.

⁑ 끝내 빛을 보지 못한 회심의 명작 ⁑

스페인의 황금시대를 이끈 왕 펠리페 2세는 그 시절 유럽에서 가장 돈이 많은 지도자였다. 그는 자기 위상에 걸맞은 거대한 왕궁을 짓고 싶었다. 수도 마드리드 교외에서 북서쪽으로 45㎞ 떨어진 곳을 궁전 터로 잡고, 1563년에 첫 삽을 떴다. 20년 넘게 이어지는 건설 대장정의 시작이었다. 빈 땅에는 수도원과 함께 왕실의 궁전, 성당, 박물관, 도서관까지 있는 시설이 들어섰다. 그렇게 당시 기독교 국가에서 가장 큰 건축물, 엘에스코리알이 모습을 갖춰가고 있었다.

공사가 무르익을 때쯤, 펠리페 2세는 이곳의 수도원을 꾸밀 실력 있는

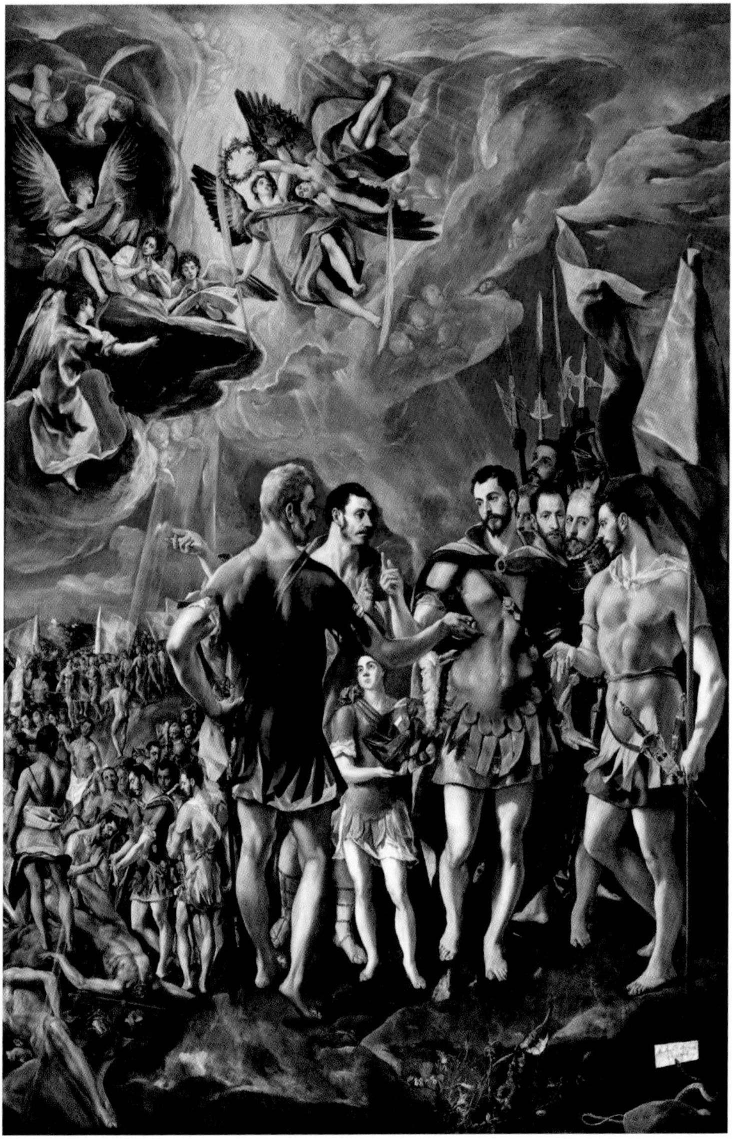

엘 그레코, 〈성 마우리티우스의 순교〉,
1580~1582년경, 캔버스에 유채, 445×294㎝, 엘에스코리알

화가를 물색했다. 그는 로마를 등지고 스페인 톨레도로 온 논란의 화가를 주목했다. 엘 그레코였다. 펠리페 2세는 엘 그레코에게 수도원에 내걸 그림을 그리라고 주문했다. 이쯤 엘 그레코는 스페인 궁정화가의 자리를 꿈꾸고 있었다. 잘 보여야 했다. 그래서 심기일전해 그린 결과물이 바로 〈성 마우리티우스의 순교〉였다.

마우리티우스는 고대 로마제국의 군인이었다. 독실한 신자였던 그는 이교도로 몰림에도 신을 저버리지 않았고, 끝내 처형당해야 했다. 이 장면을 담은 엘 그레코의 그림은 그새 더욱 농익었다. 색채는 몹시 강렬했고, 인체 왜곡도 너무 뚜렷했다. 구도도 독창적이었다.

목이 잘린 시신, 그 뒤에서 무릎 꿇고 기도하는 남성, 그 옆에서 그를 바라보는 군인 모두 마우리티우스로 읽혔다. 그림의 오른쪽 병사 무리 중 가운데 있는 이도 마우리티우스였다. 해석에 따라선 같은 복장의 두 군인만 마우리티우스로 보고, 벌거벗은 두 남성은 그와 함께 신을 등지지 않은 순교자로 보기도 한다.

하늘에서는 천사들이 승리의 월계관을 든 채 순교자를 기다리고 있다. 확실한 건, 한 번 보면 그 누구도 쉽게 잊지 못할 작품이라는 것이었다. 그 점이 외려 독이 되었다.

그림을 받아 든 펠리페 2세의 표정은 그리 좋지만은 않았다. 이 작품은 분명 탁월하고 창의적이었다. 하지만 음침해 보이기까지 하는 이 결과물은 경건한 공간인 수도원에 어울리지 않는다고 생각했다. 펠리페 2세는 그림을 받기는 받았다. 그러고는 이를 수도원이 아닌 개인 수장고에 넣었다. 그 뒤로 펠리페 2세가 엘 그레코를 다시 부르는 일은 없었다. 엘 그레코의 궁정화가를 향한 꿈은 그렇게 끝났다.

⁑ 스페인에서 가장 뛰어난 작품 ⁑

절망은 잠시였다. 엘 그레코는 기운을 차렸다. 엘에스코리알로 입성하지 못한 그는 그냥 톨레도에 눌러앉았다. 한때 스페인의 수도였던 톨레도는 여전히 국가의 종교 중심지로 위상이 높았다. 엘 그레코는 권력을 포기했다. 그 대신 이 도시의 분위기를 따라 신앙에 더 몰두했다. 뛰어난 그림 실력, 강인한 믿음을 모두 갖춘 그는 스페인 교회의 선전자宣傳者로 나설 수 있었다.

당시 스페인 교회는 종교개혁 후폭풍으로 몸살을 앓았다. 이때로부터 반세기 전쯤인 1517년 독일, 마르틴 루터는 교황 레오 10세의 면죄부 판매에 맞서 95개조 반박문을 내걸었다. 루터는 진리란 교회가 아닌 성서에 있으며, 구원 또한 교회가 아닌 '개인'의 믿음에 있다고 주장했다. 루터의 담대한 행보로 불붙은 종교개혁은 차츰 전 유럽으로 번졌다. 시간이 흘러 스페인도 그 불길을 마주했다. 스페인 신자들도 교회의 권위에 의심을 품기 시작했다. 아예 교회를 저버리는 이도 많아졌다.

엘 그레코는 이런 분위기가 무르익는 게 싫었다. 교회의 위엄이 다시 바로 서길 바랐다. 그의 대작 〈오르가스 백작의 매장〉은 그런 반反종교개혁론자의 입장에서 그린 작품이었다.

평생 교회에 금은을 보탠 조상의 뜻을 따라 기부를 이어가던 오르가스 백작의 후손들 또한 이제 기부를 끊으려고 했다. 그 지원에 크게 의지하던 산토 토메 교회와 오르가스 백작의 후손 사이 소송이 벌어졌다. 길고 지루한 법정 다툼에서 끝내 이긴 쪽은 교회였다. 가슴을 크게 쓸어내린 교회는 이번 승리를 보란 듯 기념하고 싶었다. 양측 사이 모든 분쟁이 마무리된 1586년, 엘 그레코는 산토 토메의 목사 안드레 누녜스에게 그림 의뢰를 받았다.

'흔들리는 그대여. 과거 오르가스 백작처럼 교회에 자선을 이어가면, 그대 또한 천국에 갈 수 있으리라.'

그가 〈오르가스 백작의 매장〉을 통해 하고 싶은 말은 이것이었다.

엘 그레코는 펠리페 2세에게 그 굴욕을 겪고도 자기 스타일을 꺾지 않았다. 외려 더 집대성해 화폭에 담았다. 단박에 시선을 끄는 노란색과 파란색, 선홍색은 스승 티치아노의 색채였다. 천상의 빛과 지상 장례식장의 어둠을 극명하게 견주는 건 스승의 라이벌 틴토레토가 구사했던 장기였다. 예수를 꼭대기에 세우는 건 미켈란젤로와 라파엘로가 즐겨 쓴 구성이었고, 인물의 길쭉한 비율과 과장된 자세는 파르미자니노의 방식이었다.

엘 그레코는 그가 보고 익힌 모든 천재의 장점을 자기 스타일로 만들었고, 이 소화물을 5*m* 가까운 크기에 한풀이하듯 쏟아부었다. 엘 그레코는 실감성을 높이기 위해 수 세기 전 지상의 신사들에게 최신 옷을 입혔다. 얼굴 또한 반종교개혁의 뜻을 품은 이들로 칠했다.

그림 왼쪽 밑에는 당돌한 표정의 소년이 보인다. 엘 그레코의 8살짜리 아들 호르헤 마뉴엘이었다. 아이는 그림 밖 관람자를 보고 있다. 손가락으로는 오르가스 백작을 가리킨다. 흔들림 없이 교회에 헌신하면, 당신도 이런 영광의 주인공이 될 수 있다는 듯.

"이것은 저의 숭고한 작품입니다."

작업을 마친 엘 그레코가 말했다. 그는 완성작이 주는 위압감, 뜻대로 잘 풀리지 않았던 지난 세월의 서러움에 북받쳐 울먹였다고 한다. 이 작품을 의뢰한 사제는 교회 일지에 이렇게 썼다.

"이 그림은 스페인에서 가장 뛰어난 작품 중 하나다."

⁂ 현대미술의 스승이자 선구자로 ⁂

엘 그레코는 〈오르가스 백작의 매장〉 이후 드디어 대중적 인기를 얻었다. 인근 교회와 신자들의 주문도 이어졌다. 그는 그 덕에 종교적 색채가 물씬 묻어나는 그림을 계속 그릴 수 있었다.

그리스 태생의 엘 그레코는 톨레도에서 죽을 때까지 살았다. 평생 고향으로 돌아가지 않았다. 그가 톨레도에 각별한 애정을 가진 건 풍경화 〈톨레도 풍경〉에서 엿볼 수 있다. 그림 속 톨레도에는 짙은 어둠이 깔렸다. 먹구름이 밀려온다. 흰 구름이 이에 어떻게든 맞서려는 것 같지만, 먹구름의 기세는 좀처럼 꺾이지 않을 듯 보인다. 건물은 흐릿하다. 풀과 나무는 건조하게 나풀거린다. 곧 무슨 일이 벌어질 듯 심상치 않다.

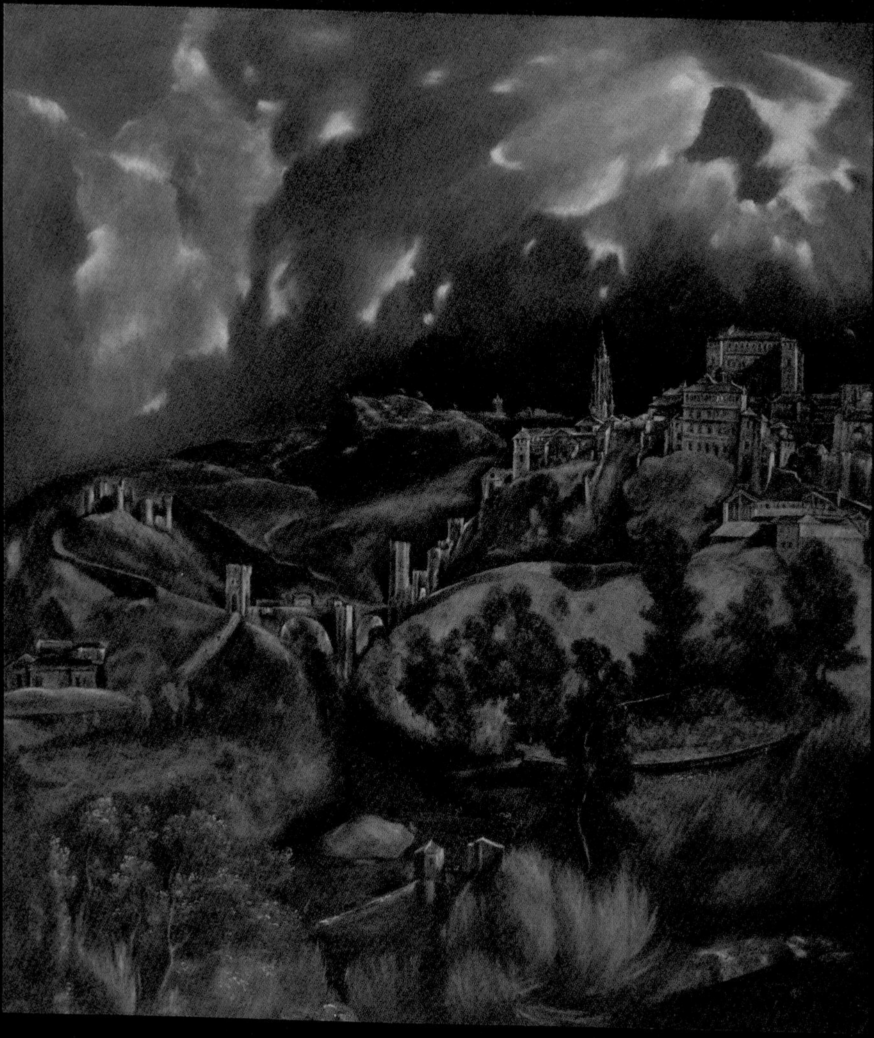

엘 그레코, 〈톨레도 풍경〉,
1598~1599년, 캔버스에 유채, 121.2×108.5㎝, 메트로폴리탄 미술관

엘 그레코는 톨레도를 진심으로 걱정했다. 그가 평생을 믿고 따른 교회의 권위가 이곳에서조차 무너질까 봐 늘 염려했다. 그런 마음을 이 작품에 녹였다. 그가 보기에는 가당치도 않은 종교개혁의 바람에 위기를 맞은 마음을 표현한 것이었다.

엘 그레코가 톨레도에서 산 기간은 37년이다. 그는 때로는 황제처럼 화려하게 살고, 어느 때는 빚에 쫓겨 사는 등 종잡을 수 없는 삶을 살았다고 한다. 그는 또 한편으로는 붓을 든 철학자로 불릴 만큼 많은 책을 읽었다. 미술 이론에 대한 책도 썼다고 하지만 현재 남아 있지는 않다.

엘 그레코는 1614년 톨레도에서 사망했다. 죽고 난 후 얼마간은 비주류 화가, 결정적 순간마다 불운했던 예술가로 꼽히는 등 별다른 주목을 받지 못했다. 특유의 비틀고 뒤트는 화풍도 낯설게만 보는 경향이 강했다. 그는 착실하게 잊혔다.

잠든 엘 그레코를 깨운 건 19세기에 고개를 든 현대미술의 기수旗手들이었다. 그의 시대를 초월하는 개성을 본 이들은 그를 자기들의 스승이자 선구자로 삼았다. 진작부터 신기원을 이뤘던 가장 중요한 예술가로 재평가받기 시작했다. 독창성을 지키고자 했던 그의 예술은 무려 300년 가까이 시대를 앞서간 것이었다.

무서운 그림들

초판 1쇄 발행 2024년 7월 10일
초판 4쇄 발행 2024년 8월 8일

지은이 이원율
펴낸이 이경희

펴낸곳 빅피시
출판등록 2021년 4월 6일 제2021-000115호
주소 서울시 마포구 월드컵북로 402, KGIT 19층 1906호

ISBN 979-11-93128-07-7 03600